外汇投资

褚天一 ◎ 编著

交易快速入门

全新版

中国铁道出版社
CHINA RAILWAY PUBLISHING HOUSE

内 容 简 介

本书是一本外汇投资入门级的书籍，系统全面地介绍了外汇投资过程中的理论基础、操作技巧及获利方法。

本书一共 16 章，可大致分为六个部分：第一部分介绍外汇市场的基础理论与投资方式；第二部分从网上银行、投资网站、交易软件等方面介绍投资操作；第三部分从基本面角度讲解分析方法；第四部分为技能提升部分；第五部分讲解与外汇有关的金融业务；第六部分介绍了外汇投资风险及其规避方法和操作策略的相关内容。

本书采用知识点的形式介绍外汇，让整个内容阅读更为连贯，同时采用了大量的图示、案例与图示，学习起来更加简洁明了。

本书适用于对外汇投资没有太多经验的投资者，可以帮助其快速入门外汇交易；另外也适合有一定经验的投资者作为投资参考。

图书在版编目（CIP）数据

外汇投资交易快速入门：全新版/褚天一编著．—2 版．
—北京：中国铁道出版社，2018.3
ISBN 978-7-113-23741-7

Ⅰ．①外… Ⅱ．①褚… Ⅲ．①外汇－投资－基本知识
Ⅳ．①F830.92

中国版本图书馆 CIP 数据核字(2017)第 213489 号

书　　名：**外汇投资交易快速入门（全新版）**
作　　者：褚天一　编著

责任编辑：张亚慧　　　　　　　　读者热线电话：010-63560056
责任印制：赵星辰　　　　　　　　封面设计：MXK DESIGN STUDIO

出版发行：中国铁道出版社（100054，北京市西城区右安门西街 8 号）
印　　刷：北京铭成印刷有限公司
版　　次：2015 年 5 月第 1 版　2018 年 3 月第 2 版　2018 年 3 月第 1 次印刷
开　　本：700mm×1 000mm　1/16　印张：20　字数：363 千
书　　号：ISBN 978-7-113-23741-7
定　　价：49.00 元

随着世界经济一体化速度的加快以及我国经济实力的增强，老百姓走出国门已经不再是新鲜事，而人们接触外汇的机会也越来越多。然而你可能不知道，外汇不仅是一种外国的货币，同时还是一种投资理财的工具。

其实所谓外汇，是货币行政当局（如中央银行、货币管理机构、外汇平准基金及财政部等）以银行存款、财政部库券、长短期政府证券的方式保有的在国际收支逆差时可以使用的债权。当然，我们也可以简单进行理解，外汇既是外国的钱，也是本国持有的国外资产。

至于这里所说的外汇投资，它则有着更加深刻的理解，既有投资市场复杂的交易机制，又有银行多样的外汇理财产品，更有丰富的外汇衍生品。这些内容都是我们投资外汇所必须了解的。

而作为投资者个人而言，也许您已经对投资理财有了一定的认识，并且有进入投资市场的愿望；也许您进行过股票、基金等投资产品的投资，并且成绩不错；又或许您经常出国旅游、工作，手中经常持有外币。无论您是属于哪一类人，现在都需要详细地阅读本书，轻松踏实地走进外汇市场。

本书都写有哪些内容？

本书首先是作为一本入门级的外汇投资书籍，用来帮助新手投资者快速进入汇市。全书的结构非常清晰明了，它将外汇的各类知识系统地进行了整理，以帮助投资者可以快速找到想要学习的内容。本书共计 16 章，可分为如下 6 个部分。

- **第一部分（第 1~3 章）**：这一部分是外汇投资的理论部分，包括的内容有外汇的基础理论、外汇投资市场及外汇的交易类型。通过这部分内容的阅读，读者可以快速进入汇市，并从复杂的汇市中找到自己想要的投资产品。

- **第二部分（第 4~6 章）**：这一部分主要的内容是介绍了和外汇投资有关的网站、网上银行、交易软件、手机投资等，另外还介绍了各个银行的外汇业务，以切实帮助投资者掌握投资外汇的技术操作。

- **第三部分（第 7 章）**：这一章作为单独的一部分，介绍了外汇基本面的分析内容，虽然讲解的内容不多，但投资者详细阅读本章即可很轻松地把握世界汇市的风云变化，为投资打下基础。

- **第四部分（第 8~13 章）**：这是本书重要的一部分，介绍了外汇价格的技术分析，从分时图、K 线图、趋势线、技术指标等方面全方位地教会投资者如何分析外汇价格，快速获利。

- 第五部分（第 14 章）：这部分讲解的是和外汇有关的一些金融业务，以帮助投资者进一步成为外汇投资的高手。

- 第六部分（第 15~16 章）：最后这一部分讲解的是外汇投资风险及其规避方法，以及投资技巧和策略的相关内容内容。

这本书对哪些人有益?

虽然本书是适合新手投资者阅读的书籍，但不同水平的投资者有不同的阅读目的，任何人都可以从中找到需要的外汇知识。

- 对于对外汇投资感兴趣或者刚刚进入汇市的新手投资者，可以详细阅读本书，跟随书中的内容一步一步了解市场，实现快速入门、快速上手、快速获利。

- 对于以前有过一定的投资经验的投资者，本书可以帮助您巩固以前的理论知识并了解更多的分析技巧，而且由于本书写作时间较新，您可以从中找到新的外汇交易规则与方式。

这本书有什么特色?

在创作本书的过程中，首先采用了丰富的图示与案例，让阅读变得轻松，也让知识点更加直观；其次，本书在操作与分析过程中采用了大量的网页、软件截图，让投资者可以更加清晰地学会分析；最后，本书语言较为直白，没有使用复杂的投资语言，让新手投资者可以轻松学习外汇投资。

此外，本书还超值附赠了有关外汇操作过程中涉及的相关平台和软件操作视频以及经典炒汇技术的视频讲解，通过视频讲解，可以让读者在一种轻松的环境下高效学习。

相信有了本书的帮助，您一定可以快速走进汇市，实实在在地利用外汇赚钱。

编 者

2017 年 12 月

目 录

第 7 章　外汇的基本面分析 115

第8章　认识外汇分时图与K线图..133

第1章

外汇投资理论入门

随着我国经济发展方式的转型,越来越多的人走出国门,也有越来越多的外国资产进入我国。在这样的情况下,外汇就成了人们必须要了解的一项内容。而外汇投资理财,也正被更多的人所接受。

一、走进外汇

不熟悉外汇的人会认为外汇就是"外国的钱",实际上外汇作为一种金融工具,它还有很多的定义与特点。本书的第一章,就从理论的角度来看外汇,具体认识外汇是什么,外汇有什么特点,外汇有什么作用。

第1项　什么是外汇

外汇,就是指货币行政当局(如中央银行、货币管理机构、外汇平准基金及财政部等)以银行存款、财政部库券、长短期政府证券的方式保有的在国际收支逆差时可以使用的债权。

人们对外汇的定义有广义和狭义上的解释,具体如图 1-1 所示。

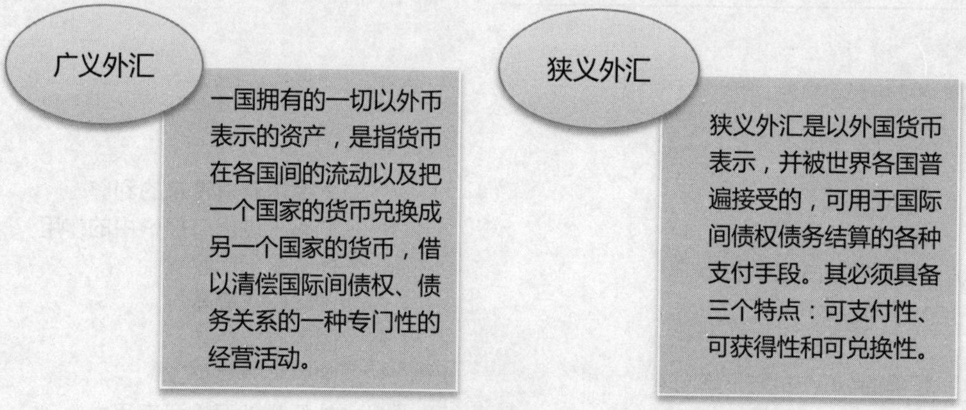

广义外汇

一国拥有的一切以外币表示的资产,是指货币在各国间的流动以及把一个国家的货币兑换成另一个国家的货币,借以清偿国际间债权、债务关系的一种专门性的经营活动。

狭义外汇

狭义外汇是以外国货币表示,并被世界各国普遍接受的,可用于国际间债权债务结算的各种支付手段。其必须具备三个特点:可支付性、可获得性和可兑换性。

图 1-1　广义外汇与狭义外汇

我们进行外汇投资理财,主要是因为外汇具有的狭义解释。另外,人们对外汇的定义,还有动态外汇和静态外汇的区分,具体内容如下。

(1) 动态外汇

动态外汇又被称为国际汇兑,就是指通过将一国货币兑换为另一国货币,用于清偿国际间债务的金融活动。

要理解动态外汇,可以看下面一个小例子。

应用示例——进出口中的外汇使用

我国加入世界贸易组织之后,对大豆一直实行比较宽松的政策。某年,我国的某进口公司从美国进口了一批大豆,双方约定以美元进行支付。

但是该进口公司的账户只有人民币，为了解决支付的问题，该公司用人民币向银行购买了足额的美元汇票，然后将此汇票邮寄给美国的出口商。美国的出口商在收到了美元汇票之后，在美国的银行进行了美元兑换，最终获得了美元，完成了货物交割。

在这个过程中，外汇就属于动态的外汇。

（2）静态外汇

静态外汇就是指外汇成为一种国际支付手段，不仅用于各国之间的商品交换，而且还可以参与更多的国际金融活动。根据我国的《外汇管理条例》的解释，外汇具体的范围如图 1-2 所示。

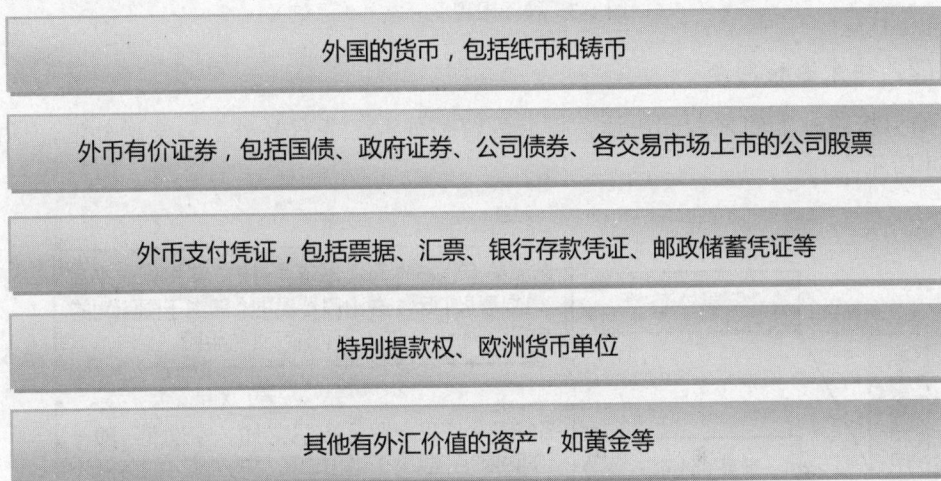

外国的货币，包括纸币和铸币

外币有价证券，包括国债、政府证券、公司债券、各交易市场上市的公司股票

外币支付凭证，包括票据、汇票、银行存款凭证、邮政储蓄凭证等

特别提款权、欧洲货币单位

其他有外汇价值的资产，如黄金等

图 1-2　静态外汇的内容

第2项　外汇的分类

如果要对外汇进行分类，那么分类的方式会比较多，具体有以下几种。

（1）按受限程度

各个国家对自己国家的货币以及外汇都有着非常严格的管理要求，如果按照该要求的宽松程度，可将外汇分为图 1-3 所示的几种。

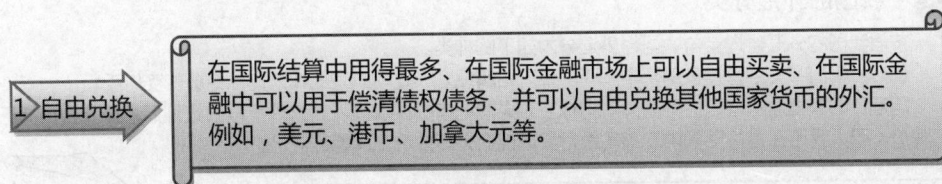

1 自由兑换

在国际结算中用得最多、在国际金融市场上可以自由买卖、在国际金融中可以用于偿清债权债务、并可以自由兑换其他国家货币的外汇。例如，美元、港币、加拿大元等。

图 1-3　按受限程度分类外汇

② 限制自由 → 指未经货币发行国批准，不能自由兑换成其他货币或对第三国进行支付的外汇。国际货币基金组织规定凡对国际性经常往来的付款和资金转移有一定限制的货币均属于有限自由兑换货币。

③ 记账外汇 → 记账外汇又被称为清算外汇或双边外汇，它是指记账在双方指定银行账户上的外汇，不能兑换成其他货币，也不能对第三国进行支付。也就是说，记账外汇只允许两种外币兑换。

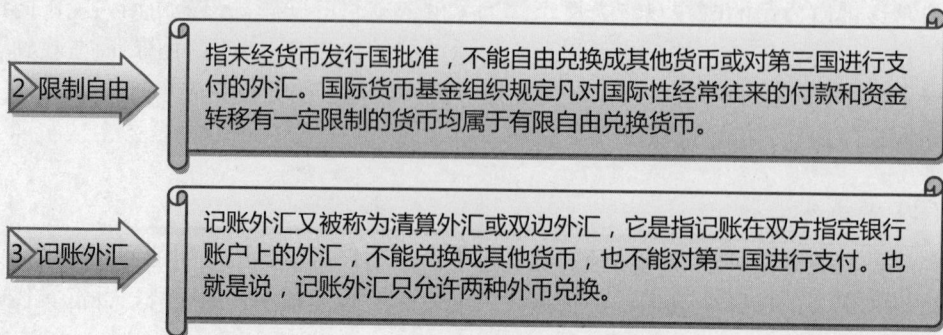

图 1-3 按受限程度分类外汇（续）

（2）按来源和用途

如果按照外汇的来源和用途，可分为贸易外汇、非贸易外汇与金融外汇，具体如图 1-4 所示。

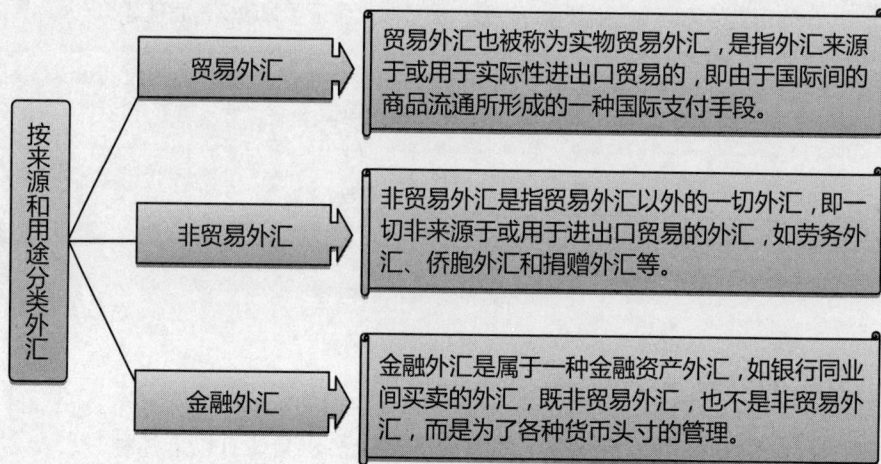

按来源和用途分类外汇
- 贸易外汇 → 贸易外汇也被称为实物贸易外汇，是指外汇来源于或用于实际性进出口贸易的，即由于国际间的商品流通所形成的一种国际支付手段。
- 非贸易外汇 → 非贸易外汇是指贸易外汇以外的一切外汇，即一切非来源于或用于进出口贸易的外汇，如劳务外汇、侨胞外汇和捐赠外汇等。
- 金融外汇 → 金融外汇是属于一种金融资产外汇，如银行同业间买卖的外汇，既非贸易外汇，也不是非贸易外汇，而是为了各种货币头寸的管理。

图 1-4 按来源和用途分类外汇

我国的外汇分类

按照我国的外汇管理支付，可将外汇分为如下的种类。

现汇：中国《外汇管理条例》中解释的外汇均属现汇，是可以立即作为国际结算的支付手段。

购汇：国家批准的可以使用的外汇指标。如果想把指标换成现汇，必须按照国家外汇管理局公布的汇率牌价，用人民币在指标限额内向指定银行买进现汇，专业说法叫购汇。

第3项　外汇的特点

外汇作为一种国际的支付手段，它具有哪些特点呢。具体如图 1-5 所示。

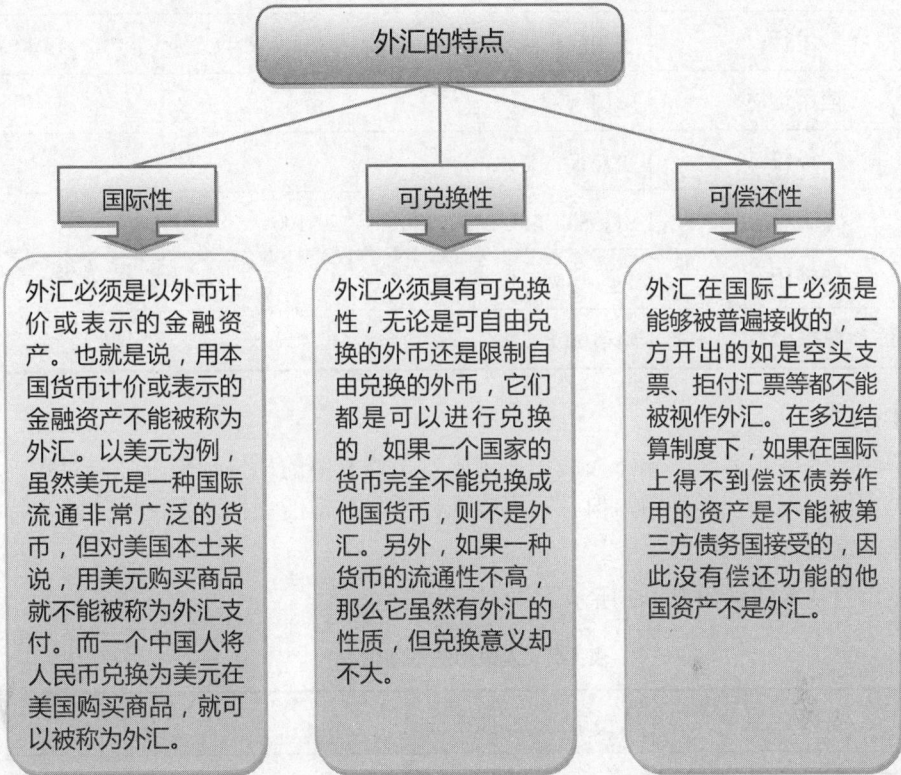

外汇的特点

| 国际性 | 可兑换性 | 可偿还性 |

外汇必须是以外币计价或表示的金融资产。也就是说，用本国货币计价或表示的金融资产不能被称为外汇。以美元为例，虽然美元是一种国际流通非常广泛的货币，但对美国本土来说，用美元购买商品就不能被称为外汇支付。而一个中国人将人民币兑换为美元在美国购买商品，就可以被称为外汇。

外汇必须具有可兑换性，无论是可自由兑换的外币还是限制自由兑换的外币，它们都是可以进行兑换的，如果一个国家的货币完全不能兑换成他国货币，则不是外汇。另外，如果一种货币的流通性不高，那么它虽然有外汇的性质，但兑换意义却不大。

外汇在国际上必须是能够被普遍接收的，一方开出的如是空头支票、拒付汇票等都不能被视作外汇。在多边结算制度下，如果在国际上得不到偿还债券作用的资产是不能被第三方债务国接受的，因此没有偿还功能的他国资产不是外汇。

图 1-5　外币的特点

第4项　认识世界上主要的货币

当今世界经济呈现多极化发展的局面，外币作为外汇最重要的种类，在其中扮演着重要的角色。下面我们就来认识一些主要的货币。

(1) 美元

美元是美国的官方货币。第二次世界大战之后，美元成为了世界结算货币，虽然如今美元的地位有所下降，但它依然是外汇交换中的基础货币，也是国际支付和外汇交易中的主要货币，在国际外汇市场中占有非常重要的地位。

在表 1-1 中介绍了美元的基本信息。

表 1-1 美元的基本信息

官方名称	美元（United States Dollar）
英文缩写/货币符号	USD/ $
发行	美国联邦储备银行
使用地区	美国
单位	美元 $、美分 ¢
主币	$1、$2、$5、$10、$20、$50、$100
辅币	1¢、5¢、10¢、25¢、50¢
兑换公式	$1=100¢

（2）人民币

随着我国经济实力的崛起，人民币在国际货币结算中的地位越来越强。对我国老百姓来讲，人民币不是一种外币，但一旦面临人民币与外币的兑换，人民币的基本特征就会显得非常重要。

人民币的基本信息如表 1-2 所示。

表 1-2 人民币的基本信息

官方名称	人民币（Chinese Yuan）
英文缩写/货币符号	CHY、RMB/ ¥
发行	中国人民银行
使用地区	中国
单位	元、角、分
主币	1、5、10、20、50、100 元
辅币	1 角、5 角
兑换公式	1 元=10 角=100 分

（3）欧元

欧元是欧盟国家所使用的货币，因为集合了欧洲经济活跃的几大国家，因此在世界经济结算中也有着重要的地位。

欧盟与欧元区

　　欧盟全程为欧洲联盟，是一个政治联盟，该联盟现拥有 28 个会员国，正式官方语言有 24 种。

　　而欧元区则是一个经济概念，是以欧元作为支付货币的国家，使用欧元的正式国有 18 个国家，分别是爱尔兰、奥地利、比利时、德国、法国、芬兰、荷兰、卢森堡、葡萄牙、西班牙、希腊、意大利、斯洛文尼亚、塞浦路斯、马耳他、斯洛伐克、爱沙尼亚、拉脱维亚。

　　许多并非欧盟成员国的国家也会使用欧元进行结算支付。另外，像英国等国家，虽然是欧盟成员，但并非是欧元区的成员国。

欧元可在欧元区国家内自由流通。具体的特征如表 1-3 所示。

表 1-3　欧元的基本信息

官方名称	欧元（euro）
英文缩写/货币符号	EUR/€
发行	欧洲央行
使用地区	欧元区
单位	元、分
主币	5 欧元、10 欧元、20 欧元、50 欧元、100 欧元、200 欧元、500 欧元
辅币	1 分、2 分、5 分、10 分、20 分、50 分、1 欧元、2 欧元
兑换公式	1 欧元=100 欧分

（4）日元

日本作为传统的经济大国，在世界贸易结算中也占有一席之地，日元作为日本的官方货币，其主要的特征如表 1-4 所示。

表 1-4　日元的基本信息

官方名称	日元、日本银行券(Japan Yen）
英文缩写/货币符号	JPY/¥
发行	日本银行及各地区有发行权的分行

使用地区	日本
单位	元、分
主币	1000 元、2000 元、5000 元、10000 元
辅币	1 元、5 元、10 元、50 元、100 元、500 元（铸币）
兑换公式	1 日元=100 分

注：日元没有辅币货币，只有以分为单位的标价方式

人民币和日元货币符号的使用

在官方定义中，人民币和日元的货币符号都是"¥"。
但在使用过程中，为了区分人民币和日元，常常将人民币写作"RMB¥"，将日元写作"JP¥"。

（5）港元

港元也叫做港币，是中国香港特别行政区的法定流通货币。有关港元的具体信息如表 1-5 所示。

表 1-5　港元的基本信息

官方名称	港纸、港币（Hong Kong Dollar）
英文缩写/货币符号	HKD/ HK$
发行	香港金融管理局
使用地区	中国香港、中国澳门
单位	元、分
主币	10 元、20 元、50 元、100 元、500 元、1000 元
辅币	5 分、10 分、50 分、1 元、2 元、5 元
兑换公式	1 元=100 分

（6）其他货币

除了上面介绍了货币之外，还有很多货币，如我们常常接触的英镑、泰铢等，下面

就简单来认识一下，具体如表 1-6 所示。

表 1-6　其他常见货币介绍

发行国家	货币名称	英文缩写	货币符号
巴西	新克鲁赛罗	BRC	Gr $
韩国	韩元	WON	원
马拉西亚	马元	MYR	M $
泰国	泰铢	THP	BT
印度	卢比	INS	RE
英国	英镑	GBP	£
法国	法郎	FRF	F.FR
德国	马克	DEM	DM
加拿大	加元	CAD	CAN $
澳大利亚	澳大利亚元	AUD	$ A

第5项　分清楚现钞和现汇

在进行外汇投资之前，有两个概念是需要分清楚的，这就是现钞和现汇。

所谓现汇，就是指在国际金融市场上可以自由买卖，在国际上得到承认并可以自由兑换其他国家货币的外汇。

而现钞就是指由境外携入或个人持有的可自由兑换的外国货币，简单地说就是指个人所持有的外国钞票，如美元、日元、英镑等。

现钞和现汇，一般有图 1-6 所示的区别。

区别一

现汇账户的收入是各种汇入或转入的现汇款项，而现钞的收入则是返纳的外币现钞；如果单位交纳外币现钞入其单位的现汇账户，需经过现钞折现汇的计算；同样，如果单位从其现汇账户上提取现钞，要经过现汇折现钞的计算。

图 1-6　现钞和现汇的区别

区别二

现汇以外币表示的可以用作国际清偿的支付手段，而现钞则单纯指外国货币。

区别三

一般情况下，现汇账户按照规定的利率计算，而单位现钞账户不计息。

图 1-6　现钞和现汇的区别（续）

二、外汇的表示方法——汇率

在对外汇有了一定的了解后，还有一个问题摆在我们面前：外汇究竟用什么表示？各个国家的经济发生水平不一样，每个国家发行货币的面额也不一样，那么为了达到经济的平衡，各外汇之间用什么来表示呢。

第6项　什么是汇率

要体现一种货币的价值，就需要用另一种货币来表现，这其中的差异就产生了汇率。汇率是一种货币兑换另一种货币的比率，是以一种货币表示另一种货币的价格的方式，也可以称之为外汇价格。我们进行外汇投资理财，实际上就是对汇率涨跌的投资。

如果将汇率进行分类整理，则会更好地帮助理解汇率是什么。

(1) 按汇率变动管理

按照货币当局对汇率执行的管理机制，汇率分为图 1-7 所示的两种。

固定汇率

固定汇率是指由政府制定和公布，并只能在一定幅度内波动的汇率。

按对汇率的管理分类汇率

浮动汇率

由市场供求关系决定的汇率。其涨落基本自由，政府几乎不干预汇率的变化。

图 1-7　固定汇率与浮动汇率

(2) 按银行的买卖

如果按照银行对外汇地买卖出发，汇率制度可分为图 1-8 所示的 4 点，这也是银行投资外汇的重要内容。

| | 买入汇率也称买入价，即汇率银行向同业或客户买入外汇时所使用的汇率。买入汇率可以简单理解为买入一定数额的外汇需要支付多少的本国货币。 |

买入汇率 → 买入汇率也称买入价，即汇率银行向同业或客户买入外汇时所使用的汇率。买入汇率可以简单理解为买入一定数额的外汇需要支付多少的本国货币。

卖出汇率 → 卖出汇率刚好与买入汇率相反，表示外汇银行向客户卖出一定数额的外汇可以收回多少本国货币，也称为卖出价，即银行向同业或客户卖出外汇时所使用的汇率。

中间汇率 → 中间汇率是买入价与卖出价的平均数，一些投资机构汇率报价均采用中间汇率。其中买卖价的差额一般作为外汇银行的手续费收益。

现钞汇率 → 一般只有将外币兑换成本国货币才能够购买本国的商品，这个过程需要把外币现钞运到各发行国去，因此，银行在收兑外币现钞时的汇率和现有汇率是不同的。

图 1-8　银行买卖的几种汇率

（3）按银行付汇方式

银行在进行付汇的时候，也会采用不同的汇率。所谓银行的付汇，就是指从外汇账户中对外支付时，经营外汇业务的银行应当根据相关的规定向他国支付外汇。

付汇一般有电汇汇率、信汇汇率和票汇汇率 3 种，具体如图 1-9 所示。

电汇汇率

当本国银行在卖出外汇后，便用电报委托国外分支机构或代理行付款给收款人所使用的一种汇率。一般来说，电汇调拨资金速度快，有利于加速国际资金周转，因此电汇在外汇交易中使用的人数最多。

信汇汇率

一般指银行在卖出相应的外汇后，以信函的方式通知对方付款时采用的汇率。由于付款委托书的邮递需要一定的时间，银行在这段时间内可以占用客户的资金，因此，信汇汇率比电汇汇率使用人数少。

图 1-9　银行不同的付汇汇率

票汇汇率

银行在卖出外汇后，会开据一张汇票，由客户自己带到国外进行兑换。票汇有短期票汇和长期票汇之分，使用也较为灵活，同样被许多人所接受。

图1-9 银行不同的付汇汇率（续）

（4）按外汇交易的交割时间

按照外汇交易的交割方式，有即期汇率与远期汇率两种，具体内容如下。

◆ **即期汇率**：即期汇率也被称为现汇汇率，是指买卖外汇双方成交当天或两天以内进行交割的汇率。

◆ **远期汇率**：远期汇率是在未来一定时期进行交割，而在交易之前由买卖双方签订合同、达成协议的汇率。

第7项 汇率的标价方式

前面讲到汇率是一种货币表示另一种货币价值的方式，那么汇率在标价的时候，一般有哪些方式呢？

（1）直接标价法

直接标价法是以一定单位如 1、100、1 000、10 000 等的外国货币为标准来计算应付付出多少单位本国货币，这就相当于将一种货币看作一种商品，另一种货币看作价格。如今大多数的国家都采用直接标价法，在交易盘中如图1-10所示。

	代码	名称	现价	涨跌	买价	卖价	振幅
1	AUDUSD	澳元/美元	0.7459	+0.0041	0.7459	0.7464	0.89%
2	EURUSD	欧元/美元	1.1204	+0.0094	1.1204	1.1210	1.05%
3	GBPUSD	英镑/美元	1.3033	+0.0079	1.3033	1.3038	0.88%
4	USDCAD	美元/加元	1.3513	-0.0089	1.3513	1.3515	0.76%
5	USDCHF	美元/瑞郎	0.9722	-0.0071	0.9722	0.9726	0.85%
6	USDCNH	美元/人民币(离)	6.8718	-0.0108	–	–	0.28%
7	USDCNY	美元/人民币	6.8829	-0.0050	–	–	0.18%
8	USDHKD	美元/港币	7.7830	+0.0006	7.7830	7.7833	0.05%
9	USDIND	美元 指数	97.0970	-0.6889	97.0970	97.1390	0.81%
10	USDJPY	美元/日元	111.2600	-0.0899	111.2600	111.2900	0.60%
11	USDSGD	美元/新加坡元	1.3860	-0.0065	1.3860	1.3870	0.72%
12	XAUUSD	黄金/美元	1255.0500	+6.0601	1255.0500	1256.0500	0.79%

图1-10 汇率直接标价法

直接标价法的方式非常简单，如在上图中美元日元的最新价格为 111.26，也就是说需要 111.26 日元才能购买 1 美元。

（2）间接标价法

间接标价法是以一定单位的本国货币为标准，来计算应收若干单位的外汇货币，也就是用"外币"来表示"本币"的价格。

在间接标价法下，如果一定数额的本币能兑换的外币数量减少，表示外币升值、本币贬值，外汇汇率上涨；反之如果一定数额的本币能兑换的外币数量增加，则表示外币贬值、本币升值，外汇汇率下跌。

目前国际上采用间接标价法的货币不多，主要有欧元、英镑、澳元等。

（3）美元标价法

国际经济关系瞬息万变，人们需要用一种使用量最大的货币作为标价依据。

美元标价法是指在纽约国际金融市场上，除对英镑用直接标价法外，对其他外国货币都用间接标价法的标价方法。而如今的国际各大金融中心大都已经采用美元标价法。

在美元标价法下，美元的单位始终不变，美元与其他货币的比值是通过其他货币量的变化体现出来的，在图 1-10 中，美元在前的就可以称为美元标价法。如：

1 美元=1.351 3 加元

1 美元=6.882 9 人民币

1 美元=111.26 日元

上面就是 3 种汇率的标价方式，它们具体的特点如表 1-7 所示。

表 1-7   标价方式展示

标价法	定义	公式	特点	表示
直接标价法	应付标价法	本币数额/外币数额	外币不变，本币数额增加，本币贬值	1 外币=×本币
间接标价法	应收标价法	外币数额/本币数额	本币不变，外币数额增加，本币升值	1 本币=×外币
美元标价法		本币数额/美元数额	美元不变，本币数额增加，本币贬值	1 美元=×本币

第8项   汇率制度

确定汇率的标价方式之后，各个国家还会制定不同的汇率制度来控制汇率的变化，那么汇率制度具体有哪些呢？

(1) 固定汇率制度

固定汇率是以本位币本身确定的相关汇率的一种汇率制度，在不同的货币制度下，固定汇率制度的标准是不同的。

固定汇率并非汇率完全固定不动，而是围绕一个相对固定的平价上下限范围波动，该范围最高点叫"汇率上限"，最低点叫"汇率下限"。

在布雷顿森林体系下的汇率制度就是典型的固定汇率制度，它有图 1-11 所示的特点。

1	汇率的决定基础是黄金平价，但货币的发行量与黄金无关。
2	波动幅度小，但仍超过了黄金输送点所规定的上下限。
3	汇率不具备自动稳定机制，汇率的波动与波幅需要人为政策来维持。
4	央行通过间接手段而非直接管理的方法来稳定汇率。
5	只要有必要，汇率平价和汇率波动的界限可以改变，但变动幅度有限。

图 1-11　布雷顿森林体系下的固定汇率制度

一般来说，实行固定汇率制度，有图 1-12 所示的优缺点。

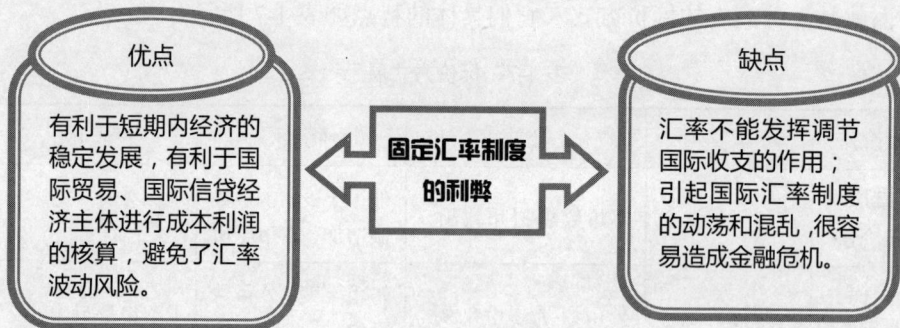

优点　　固定汇率制度的利弊　　缺点

有利于短期内经济的稳定发展，有利于国际贸易、国际信贷经济主体进行成本利润的核算，避免了汇率波动风险。

汇率不能发挥调节国际收支的作用；引起国际汇率制度的动荡和混乱，很容易造成金融危机。

图 1-12　固定汇率制度的利弊

什么是布雷顿森林货币体系

布雷顿森林货币体系(Bretton Woods System)是二战后形成的以美元为中心的国际货币体系。布雷顿森林体系以黄金为基础，以美元作为最主要的国际储备货币。美元直接与黄金挂钩，各国货币则与美元挂钩。在布雷顿森林体系下，美元可以兑换黄金以及各国制定各国货币汇率，国际货币基金组织则是维持这一体系正常运转的中心机构。

(2) 浮动汇率制度

浮动汇率是固定汇率的对称，在管理上是完全相反的。在该制度下，汇率会根据市场供求关系而自由涨跌，货币当局不进行干涉。在浮动汇率下，金平价已失去实际意义，官方汇率也只起某种参考作用。

浮动汇率可分为自由浮动汇率制度和有管理的浮动汇率制度两种。

◆ 自由浮动汇率制度是指货币当局对外汇市场很少进行干预，汇率随市场供求变化。这种制度的缺点是实际汇率的大幅波动可能会造成资源配置的扭曲，汇率的随机性和通货膨胀偏向较大。当前，几乎没有国家实行自由浮动汇率制度。

◆ 而有管理的浮动汇率制度则是指货币当局通过各种措施和手段对外汇市场进行干预，以使汇率向有利于本国经济发展的方向变化。有管理的浮动汇率制度的优点是可避免汇率的不规范波动，使国内经济相对稳定；缺点是中央银行的行为有时缺乏透明度，可能带来反面效果。

无论浮动汇率制度如何，它浮动的方式是一定的，主要有图 1-13 所示的几种。

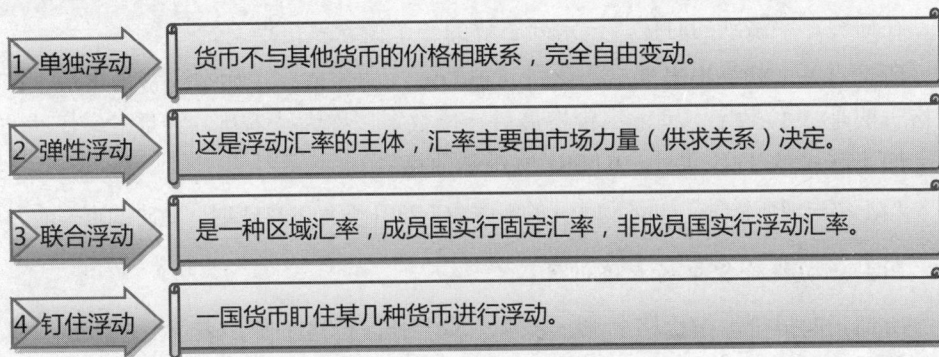

1 单独浮动	货币不与其他货币的价格相联系，完全自由变动。
2 弹性浮动	这是浮动汇率的主体，汇率主要由市场力量（供求关系）决定。
3 联合浮动	是一种区域汇率，成员国实行固定汇率，非成员国实行浮动汇率。
4 钉住浮动	一国货币盯住某几种货币进行浮动。

图 1-13　汇率的浮动方式

第9项　汇率的涨跌

当用一种货币来表示另一种货币时，兑换数量的多少就是汇率的涨跌情况。下面我们以一个简单案例来说明。

应用示例——汇率的上涨和下跌

某外汇市场的外汇牌价在某月初和月末有如下的汇率涨跌情况。

月初：1 英镑=1.6002 美元

月末：1 英镑=1.6018 美元

以上的变化情况说明了固定的英镑可以兑换更多的美元，也就是说英镑升值，汇率上涨。

另外，还可能出现如下的情况。

月初：1 美元=6.0185 人民币

月末：1 美元=6.0020 人民币

在这样的情况下，固定的美元能兑换的更少的人民币，美元贬值，汇率下跌。

汇率之间负相关

　　无论整个货币市场如何变化，在任何一组货币中，只要一种货币升值，就代表另一种货币贬值；一种货币贬值，就代表另一种货币升值。

第10项　汇率的点差

在研究汇率涨跌的时候，一定要了解的一个概念就是点差。

所谓点差，就是指当汇率变化时，点数波动的差值。在如今的货币市场上，汇率的价格一般是 5 位数字，而汇率价格最后一位数字，称为技术点，它是汇率变动的最小单位。如 1 欧元=1.2301 美元，0.0001 就是基数点。

当汇率出现变化时，如欧元/美元的汇率由 1.2301 变为 1.2311 时，此时的点差就为 10 点。

(1) 正向报价货币的点值计算

所谓正向报价，指价格上涨，表示汇率上升，价格下降，表示汇率下跌。具体如图 1-14 所示。

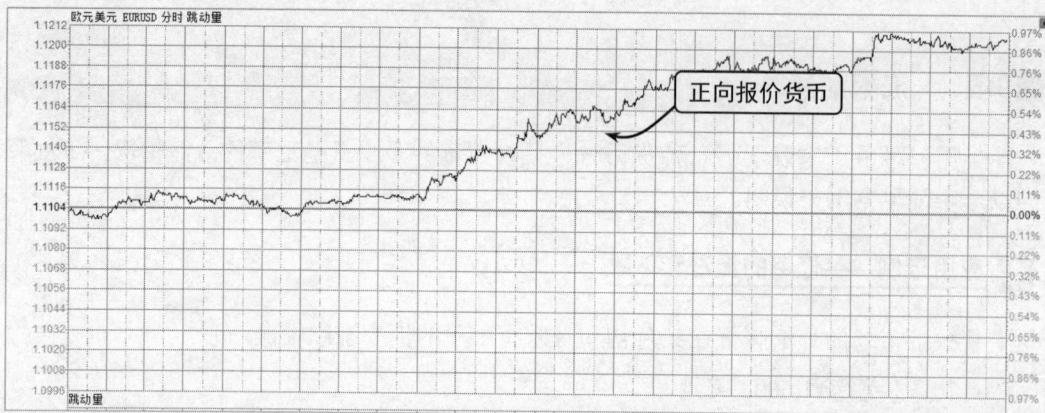

图 1-14　正向报价货币

在正向报价的情况下，如一份欧元/美元的合约价格 300000 欧元，而基数点为 0.000 1，那么这份合约的点值为 300000×0.0001=30。

（2）反向报价货币的点差计算

反向报价货币和正向报价货币正好相反，在汇率波动图形上，图形上涨表示汇率在下跌，图形下跌表示汇率在上升，如图 1-15 所示。

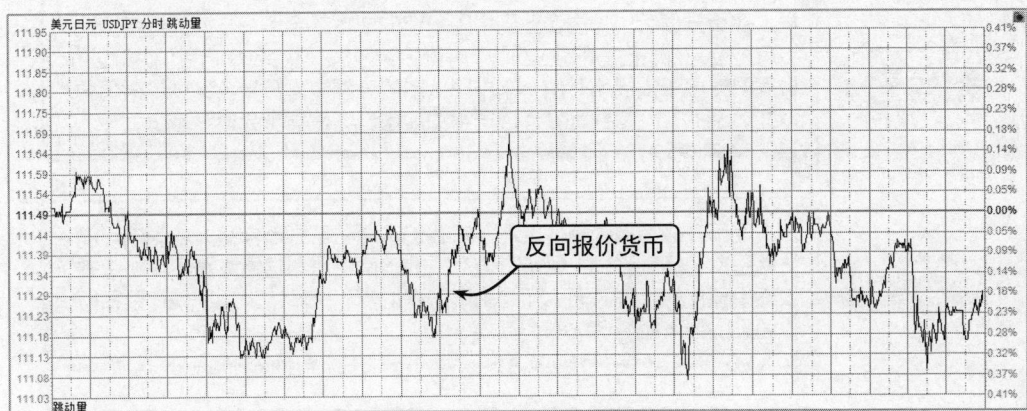

图 1-15 反向报价货币

如一份美元/日元的合约为 100 000 美元，基本点为 0.01，当前报价为 111.29，因此点值为 100 000×0.01÷111.29=8.99。

第11项 人民币升值带来的利弊

如今人们常听到的一个词是"人民币升值"，实际上从经济学角度来看，人民币升值可能会对投资理财带来一定的影响。

从优势来说，人民币升值对老百姓最直接的好处就是手里的钱在国际上更加值钱了，我们可以更加容易地出国、留学、旅游会变得更加容易，还可以用更加便宜的价格在国外购物等。

同时，因为这一点，会产生更多的经济效应，比如更多学生选择出国留学，这会让中国拥有更多的专业性人才与技术；原本已经在中国投资的企业，会获得更加丰厚的利润，从这一点上讲，也增加了中国国内人民的就业机会。

从弊端来看，人民币升值会对国内经济发展、就业、贷款、投资理财等行业带来冲击，具体的影响如图 1-16 所示。

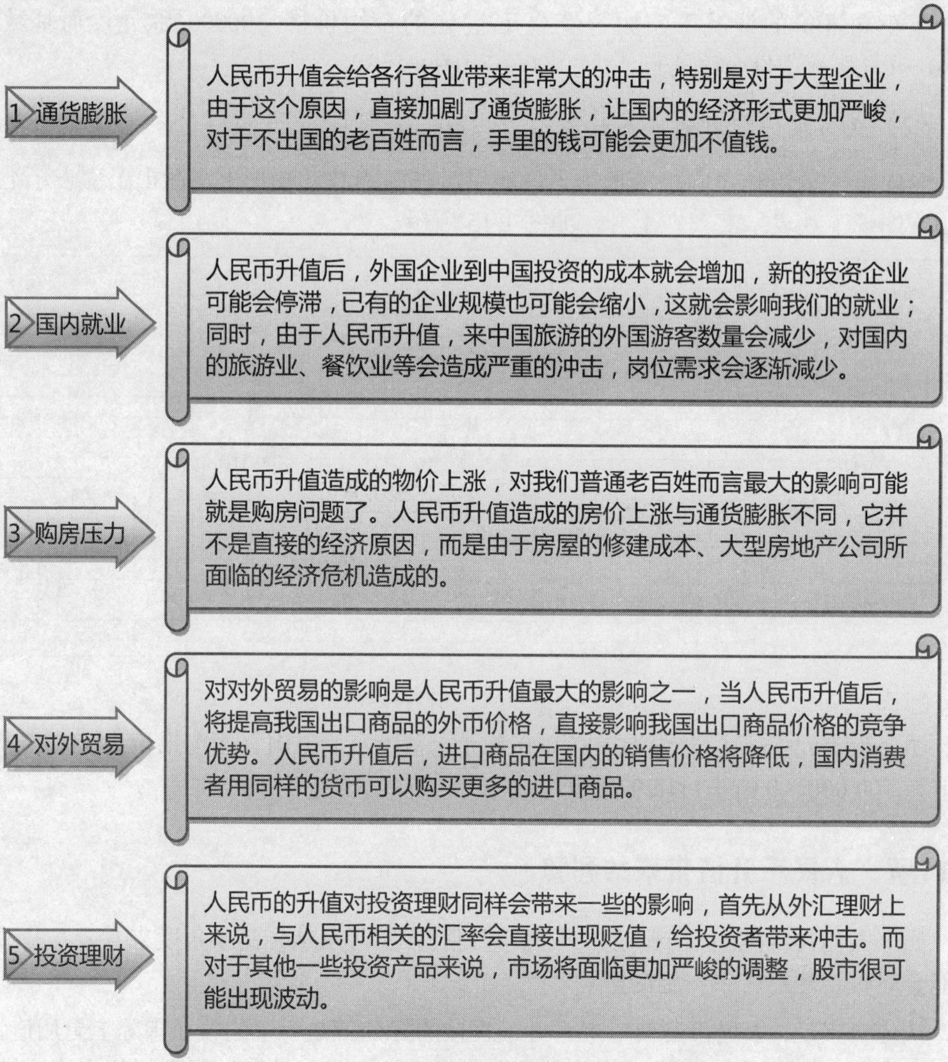

1 通货膨胀 ▷ 人民币升值会给各行各业带来非常大的冲击，特别是对于大型企业，由于这个原因，直接加剧了通货膨胀，让国内的经济形式更加严峻，对于不出国的老百姓而言，手里的钱可能会更加不值钱。

2 国内就业 ▷ 人民币升值后，外国企业到中国投资的成本就会增加，新的投资企业可能会停滞，已有的企业规模也可能会缩小，这就会影响我们的就业；同时，由于人民币升值，来中国旅游的外国游客数量会减少，对国内的旅游业、餐饮业等会造成严重的冲击，岗位需求会逐渐减少。

3 购房压力 ▷ 人民币升值造成的物价上涨，对我们普通老百姓而言最大的影响可能就是购房问题了。人民币升值造成的房价上涨与通货膨胀不同，它并不是直接的经济原因，而是由于房屋的修建成本、大型房地产公司所面临的经济危机造成的。

4 对外贸易 ▷ 对对外贸易的影响是人民币升值最大的影响之一，当人民币升值后，将提高我国出口商品的外币价格，直接影响我国出口商品价格的竞争优势。人民币升值后，进口商品在国内的销售价格将降低，国内消费者用同样的货币可以购买更多的进口商品。

5 投资理财 ▷ 人民币的升值对投资理财同样会带来一些的影响，首先从外汇理财上来说，与人民币相关的汇率会直接出现贬值，给投资者带来冲击。而对于其他一些投资产品来说，市场将面临更加严峻的调整，股市很可能出现波动。

图 1-16 人民币升值的弊端

从另一方面，人民币升值是如何影响国内老百姓生活的，下面我们来看一个例子。

应用示例——人民币贬值对普通老百姓的影响

人民币贬值代表着外币相对升值，所以以外币计价的商品就会变贵。另外，大家不要以为不出国买东西就没有影响，其实在经济全球化的今天，我们用的几乎所有东西都有国外的因素。

由于中国主要的进口商品价格大幅度上涨，如大豆、天燃气、石油、铁矿石等。这些东西价格上涨会导致国内几乎所有商品价格上涨。

例如，如果石油和铁矿石上涨，基本上所有东西价格都会上涨，因为几乎所有商品都与这两样东西直接和间接的关系。

尤其是日用品价格上涨，会导致生活成本增加，然后农民和商人所要求的利润也会增加，外国在华企业为了维持利润，也会相应提高价格，所以全社会所有东西价格都会上涨，使得国内发生通货膨胀。

人民币贬值，会导致以人民币计价的商品和服务都会变得便宜，所以外国人就会更喜欢从中国来买东西，中国的劳动力价格会相对降低，商品会变得便宜，会吸引更多的游客，中国生产的东西也会更好卖。

目前，在国外留学的学生越来越多，人民币贬值对于留学生们肯定不是一个好消息，毕竟生活经费主要来源于国内家庭的支持，这意味着同样的人民币所能换取的外币比之前更少，所以留学生们要么降低生活质量，要么国内家庭提供更多的人民币。

喜欢出境游的驴友们，因为人民币贬值，这样就需要更多的人民币来兑换成外币，在外消费。据数据显示，2016 年，我国内地公民出境游达到 1.2 亿人次，人民币此轮贬值，已让部分旅行社为了摊薄成本，提高境外游的报价，尤其是去往美国的线路。

海淘、海外代购之所以市场火热，原因有两个，一是国内和境外海淘商品的存在着不小的价差，二是国内没有这种商品，只能在国外购买，如今人民币贬值后，这种优惠会越来越小。第二种情况则意味着你想买到同样的东西需要比之前花费更多的人民币。

第12项　汇率在进出口报价中的作用

在进出口报价中，如果将汇率看作一种工具，会得到更多的机会。

我们知道，外汇市场的报价有买入价与卖出价。而这两个价格之间一般有微小的差异。进出口商品一般在货价结算、对外报价与履约支付业务时，若稍微有所偏差，就会造成损失。所以在进出口报价时，最好注意图 1-17 所示的几点原则。

1	本币报价折算为外币报价，应用外币的买入价。
2	外币报价折算为本币报价，应用外币的卖出价。
3	两种外币相折，以外汇市场所在国的货币为本币。

图 1-17　进出口报价使用汇率的原则

对此，我们从简单的案例中来详细了解。

📉 应用示例——进出口中的贸易选择

中国香港地区的某贸易公司将一批食品卖给美国某公司，其低价为 100 万港元，现要用美元进行报价，当日美元/港元的汇率为买入价 7.7561、卖出价 7.7571。

根据本币折算外币原则，应选择买入价。

因此美元报价=1000000/7.7561≈128931 美元。

如果在上例中选择用港元报价，则应该选择卖出价。

港元报价=1000000/7.7571≈128914 美元（之后再用实际汇率折算成港元）。

三、国际收支

在贸易关系中，国际收支是一项重要的内容，它虽然不和外汇直接挂钩，但如果了解国际收支，会对我们了解外汇很有帮助。

第13项　什么是国际收支

国际收支简单来说是一种统计报表，它系统地记载了在一定时期内经济主体与世界其他地区的交易情况，而大部分交易在居民与非居民之间进行。

国际收支一般有广义和狭义区分，具体如下。

◆　狭义的国际收支指一国一定时期的外汇收支。

◆　广义的国际收支指一国一定时期内全部国际经济交易的货币价值总和。

而无论如何定义国际收支，它作为一份统计报表，通常被分为经常账与资本账。具体如图 1-18 所示。

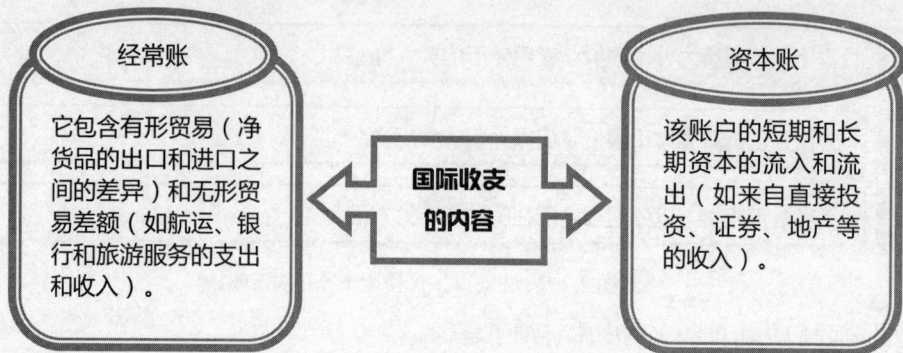

图 1-18　经常账与资本账

第14项　国际收支顺差

国际收支中有收入也有支出，由于数额的巨大，因此很难做到收支相等。在这种情况下，就出现了收支顺差与收支逆差。

国际收支顺差也叫作国际收支盈余，即是指某一国在国际收支上入大于出。一般来说，它会带来如下的好处。

◆　经常项目顺差刺激国内总需求，净出口的乘数效应扩大了经济增长的规模，促进国内经济增长。

◆　国际收支顺差增加了外汇储备，增强了综合国力，吸引投资。

◆　以国际收支顺差弥补财政赤字，不但有利于国民经济总量平衡，而且避免了双赤字现象。

◆　有利于人民币汇率的稳定，并可以实施较为宽松的宏观调控政策。

◆　加强了我国抗击经济全球化风险的能力，有助于国家经济安全。

当然，国际收支顺差也会带来一定的弊端，如图 1-19 所示。

1	国际收支顺差使得人民币升值的压力加大，国际贸易摩擦增加。
2	国际收支顺差弱化了货币政策效应，降低了社会资源利用效率。
3	国际收支顺差提高了外汇储备成本，加大了资金流出。
4	国际收支顺差导致经济对外依存度过高，民族经济发展受限，出口结构难以调整。
5	国际收支顺差影响了国内金融业利率市场化进程，让资本控制更加严重。

图 1-19　国际收支顺差的弊端

第15项　国际收支逆差

国际收支逆差也被称为国际收支赤字，是指某一国在国际收支上支出大于收入，这是大多数国家在发展过程中都会遇到的问题。

国际收支逆差所带来的影响，在利弊上和收支顺差完全相反。一般来说，国际收支逆差会导致本国外汇市场上外汇供给减少，需求增加，从而使得外汇的汇率上涨，本币的汇率下跌。

　　而如果该国政府采取措施干预，选择抛售外币，买进本币，那么政府手中将没有足够的外汇储备，而这又会进一步导致本币的贬值。

　　因此政府的干预将直接引起本国货币供应量的减少，而货币供应量的减少又将引起国内利率水平的上升从而导致经济下滑，失业率增加。

第16项　国际收支与外汇

　　国际收支会直接影响汇率的变动，也会改变本国的货币政策。而外汇常常被用作调整国际收支的重要工具之一。一个国家调整国际收支，一般有图1-20所示的5点。

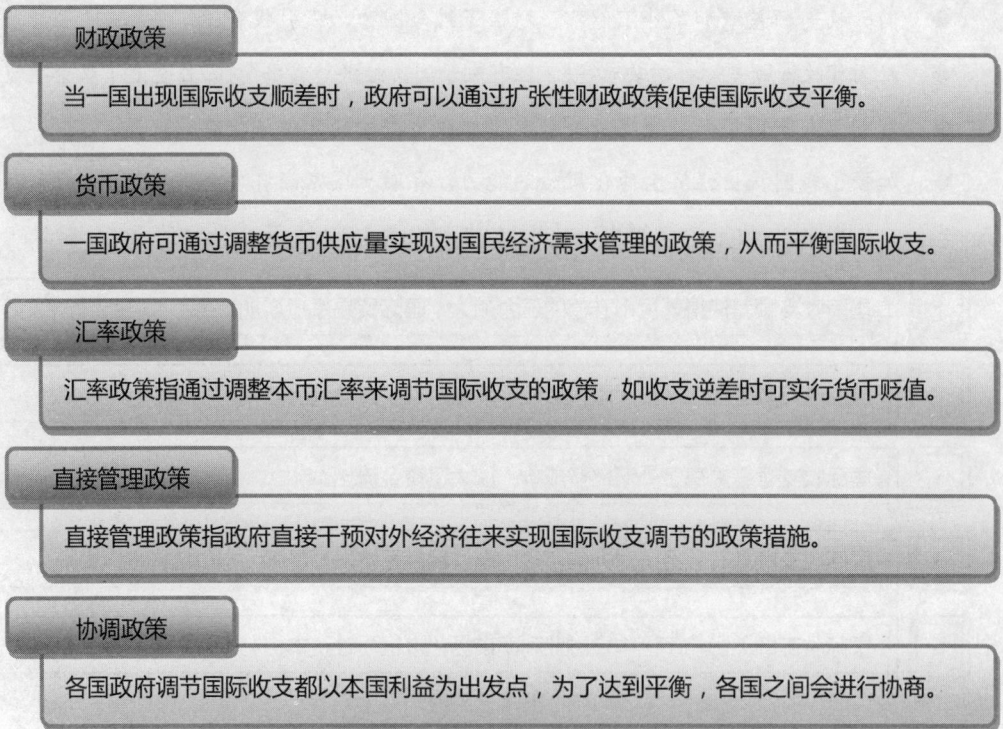

财政政策

当一国出现国际收支顺差时，政府可以通过扩张性财政政策促使国际收支平衡。

货币政策

一国政府可通过调整货币供应量实现对国民经济需求管理的政策，从而平衡国际收支。

汇率政策

汇率政策指通过调整本币汇率来调节国际收支的政策，如收支逆差时可实行货币贬值。

直接管理政策

直接管理政策指政府直接干预对外经济往来实现国际收支调节的政策措施。

协调政策

各国政府调节国际收支都以本国利益为出发点，为了达到平衡，各国之间会进行协商。

图1-20　国家调节国际收支的内容

第17项　外汇及外汇投资专用术语

　　在对外汇进行分析与投资过程中，会遇到很多特殊的词汇，我们要了解外汇，就必须对其有明确的了解。外汇的专用术语解释，如表1-8所示（此表中包含本书后面要介绍的外汇交易及K线分析等术语）。

表 1-8 外汇投资专用术语一览表

术语	说明
开盘价	在一个交易日中第一次交易的成交价格，被称为开盘价格
收盘价	在一个交易日中最后一笔交易的成交价格，被称为收盘价格
成交价	即进行买卖的执行价格
最高价	一个交易日内出现的最高成交价格
最低价	一个交易日内出现的最低成交价格
多头	在一个时间段内，看好价格上涨的投资者
空头	在一个时间段内，看好价格下跌的投资者
买多	也被称为做多、做多头，是对后市看涨的获利操作
卖空	也被称为做空、做空头，是对后市看跌的获利操作
开仓	开始买卖外汇，即持有头寸
平仓	卖出所持有的头寸，即与开仓相反的多空操作
锁仓	选择挂单止盈和止损，暂时离开市场
强制平仓	因保证金不足或违反规定，被交易所进行的强制性平仓
平开	今日的开盘价与上一个交易日的收盘价相同
高开	今日的开盘价高于上一个交易日的收盘价
低开	今日的开盘价低于上一个交易日的收盘价
交易保证金	在外汇交易时，投资者所需缴纳的自备款
对冲	同一时间买入外币，作买空；另外亦要沽出另外一种货币
套利	买卖不同的外汇合约
即期合约	即期合同是指外汇买卖双方都同意按现在约定的汇率、货币种类和数额，在两个营业日内，进行一种货币对另一种货币的兑换而签订的合约

远期合约	是指买卖外汇双方先签订合同，规定买卖外汇的数量、汇率和未来交割外汇的时间，等到了规定的交割日期，双方再按合同规定办理货币收付的外汇交易
掉期合约	交易双方按照预先约定的汇率、利率等条件，在一定期限内，相互交换一组资金，以达到规避风险的目的
利率平价	当两种货币的汇率被远期汇率差额抹平时，这两种货币就处于利率平价
金本位	金本位制就是以黄金为本位币的货币制度。在金本位制下，每单位的货币价值等同于若干重量的黄金
委托	投资者向投资机构发出成交指令，投资机构向交易所发出交易请求
指令	投资者下达给经纪人和经纪公司的按何种价格、何种方式交易一定数量合约的订单
手	交易的计量单位
杠杆	外汇保证金的投入比例
限价买单	是指相对市价而言，目标价位低于当前市场报价的买进操作指令
止损买单	相对市价而言，目标价位高于当前市场报价的买进操作指令
限价卖单	相对市价而言，目标价位高于当前市场报价的卖出操作指令
止损卖单	指相对市价而言，目标价位低于当前市场报价的卖出操作指令
交易清淡	交易量小，波幅不大
交易活跃	交易量大，波幅很大

第2章

认识外汇市场

通过第一章的内容,我们知道外汇是可以在全球流通并可兑换的。在这样的情况下,世界各地就形成了不同的外汇市场,我们要进行外汇投资,首先就需要来认识外汇市场。

◇ 外汇市场的种类与特点
◇ 外汇市场的作用
◇ 外汇市场的参与对象
◇ 外汇市场的交易层次
◇ 世界的外汇市场概述

◇ 认识世界主要的外汇市场
◇ 各国的外汇储备大战
◇ 我国外汇市场的交易要点
◇ 我国外汇市场的缺陷
◇ 我国外汇市场的发展与完善

一、外汇市场的概述

外汇虽然不像股票、期货一样需要在固定的交易场所进行交易，但因为会发生外汇的交换，因此需要有交易的场所。而外汇市场，正是这么一个提供外汇交易业务的综合市场。

第18项　外汇市场的种类

所谓外汇市场，就是指经营外币和以外币计价的票据等有价证券买卖的市场，它是金融市场的主要组成部分。

外汇市场是世界上最大的金融市场，如纽约外汇市场的美元日交易额已达上千亿美元。而作为普通老百姓来说，即使没有出国，也会因为购买了国外的商品而与外汇市场产生联系。要认识外汇市场，可从其分类开始。

（1）无形市场与有形市场

从组织形态上来说，外汇市场可以分为无形市场与有形市场。有形外汇市场就是指像证券交易所一样有具体交易场所的交易市场，而无形交易市场是指没有具体交易场所的外汇市场。具体如表2-1所示。

表 2-1　有形市场和无形市场

	有形外汇市场	无形外汇市场
判断依据	有无固定交易场所	有无固定交易场所
含义	有固定的交易场所和交易时间。如外汇交易所和银行	没有固定的交易场所和交易时间
特点	外汇的交易时间和地点固定，交易场所通常是金融中心所在地，交易实行封闭的方式	外汇的交易时间和地点不固定，交易主要通过网络、电话完成
参与者	交易所、经济会员、投资者	交易市场、投资者

不同的有形无形市场

　　有形的外汇市场世界上比较少，这些市场主要集中在欧洲传统的外汇交易中，而无形市场则是现在世界上主流的外汇交易市场，具体如伦敦、东京和苏黎世等外汇交易市场。

（2）区域市场与国际市场

按照大小或是服务地区来看，外汇市场分为区域市场与全球性的国际市场，具体如图 2-1 所示。

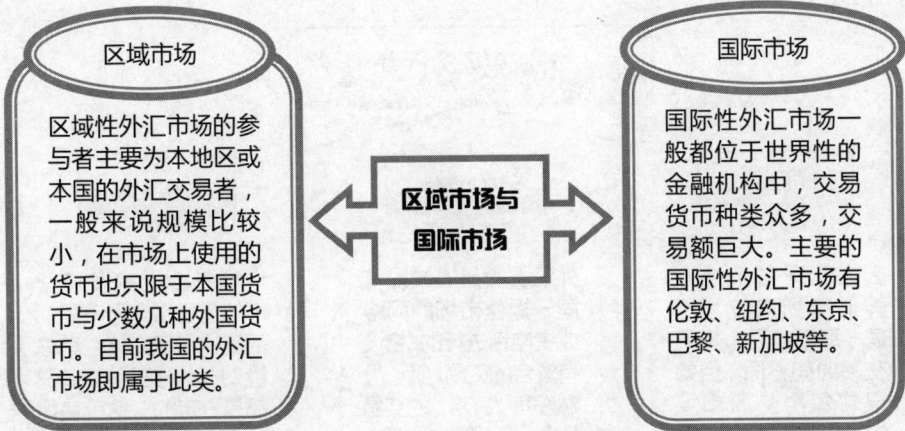

图 2-1 区域市场与国际市场

（3）按政府监管程度

如果按照政府对外汇市场的监管程度来分类，外汇市场有如表 2-2 所示的 3 种。

表 2-2 自由、官方、官方控制的自由外汇市场

	自由外汇市场	官方外汇市场	官方控制的自由外汇市场
判断依据	是否受到政府控制	是否受到政府控制	受到政府控制的程度
交易限制	一般指不受政府控制的外汇交易市场	一般指外汇市场受到政府完全控制	国家政府在一定程度上对外汇市场进行控制
实行区域	主要的国际外汇市场	发展中国家的外汇市场	部分区域性外汇市场
汇率制度	市场汇率	官方汇率	根据国家情形决定，一般采用两者的结合
参与者	区域内所有银行和其他金融机构、个人投资者	只允许持有政府许可证的银行和其他金融机构以及部分个人投资者	政府许可证的银行和其他金融机构以及部分个人投资者

第19项　外汇市场的特点

外汇市场作为全球最大的一个市场，它自然有其独特的地方。全球的外汇市场一般都具有图 2-2 所示的特点。

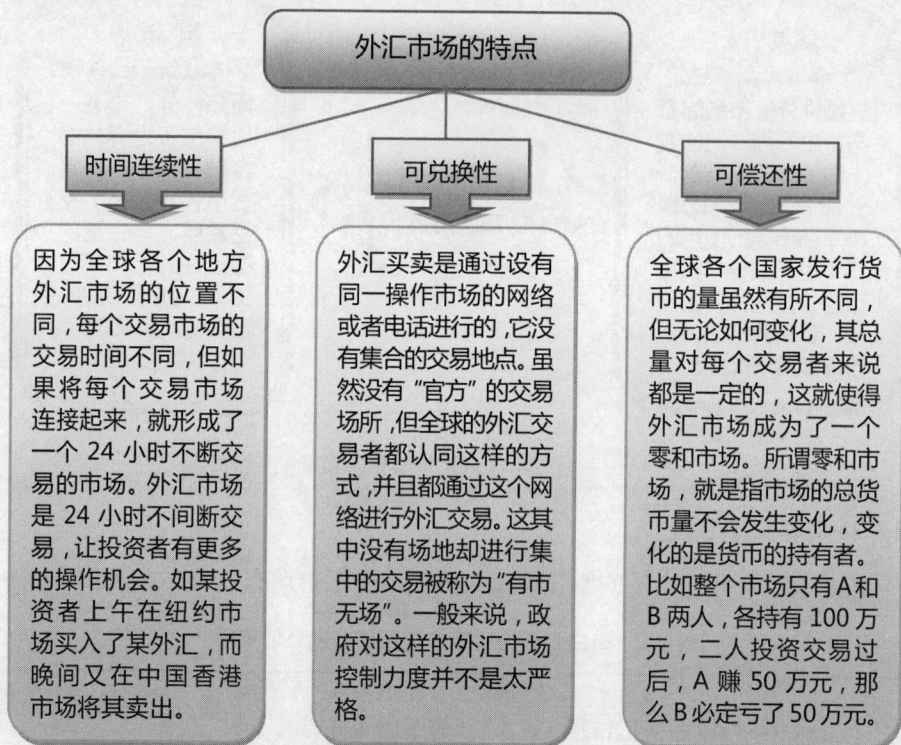

```
              ┌─────────────────────┐
              │     外汇市场的特点      │
              └─────────────────────┘
```

时间连续性	可兑换性	可偿还性
因为全球各个地方外汇市场的位置不同，每个交易市场的交易时间不同，但如果将每个交易市场连接起来，就形成了一个 24 小时不断交易的市场。外汇市场是 24 小时不间断交易，让投资者有更多的操作机会。如某投资者上午在纽约市场买入了某外汇，而晚间又在中国香港市场将其卖出。	外汇买卖是通过设有同一操作市场的网络或者电话进行的，它没有集合的交易地点。虽然没有"官方"的交易场所，但全球的外汇交易者都认同这样的方式，并且都通过这个网络进行外汇交易。这其中没有场地却进行集中的交易被称为"有市无场"。一般来说，政府对这样的外汇市场控制力度并不是太严格。	全球各个国家发行货币的量虽然有所不同，但无论如何变化，其总量对每个交易者来说都是一定的，这就使得外汇市场成为了一个零和市场。所谓零和市场，就是指市场的总货币量不会发生变化，变化的是货币的持有者。比如整个市场只有A和B两人，各持有 100 万元，二人投资交易过后，A 赚 50 万元，那么 B 必定亏了 50 万元。

图 2-2 外汇市场的 3 大特征

除了以上三大特点之外，外汇市场还有图 2-3 所示的一些特别之处。

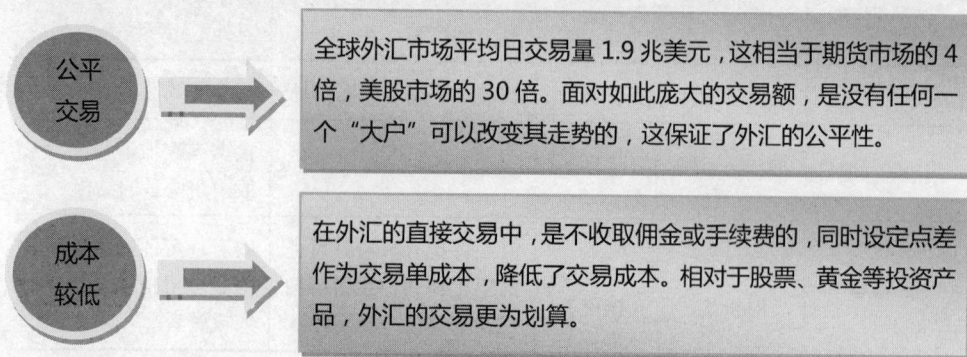

公平交易	全球外汇市场平均日交易量 1.9 兆美元，这相当于期货市场的 4 倍，美股市场的 30 倍。面对如此庞大的交易额，是没有任何一个"大户"可以改变其走势的，这保证了外汇的公平性。
成本较低	在外汇的直接交易中，是不收取佣金或手续费的，同时设定点差作为交易单成本，降低了交易成本。相对于股票、黄金等投资产品，外汇的交易更为划算。

图 2-3　外汇市场的其他特征

品种简单 ➡	投资外汇不用像投资股票一样关注成千上万的个股，也不需要像期货一样关注复杂的交割合约。投资外汇只需要关注几种重要的货币，就能对全球市场有明确的认识。
双向交易 ➡	外汇市场是可以进行双向交易的，投资者可以先买入后卖出，也可以先卖出后买入。这种交易使外汇形成了一个双向获利的交易模式。

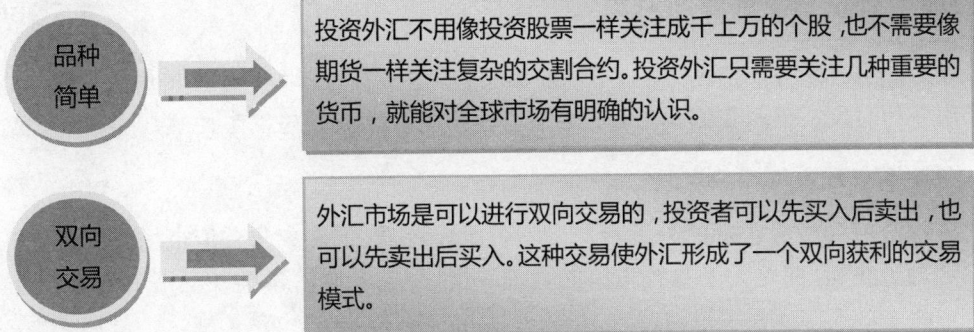

图 2-3　外汇市场的其他特征（续）

第20项　外汇市场的作用

外汇市场以"有市无场"的方式提供外汇交易服务，但它的作用却不仅仅局限于此。外汇市场还有更多的职能，具体如图 2-4 所示。

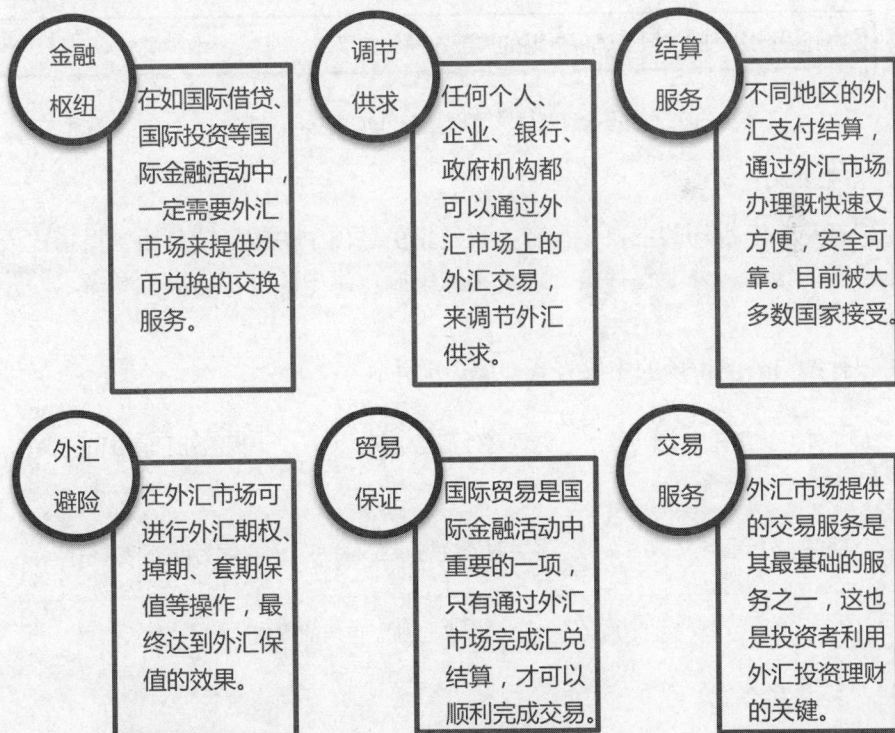

金融枢纽	在如国际借贷、国际投资等国际金融活动中，一定需要外汇市场来提供外币兑换的交换服务。
调节供求	任何个人、企业、银行、政府机构都可以通过外汇市场上的外汇交易，来调节外汇供求。
结算服务	不同地区的外汇支付结算，通过外汇市场办理既快速又方便，安全可靠。目前被大多数国家接受。
外汇避险	在外汇市场可进行外汇期权、掉期、套期保值等操作，最终达到外汇保值的效果。
贸易保证	国际贸易是国际金融活动中重要的一项，只有通过外汇市场完成汇兑结算，才可以顺利完成交易。
交易服务	外汇市场提供的交易服务是其最基础的服务之一，这也是投资者利用外汇投资理财的关键。

图 2-4　外汇市场的作用

第21项　外汇市场的参与对象

在如此庞大的外汇市场中，有不同的参与者。这些参与者既是外汇市场的组成部分，也是服务的对象。下面我们就一起来看看外汇市场有哪些参与主体。

(1) 各国政府及中央银行

各国政府和中央银行的外汇市场参与者比较特殊，他们参与外汇市场或进行外汇买卖不是为了获利，而是为了执行本国的金融政策，目的是监管本国外汇市场与对外金融。

一般来说，政府及中央银行有图 2-5 所示的 4 种参与方式。

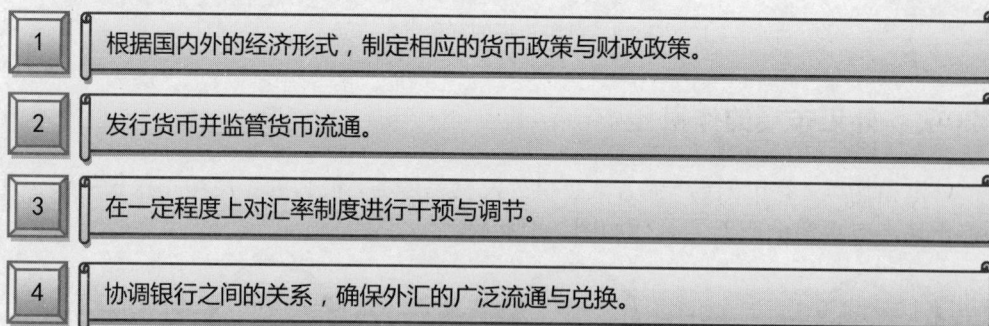

1	根据国内外的经济形式，制定相应的货币政策与财政政策。
2	发行货币并监管货币流通。
3	在一定程度上对汇率制度进行干预与调节。
4	协调银行之间的关系，确保外汇的广泛流通与兑换。

图 2-5　央行及政府参与外汇市场的方式

(2) 外汇银行

外汇银行是外汇市场的主要参与者，它是指由各国中央银行或货币当局指定或授权经营外汇业务的银行。外汇银行是外汇汇集的中心，集中了外汇的供给和需求，并最终决定汇率水平。

外汇银行参与外汇市场的主要方式如图 2-6 所示。

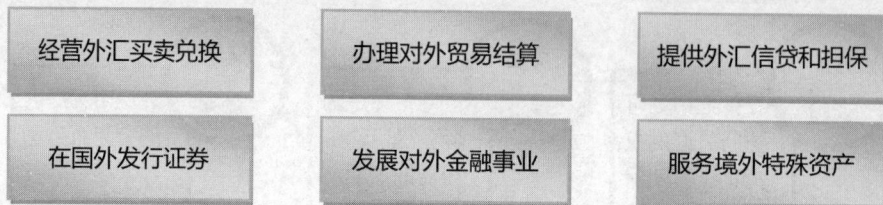

经营外汇买卖兑换	办理对外贸易结算	提供外汇信贷和担保
在国外发行证券	发展对外金融事业	服务境外特殊资产

图 2-6　外汇银行参与外汇市场的方式

(3) 外汇经纪人

所谓外汇经纪人，它并不是指单独的一个自然人，而是以外汇机构或外汇经济商的方式存在的外汇中介。外汇经纪人本身并不买卖外汇，同时本身不承担外汇交易的盈亏风险，它只是连接外汇买卖双方，促成交易。

因为普通投资者不能直接与外汇银行进行自由交易，因此外汇经纪人就接通了个人与外汇银行之间的桥梁，促进外汇交易的顺利完成。一般来说，外汇经纪人有图 2-7 所示几类参与方式。

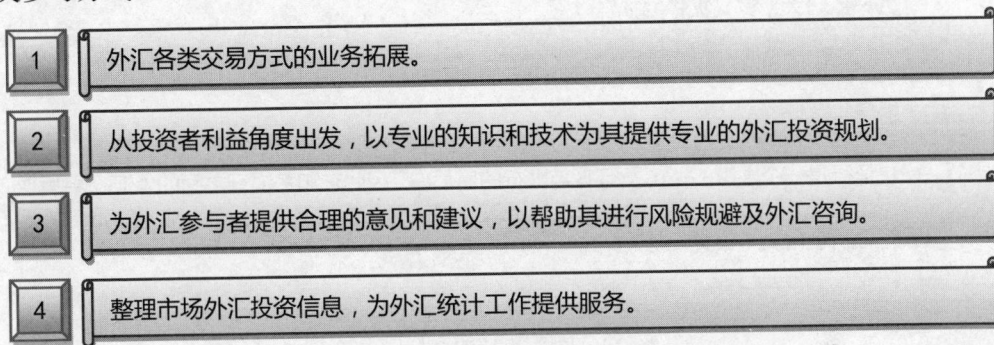

1	外汇各类交易方式的业务拓展。
2	从投资者利益角度出发，以专业的知识和技术为其提供专业的外汇投资规划。
3	为外汇参与者提供合理的意见和建议，以帮助其进行风险规避及外汇咨询。
4	整理市场外汇投资信息，为外汇统计工作提供服务。

图 2-7　外汇经纪人参与外汇市场的方式

（4）普通投资者

普通投资者虽然不能向国家的外汇交易那样规模庞大，但却是外币兑换即外汇投资理财的重要参与者。普通投资者一般指企业、机关单位、团体及个人。因为普通投资者无法自由兑换外汇，因此其往往和外汇经纪人联系。

普通投资者参与外汇投资的主要方式如图 2-8 所示。

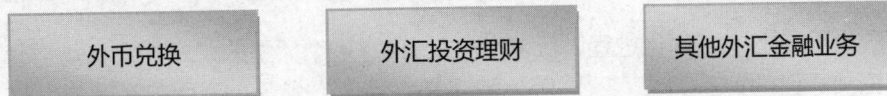

| 外币兑换 | 外汇投资理财 | 其他外汇金融业务 |

图 2-8　普通投资者参与外汇市场的方式

第22项　外汇市场的交易层次

外汇在发生兑换或交易的时候，往往是无法单方面进行的，如今的外汇交易一般有图 2-9 所示的 3 个交易层次。

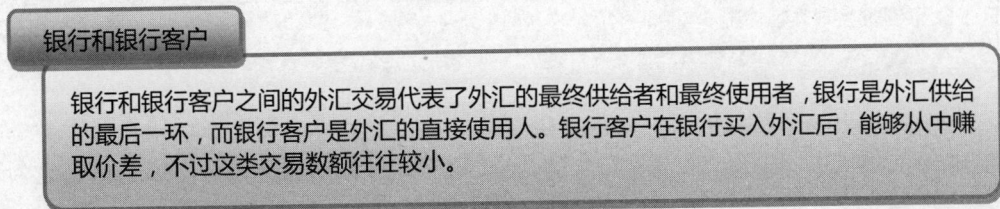

银行和银行客户

银行和银行客户之间的外汇交易代表了外汇的最终供给者和最终使用者，银行是外汇供给的最后一环，而银行客户是外汇的直接使用人。银行客户在银行买入外汇后，能够从中赚取价差，不过这类交易数额往往较小。

图 2-9　外汇市场的交易层次

银行与银行

银行与银行之间的外汇交易是整个外汇市场中最大的，占总交易额的90%，它往往可以决定外汇的价格走势。本国的银行之间、本国银行与境外银行之间都会发生外汇的交易，因为总量较大，其又被称为批发外汇。

中央银行与银行

中央银行是一个国家的货币发行者与银行的监管方，因此它和各银行之间的外汇交易层次并不是传统意义上的交易，而是通过经济政策调整外汇的供求量。另外，中央银行与外汇银行之间是会发生买卖交易的。

图 2-9   外汇市场的交易层次（续）

二、世界各国的外汇市场

通过上一部分的内容，我们认识了什么是外汇市场，下面就详细走进每一个市场，来看看它们各自的特色。

第23项   世界的外汇市场概述

随着世界经济的一体化进程，目前世界上有 30 多个大型的国际外汇市场，其中最重要的有伦敦、纽约、新加坡、欧洲等外汇交易市场，它们各自为所在区域与世界外汇交易提供服务。

世界的外汇市场该如何相连

严格意义的外汇市场最早兴起于欧洲等传统经济强国，而随着亚太地区的中国香港、新加坡等外汇市场的崛起，世界外汇市场的雏形开始形成。

伴随着经济发展的需要，需要不间断的进行外汇交易，因此人们将不同的外汇市场整合起来，就形成了今天所谓的全球外汇市场。

每个外汇市场有各自的特点，但是也有共性。虽然世界的外汇市场相互独立并处在一种竞争的环境中，但每一个市场的变动都牵动着其他市场，因此当一个市场休市之后，下一个市场会立刻接着上一个市场的走势运行。

在地图上来看，世界各地主要的外汇市场如图 2-10 所示。

伦敦外汇市场
苏黎世外汇市场
纽约外汇市场
东京外汇市场
中国香港外汇市场

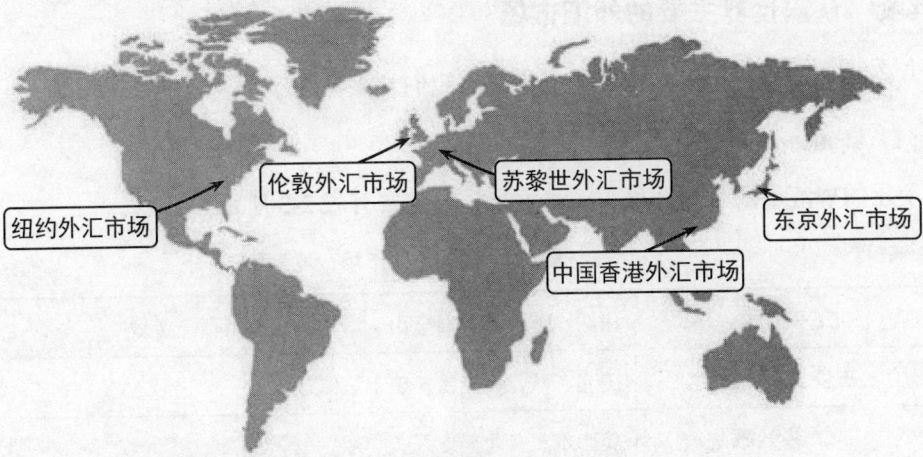

图 2-10 世界各地的主要外汇市场

我们知道不同的外汇市场从开市到休市形成了连续的整体。下面我们就详细来看看这样的联系，以英国的格林威治时间为标准，具体如图 2-11 所示。

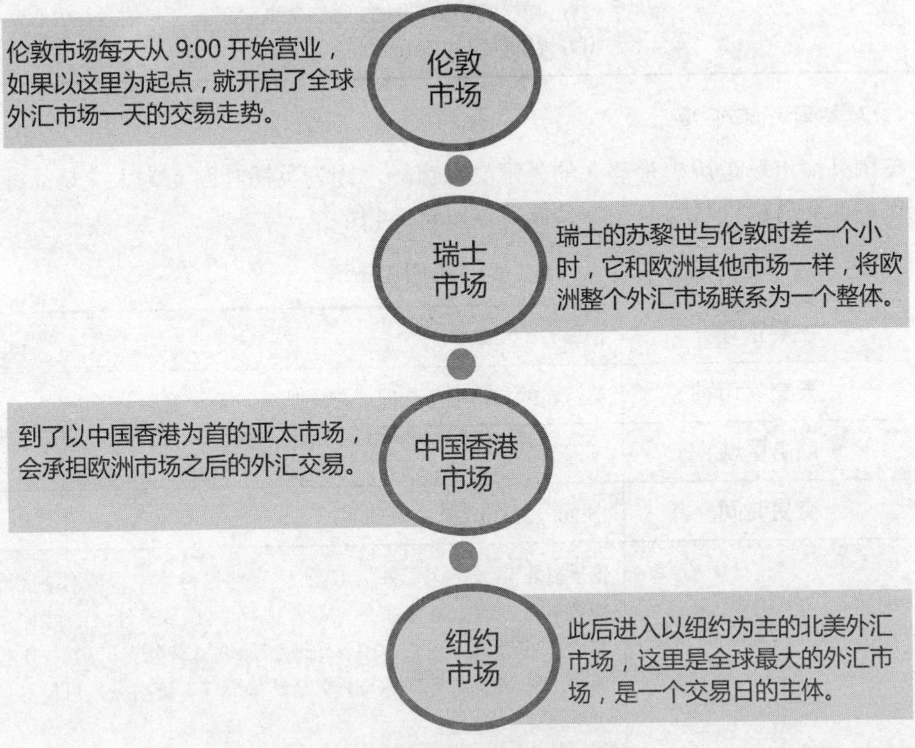

伦敦市场每天从 9:00 开始营业，如果以这里为起点，就开启了全球外汇市场一天的交易走势。
伦敦市场
瑞士市场
瑞士的苏黎世与伦敦时差一个小时，它和欧洲其他市场一样，将欧洲整个外汇市场联系为一个整体。
到了以中国香港为首的亚太市场，会承担欧洲市场之后的外汇交易。
中国香港市场
纽约市场
此后进入以纽约为主的北美外汇市场，这里是全球最大的外汇市场，是一个交易日的主体。

图 2-11 主要外汇市场的时间联系

第24项 认识世界主要的外汇市场

从全球的角度认识外汇市场之后，下面我们就来详细了解主要的外汇市场。

(1) 美国外汇市场

美国的外汇市场是全球最大的外汇市场，主要有表2-3所示的特点。

表2-3 美国外汇市场

主要市场	纽约、芝加哥、旧金山、洛杉矶、波士顿、费城
主要交易币种	美元、欧元、英镑、瑞士法郎等
服务区域	美国本土及北美地区
交易时间	20:20～03:00（北京时间）
特点	美国的外汇交易不受限制，目前纽约外汇市场主要包括180多家美国商业银行，200多家外国银行在纽约的分支机构、代理行以及代表处。同时，纽约是世界美元交易的清算中心，承担着国际结算和资本流动的主要结算任务

(2) 英国外汇市场

英国外汇市场是历史最悠久的外汇交易市场，因为英镑和欧元为大交易品种，英国外汇市场的交易量也名列前茅。具体内容如表2-4所示。

表2-4 英国外汇市场

主要市场	伦敦外汇市场
主要交易币种	英镑、欧元、瑞士法郎、德国马克、美元等
服务区域	英国
交易时间	15:30～23:30（北京时间）
特点	伦敦外汇市场是无形外汇市场，完全通过电话电报或网络完成模拟外汇，有250多家外汇指定银行，90多家外汇经纪商，其中有些经纪人还在中国香港和新加坡设有分支机构。由于伦敦外汇市场交易类型齐全，交易结构完备，长期以来居世界各大外汇市场前列

（3）日本外汇市场

历史上日本曾是实行外汇严格管制的国家，但随着日本外汇政策的放松，东京外汇市场已经成为一个新兴的主要国际外汇市场，在亚太地区有非常大的影响力。其主要的特征如表2-5所示。

表2-5　日本外汇市场

主要市场	东京、大阪外汇市场
主要交易币种	日元、美元
服务区域	日本
交易时间	08:00～15:30（北京时间）
特点	日本曾经是世界第三大外汇交易中心，但随着日本经济的衰退，外汇购买和套期保值的外汇买卖日趋萎缩，导致外汇市场对顾客包括企业法人、进出口商社、人寿财产保险公司、投资信托公司、信托银行等的交易比例下降

（4）中国香港外汇市场

中国香港外汇市场是在20世纪70年代发展起来的新兴外汇市场，凭借中国香港地区金融业的迅猛发展，目前已经成为世界第五大外汇交易中心。其具体的信息如表2-6所示。

表2-6　中国香港外汇市场

主要市场	中国香港外汇市场
主要交易币种	美元、人民币、日元、欧元、英镑、加元
服务区域	中国香港、中国澳门
交易时间	09:00～16:00（北京时间）
特点	中国香港外汇市场是一个无形市场，没有固定的交易场所，主要的参加者主要是商业银行和财务公司，比较有特色的一点是：中国香港外汇市场的外汇经纪人有3类，当地经纪人、国际经纪人、中国香港地区本地成长起来的国际经纪人

第25项　各国的外汇储备大战

外汇储备又被称为外汇存底，指一国政府所持有的国际储备资产中的外汇部分，是一国政府保有的以外币表示的债权。

一般来说，外汇储备是一国进行经济调节、实现内外平衡的重要手段，不仅可以增强宏观调控的能力，而且有利于维护国家和企业在国际上的信誉，有助于拓展国际贸易、吸引外国投资、降低国内企业融资成本、防范和化解国际金融风险。

外汇储备的主要职能，如图 2-12 所示。

1	调节国际收支，保证对外支付。
2	干预外汇市场，稳定本币汇率。
3	维护国际信誉，提高融资能力。
4	增强综合国力，抵抗金融风险。

图 2-12　外汇储备的主要职能

下面，我们通过表 2-7 来看看外汇储备量排名。

表 2-7　外汇储备排名

排名	国家或地区	外汇储备（百万美元）	最后统计日期
1	中国	30 051	2017 年 2 月
2	日本	12 323	2017 年 2 月
3	瑞士	6645	2017 年 2 月
4	沙特	5 238	2017 年 2 月
5	俄罗斯	3 973	2017 年 2 月
6	巴西	3 690	2017 年 2 月
7	韩国	3 739	2017 年 2 月
8	印度	3 628	2017 年 2 月
9	新加坡	2 533	2017 年 2 月

排名	国家或区域	外汇储备（百万美元）	最后统计日期
10	德国	1 846	2017 年 2 月
11	泰国	1 830	2017 年 2 月
12	法国	1 786	2017 年 2 月
13	墨西哥	1 750	2017 年 2 月

三、我国的外汇市场

我国改革开放以来的经济发展时间较短，外汇市场的开放程度也比较弱，1994 年，我国对外汇管理体制进行了改革，这让国内的外汇交易市场更为科学。

第26项　我国外汇市场的交易要点

首先我们从表 2-8 中来看看我国外汇市场的特点。

表 2-8　外汇市场

主要市场	中国外汇市场
主要交易币种	人民币、美元、港币、欧元
服务区域	中国
交易时间	07:00～19:00
特点	我国的外汇市场是一个起步较晚的国际性外汇市场,目前有着非常巨大的市场潜力。外汇市场的参与者主要是中国人民银行、外汇银行、外汇经纪人、个人投资者。我国的外汇市场受政府监管力度较强

我国的外汇市场，从交易上来说有图 2-13 所示的几项要点。

1. 交易模式

我国的外汇市场实行做市商报价驱动的竞价交易模式，由做市商报出某个货币的买卖价格，交易系统从中选择最优的价格进行发布。同时在交易渠道上也采用网络为主的有市无场交易。

图 2-13　我国外汇市场的交易要点

2 汇率规定	决定汇率的基础是外汇市场自身的基本面，人民银行每日会规定基本的汇率，银行会在 0.25% 的浮动范围内进行汇率挂牌。同时，人民银行对汇率进行调控和监管。
3 交易货币	我国推出"货对货"的即期外汇交易方式，目前为我国外汇市场的开放程度已经很高了，可进行美元、欧元、日元、韩元、英镑等绝大多数的外币的交易。
4 清算制度	我国的外汇交易实行"集中""差额"的资金清算制度，集中是指做市商以外汇交易中心进行集中的交易；差额是指按同一币种同一起息日对交易金额的净差额进行清算。
5 交易主体	我国外汇市场的主体分为做市商和会员银行，一般的参与者包括外汇指定银行、客户、中央银行以及外汇经纪人和经纪商。其中会采用和期货类似的会员交易模式。
6 报价方式	我国的外汇业务采用 3 种报价方式，分别是点击报价、资讯报价和订单报价。
7 限额管理	为了提高交易的效率，外汇交易实行限额管理，会员银行的最小的报价金额为 10 万美元或等额外币。另外，交易系统设置了流动性限额为 1 000 万美元或等额外币。

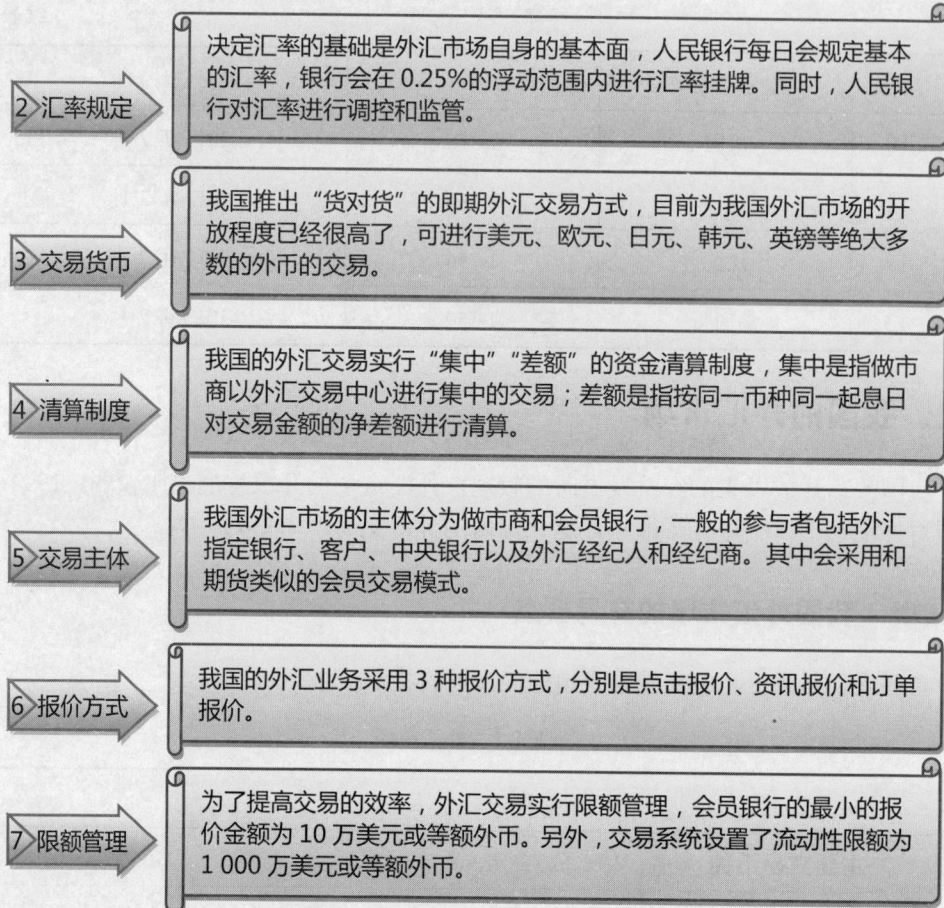

图 2-13 外汇市场的交易要点（续）

个人外汇买卖业务

所谓个人外汇买卖业务，就是指以赚取汇率差额盈利为目的，同时可以将自己持有的外币转为更有升值潜力和利息较高的外币的交易方式。

个人实盘外汇买卖是国内最大的外汇交易方式，分为保值、套汇、套利 3 种交易操作方法。

在我国个人外汇买卖有 5 种交易方式，具体如图 2-14 所示。

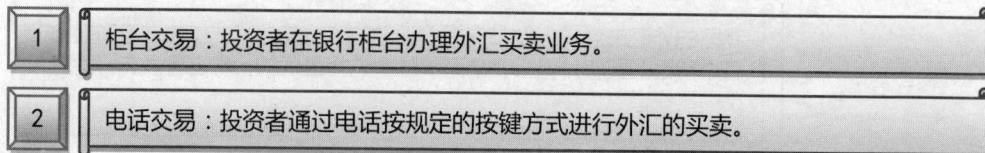

1	柜台交易：投资者在银行柜台办理外汇买卖业务。
2	电话交易：投资者通过电话按规定的按键方式进行外汇的买卖。

图 2-14 我国个人外汇买卖的交易方式

3	自助终端交易：投资者在银行提供的自助终端机上进行个人外汇买卖。
4	网上交易：这是外汇交易的主要方式，是投资者通过网上银行或交易软件进行买卖。
5	手机交易：投资者在与银行签约之后，利用手机客户端进行外汇买卖。

图 2-14 我国个人外汇买卖的交易方式（续）

第27项 我国外汇市场的缺陷

我国的外汇市场起步较晚，同时国内市场巨大，在发展过程中难免会遇到很多问题，这都是外汇投资者需要明确了解的，具体如图 2-15 所示。

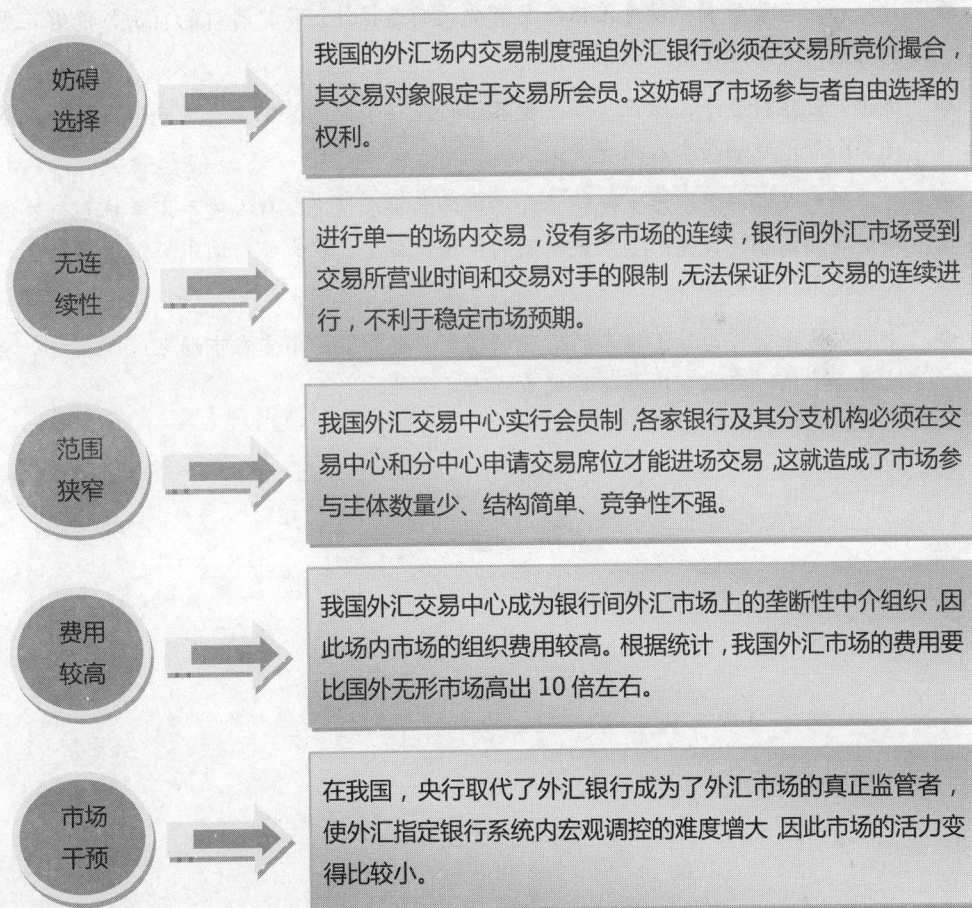

妨碍选择	我国的外汇场内交易制度强迫外汇银行必须在交易所竞价撮合，其交易对象限定于交易所会员。这妨碍了市场参与者自由选择的权利。
无连续性	进行单一的场内交易，没有多市场的连续，银行间外汇市场受到交易所营业时间和交易对手的限制，无法保证外汇交易的连续进行，不利于稳定市场预期。
范围狭窄	我国外汇交易中心实行会员制，各家银行及其分支机构必须在交易中心和分中心申请交易席位才能进场交易，这就造成了市场参与主体数量少、结构简单、竞争性不强。
费用较高	我国外汇交易中心成为银行间外汇市场上的垄断性中介组织，因此场内市场的组织费用较高。根据统计，我国外汇市场的费用要比国外无形市场高出 10 倍左右。
市场干预	在我国，央行取代了外汇银行成为了外汇市场的真正监管者，使外汇指定银行系统内宏观调控的难度增大，因此市场的活力变得比较小。

图 2-15 我国外汇市场的不足

| 方式限制 | ➡ | 在我国进行外汇交易的方式是有所限制的,如我国明文禁止了外汇保证金交易,但目前市场上依然有外汇保证金。 |

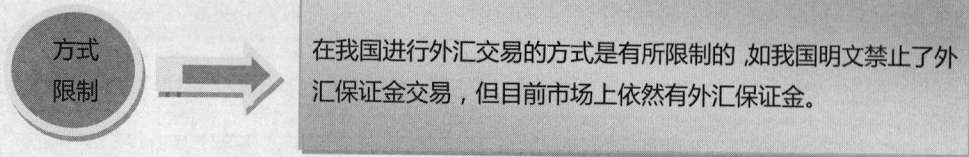

图 2-15　我国外汇市场的不足（续）

第28项　我国外汇市场的发展与完善

面对如此多的问题，我国的外汇市场急需从如下的几个方面进行发展与完善。

◆　加大国有银行的商业化改革，进一步对国有银行实行股份制改革，可以促进我国外汇市场的竞争，增强投资活力。

◆　放松外汇存货管制，使外汇银行具有更大的选择外汇资产存货的自由，能够在更长的时间内安排外汇资产组合。

◆　促进外汇银行竞争，防止垄断，使各银行能在平等的基础上自由竞争，最终收益的是整个外汇市场与个人投资者。

◆　汇率的形成在一定程度上反映了外汇市场的供求情况，将人民币汇率机制与外汇市场发展相结合，提高汇率生成机制的市场化程度，扩大银行间市场汇率浮动区间，让人民币投资更具价值。

◆　中国人民银行作为外汇市场的宏观调控者与监管者，不宜在市场上过度或过于频繁地进行干预，要让市场参与者更多地决定交易。

第3章

不同的外汇投资交易类型

通过前面两章的内容，我们已经对外汇及外汇市场的基础理论有了详细的了解。接下来我们就可以走进外汇的交易市场了。如今的外汇交易存在的方式非常多，下面就一起来认识它们。

一、外汇实盘交易

在外汇交易中，有一种最直接的外汇交易方式，投资者往往进行简单的买卖操作就可以完成外汇实盘的买卖，这就是外汇实盘交易。

第29项　什么是外汇实盘

所谓外汇实盘，就是直接进行外汇的低买高卖，目前国内许多银行都有个人外汇实盘交易业务。要了解外汇实盘，需要了解图 3-1 所示的 5 个概念。

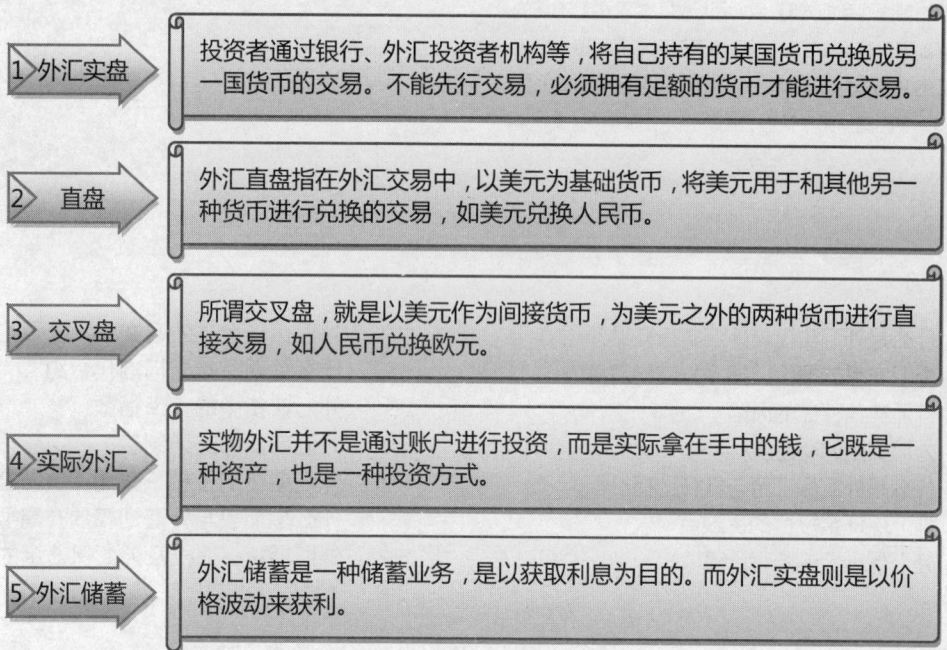

1 外汇实盘	投资者通过银行、外汇投资者机构等，将自己持有的某国货币兑换成另一国货币的交易。不能先行交易，必须拥有足额的货币才能进行交易。
2 直盘	外汇直盘指在外汇交易中，以美元为基础货币，将美元用于和其他另一种货币进行兑换的交易，如美元兑换人民币。
3 交叉盘	所谓交叉盘，就是以美元作为间接货币，为美元之外的两种货币进行直接交易，如人民币兑换欧元。
4 实际外汇	实物外汇并不是通过账户进行投资，而是实际拿在手中的钱，它既是一种资产，也是一种投资方式。
5 外汇储蓄	外汇储蓄是一种储蓄业务，是以获取利息为目的。而外汇实盘则是以价格波动来获利。

图 3-1　与外汇实盘有关的概念

第30项　外汇实盘的交易

要了解外汇实盘，就需要对外汇实盘的币种、交易时间、交易方式等内容有详细了解。具体内容如下。

（1）外汇实盘的币种

在外汇实盘中，可以进行交易的币种有很多，目前是以直盘和交叉盘的形式对其进行分类的。

另外，在个人实盘外汇买卖中，当进行英镑、澳元和欧元兑美元的报价时，英镑、澳元和欧元是基准货币；而进行其余的货币兑美元的报价时，美元则是基准货币。

（2）外汇实盘的交易时间

外汇实盘的交易时间是比较灵活的，具体有以下几个要点。

◆ 投资者进行柜面交易或自助交易，交易时间仅限银行正常工作日的工作时间，一般为工作日的9：00～17：00。

◆ 客户进行电话交易，交易时间将适当延长，一般为工作日的8：30～21：00。

◆ 如果进行网上交易，则实行24小时交易。

◆ 公休日、法定节假日及国际市场休市均不办理此项业务。

（3）外汇实盘的投资门槛

做个人实盘外汇买卖的投资者，通过柜台进行交易，最低金额一般为100美元；电话交易、自助交易的最低金额略有提高，没有最高限额。

为了吸引更多的投资，目前一些商业银行放低了投资门槛，最低金额在50美元甚至更低的水平。

（4）外汇实盘的标价

在进行外汇收盘交易到时候，最重要的就是看清外汇的标价，一般来说，外汇实盘采用直接标价的方式。

在查看价格的时候，需要对买入价、卖出价、最新价、最高价、最低价等内容有明确的了解，才能在外汇实盘中找到获利机会。

图3-2中，就显示了外汇直盘的标价方式。

代码	名称		现价	反汇率	开盘	涨跌	涨幅%
USD	美元指数	▼	97.11	0.0102	97.87	-0.75	0.77
EURUSD	欧元美元	▲	1.1207	0.8922	1.1104	+0.0103	0.93
GBPUSD	英镑美元	▲	1.3037	0.7670	1.2942	+0.0095	0.73
USDJPY	美元日元	▼	111.28	0.0089	111.49	-0.22	0.20
AUDUSD	澳元美元	▲	0.7458	1.3408	0.7419	+0.0038	0.51
USDCHF	美元瑞士	▼	0.9729	1.0278	0.9799	-0.0070	0.71
USDCAD	美元加元	▼	1.3511	0.7401	1.3602	-0.0094	0.69
NZDUSD	纽币美元	▲	0.6929	1.4432	0.6899	+0.0030	0.43
USDHKD	美元港元	▲	7.7833	0.1284	7.7819	+0.0008	0.01
USDSGD	美元新币	▼	1.3859	0.7215	1.3926	-0.0068	0.49
USDSEK	美元瑞典	▼	8.7255	0.1146	8.8063	-0.0790	0.90
USDRUB	美元卢布	▼	56.892	0.0175	57.555	-0.659	1.15

图3-2 外汇实盘直盘

另外，图3-3显示了外汇交叉盘的报价。

代码	名称		现价	反汇率	开盘	涨跌	涨幅%
EURCAD	欧元加元	▲	1.5142	0.6604	1.5103	+0.0036	0.24
GBPNZD	英镑纽元	▲	1.8814	0.5315	1.8748	+0.0054	0.29
EURAUD	欧元澳元	▲	1.5028	0.6654	1.4963	+0.0063	0.42
GBPAUD	英镑澳元	▲	1.7481	0.5720	1.7438	+0.0038	0.22
CADJPY	加元日元	▲	82.36	0.0121	81.96	+0.41	0.50
NZDCHF	纽元瑞郎	▼	0.6741	1.4834	0.6760	-0.0019	0.28
GBPCHF	英镑瑞郎	▲	1.2683	0.7884	1.2680	+0.0001	0.01
NZDJPY	纽元日元	▲	77.10	0.0129	76.92	+0.17	0.23
EURCHF	欧元瑞郎	▲	1.0903	0.9171	1.0880	+0.0023	0.21
EURJPY	欧元日元	▲	124.71	0.0080	123.79	+0.91	0.74
GBPJPY	英镑日元	▲	145.06	0.0068	144.25	+0.75	0.52
CADCHF	加元瑞郎	▼	0.7201	1.3886	0.7204	-0.0001	0.01
EURGBP	欧元英镑	▲	0.8597	1.1631	0.8579	+0.0018	0.21
GBPCAD	英镑加元	▲	1.7613	0.5677	1.7598	+0.0006	0.03

图 3-3　外汇实盘交叉盘

第31项　外汇实盘的报价、指令、交易清算

除了上面 4 点所介绍的交易要点外，外汇实盘还有报价、指令与清算制度等在交易中需要重要了解的要点。具体内容如下。

(1) 外汇实盘的报价

外汇实盘是一种较为简单的外汇投资，那么它的价格是如何产生的呢？

首先，银行在制定外汇实盘价格的时候，会根据国际外汇市场行情给出报价，而个人外汇买卖的价格是由基准价格和买卖价差两部分构成。

其中，买价为基准价格减去买卖差价，卖价为基准价格加上买卖价差。另外，实盘外汇的价格经常处于剧烈的波动之中。

(2) 外汇实盘的交易指令

外汇实盘的交易指令有市价交易和委托交易两种，具体如图 3-4 所示。

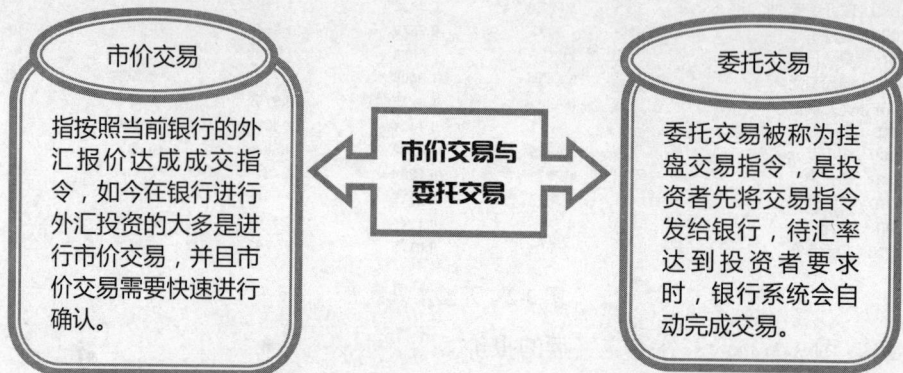

市价交易

指按照当前银行的外汇报价达成成交指令，如今在银行进行外汇投资的大多是进行市价交易，并且市价交易需要快速进行确认。

市价交易与委托交易

委托交易

委托交易被称为挂盘交易指令，是投资者先将交易指令发给银行，待汇率达到投资者要求时，银行系统会自动完成交易。

图 3-4　外汇实盘的交易指令

（3）外汇实盘的交易清算制度

外汇实盘实行"T+0"的交易发方式。投资者进行电话交易或自主交易时，完成一笔交易之后，银行电脑系统立即自动完成资金交割。也就是说，如果行情动荡，投资者可以在一天内多次进出市场。

另外，根据国际外汇市场惯例，外汇交易一旦成交，汇价水平、交易金额、交易币种等细节已经确定，就不可以进行撤销。

什么是 T+0

在证券、期货、外汇等交易中，有"T+0"与"T+1"等交易制度，这分别是什么意思呢。

所谓"T+0"，通俗说就是当天买入的证券（或期货）在当天就可以卖出；而"T+1"就是指当日买进的证券（或期货），要到下一个交易日才能卖出。

第32项　外汇实盘存在的风险

外汇实盘交易中，因为是直接的"低买高卖"，无法采取套汇、套利等操作，面临的价格风险更为直接，证券任何价格波动都可能出现损失。

除了价格风险，外汇实盘还有图 3-5 所示的风险。

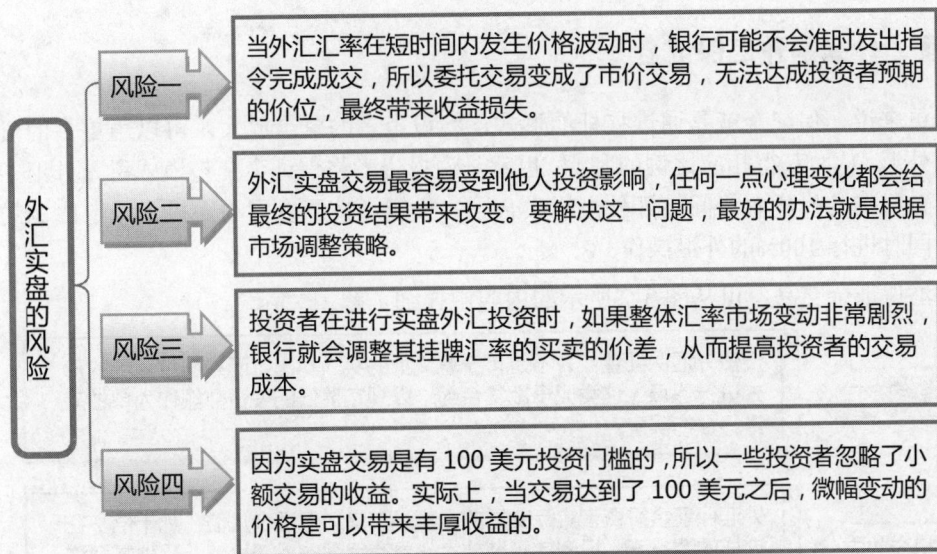

外汇实盘的风险

风险一　当外汇汇率在短时间内发生价格波动时，银行可能不会准时发出指令完成成交，所以委托交易变成了市价交易，无法达成投资者预期的价位，最终带来收益损失。

风险二　外汇实盘交易最容易受到他人投资影响，任何一点心理变化都会给最终的投资结果带来改变。要解决这一问题，最好的办法就是根据市场调整策略。

风险三　投资者在进行实盘外汇投资时，如果整体汇率市场变动非常剧烈，银行就会调整其挂牌汇率的买卖的价差，从而提高投资者的交易成本。

风险四　因为实盘交易是有 100 美元投资门槛的，所以一些投资者忽略了小额交易的收益。实际上，当交易达到了 100 美元之后，微幅变动的价格是可以带来丰厚收益的。

图 3-5　外汇实盘的风险

第33项　外汇实盘的交易流程

我们进行实盘外汇的投资，最重要的就是要掌握投资交易流程，一次完整的外汇买卖，需要经历图 3-6 所示的几个步骤。

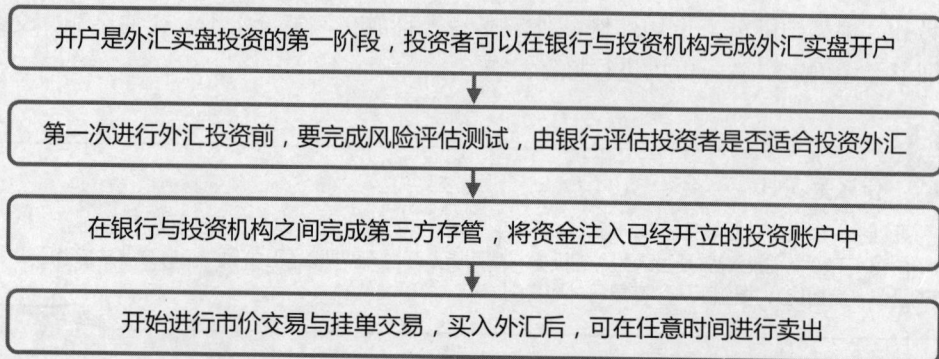

开户是外汇实盘投资的第一阶段，投资者可以在银行与投资机构完成外汇实盘开户

第一次进行外汇投资前，要完成风险评估测试，由银行评估投资者是否适合投资外汇

在银行与投资机构之间完成第三方存管，将资金注入已经开立的投资账户中

开始进行市价交易与挂单交易，买入外汇后，可在任意时间进行卖出

图 3-6　外汇实盘的交易流程

二、外汇保证金

在外汇投资中，有一种是在全球范围内属于个人理财产品中的顶级产品，它是一种非常有投资价值的外汇投资，这就是下面要介绍的外汇保证金。

第34项　什么是外汇保证金

简单来说，保证金就是通过杠杆的形式，将投资者的资金放大，可以用更多的资金去买卖外汇，从而获得相应比例的利润。也就是说投资者将保证金交易模式引入外汇中，是在金融机构与投资者之间签订外汇买卖合同，投资者按照合同约定投入一定比例的保证金，同时进行 100%的外汇操作。

外汇保证金交易，可从图 3-7 所示的内容中详细了解。

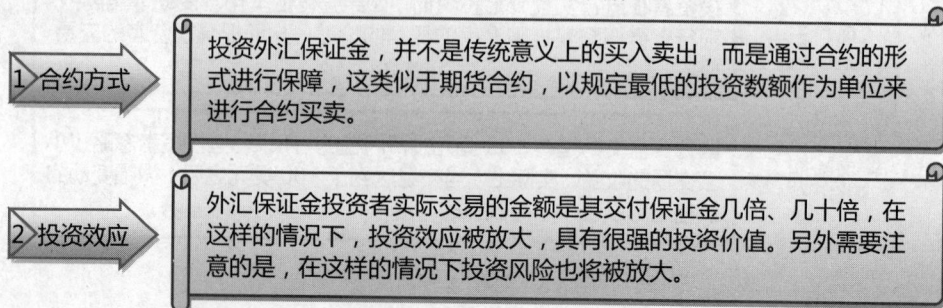

1 合约方式　投资外汇保证金，并不是传统意义上的买入卖出，而是通过合约的形式进行保障，这类似于期货合约，以规定最低的投资数额作为单位来进行合约买卖。

2 投资效应　外汇保证金投资者实际交易的金额是其交付保证金几倍、几十倍，在这样的情况下，投资效应被放大，具有很强的投资价值。另外需要注意的是，在这样的情况下投资风险也将被放大。

图 3-7　外汇保证金的要点

3 双向交易 外汇保证金投资可以进行双向交易，投资者可以根据自己的预期进行多空操作，交易的方向不受账户和币种的限制，这保证了投资者在价格涨跌时都有获利的机会。

4 杠杆方式 所谓杠杆，就是外汇保证金比例的选择。通常用"1:10"、"1:20"等比例的形式显示，我们可以简单理解为"1:10"的杠杆就是将投资资金放大了10倍。

5 T+0 和外汇实盘一样，外汇保证金同样实行"T+0"的交易方式，理论上在一个交易日内可以进行数次进出场，让投资者有更多的获利机会。

6 涉及计息 外汇保证金在投资过程中会涉及利息的收付，其中计息的本金是投资者的合约金额，投资者买进高息货币时可获得利息收入，但卖出高息货币时需要支付利息费用。

图 3-7　外汇保证金的要点（续）

应用示例——双向交易的案例

在外汇保证金以及后面涉及的外汇期货等投资中，都会涉及双向交易，许多新手投资者不理解什么是价格涨跌都可以获利。下面我们就来看一个例子。

2017 年 5 月 19 日，某投资者在早晨 11：00 以 1.1101 的价格投资做多了欧元兑美元外汇保证金，并在晚上 22：00 以 1.1188 的价格进行平仓。具体如图 3-8 所示。

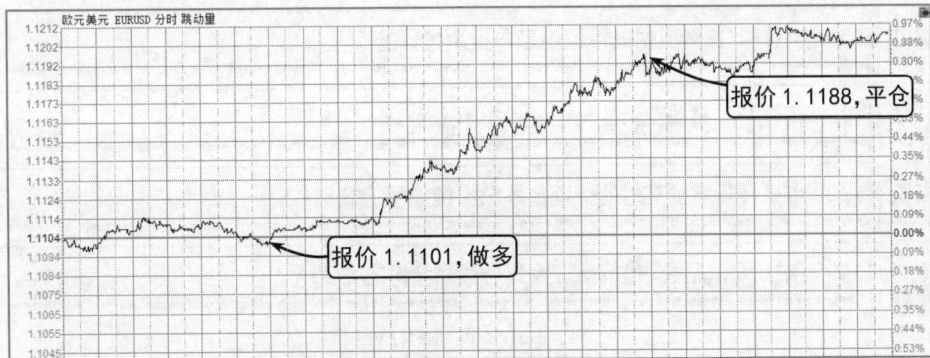

报价 1.1188，平仓

报价 1.1101，做多

图 3-8　外汇保证金做多操作

做多和"低买高卖"类似，在上例中，如果不考虑手续费等，该投资者的单位份额就获利 0.0087。

某投资者在 2017 年 5 月 19 日 14:10 以 8.7966 的价格做空了一份美元兑瑞典的外汇保证金合约，19 日凌晨 1:30 以 8.7349 进行平仓，如图 3-9 所示。

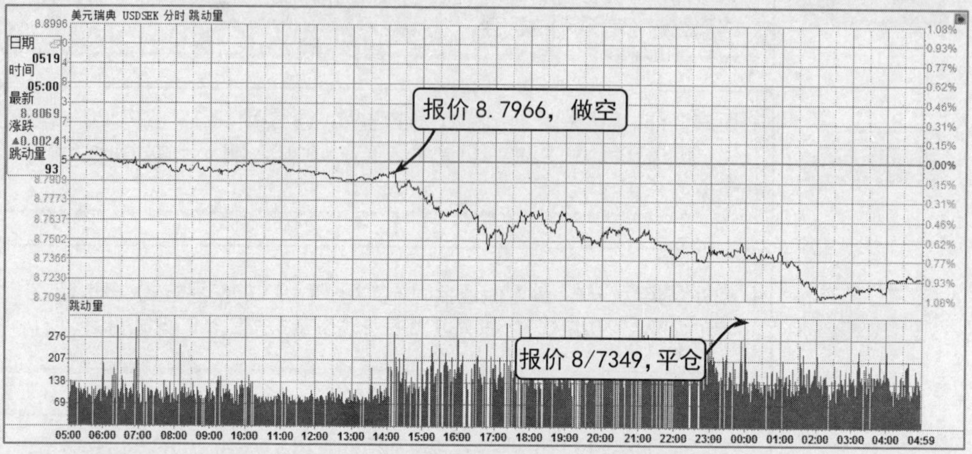

图 3-9　外汇保证金做空操作

所谓做空，理论上是先借货卖出，再买进归还，通过"高卖低买"的方式进行交易。如在上例中该投资者单位份额获利 0.0617。

第35项　外汇保证金的杠杆选择

无论外汇保证金进行什么样的投资，其最重要的还是选择不同比例的杠杆。如今的外汇保证金交易市场，常见的杠杆有图 3-10 所示的几种。

1	10 倍杠杆：需要支付的保证金是总投资金额的 10%。
2	50 倍杠杆：需要支付的保证金是总投资金额的 2%。
3	100 倍杠杆：需要支付的保证金是总投资金额的 1%。
4	200 倍杠杆：需要支付的保证金是总投资金额的 0.5%。
5	400 倍杠杆：需要支付的保证金是总投资金额的 0.25%。

图 3-10　不同的杠杆

为了招揽更多的投资者，如今的一些外汇经纪商推出了 5 倍杠杆，这种杠杆更适合风险承受较小的投资者。而有的经纪商推出了 500 倍、800 倍杠杆，这适合一些超高资金净值的投资者。

第36项　外汇保证金投资的优缺点

投资外汇保证金，要明确它有哪些优势与缺点，这样才能在投资者过程中扬长避短。外汇保证金的投资优势，如图3-11所示。

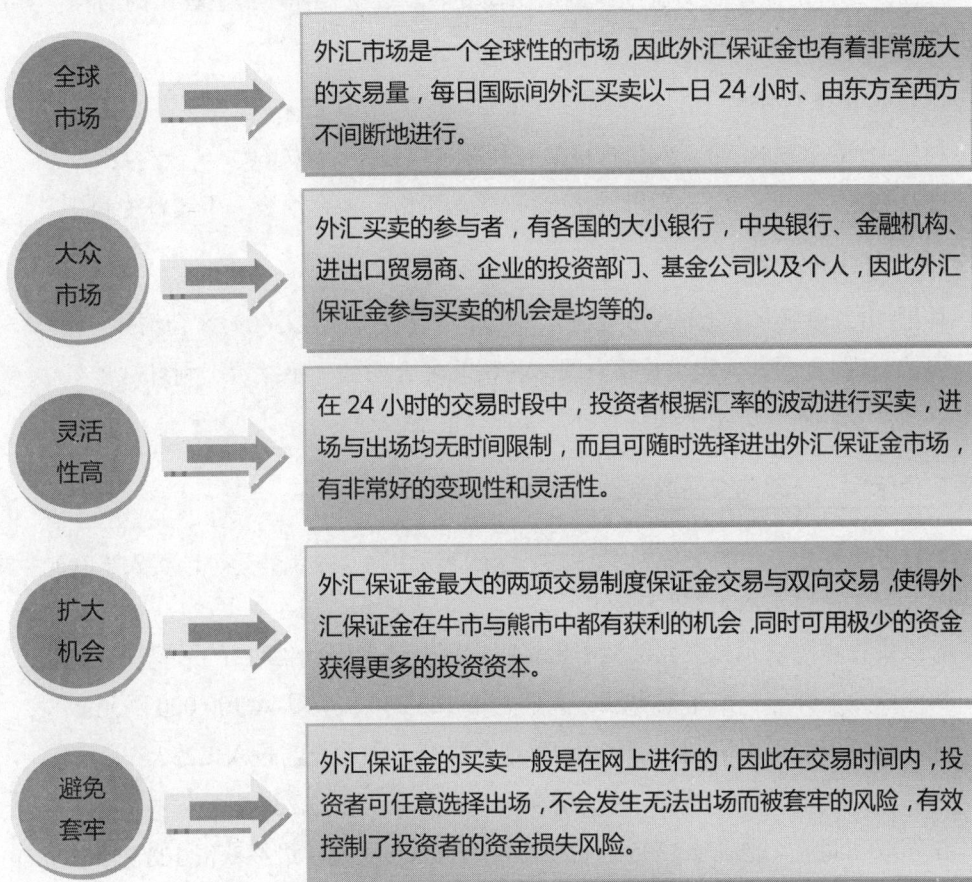

全球市场	➡	外汇市场是一个全球性的市场，因此外汇保证金也有着非常庞大的交易量，每日国际间外汇买卖以一日24小时、由东方至西方不间断地进行。
大众市场	➡	外汇买卖的参与者，有各国的大小银行，中央银行、金融机构、进出口贸易商、企业的投资部门、基金公司以及个人，因此外汇保证金参与买卖的机会是均等的。
灵活性高	➡	在24小时的交易时段中，投资者根据汇率的波动进行买卖，进场与出场均无时间限制，而且可随时选择进出外汇保证金市场，有非常好的变现性和灵活性。
扩大机会	➡	外汇保证金最大的两项交易制度保证金交易与双向交易，使得外汇保证金在牛市与熊市中都有获利的机会，同时可用极少的资金获得更多的投资资本。
避免套牢	➡	外汇保证金的买卖一般是在网上进行的，因此在交易时间内，投资者可任意选择出场，不会发生无法出场而被套牢的风险，有效控制了投资者的资金损失风险。

图3-11　外汇保证金的投资优势

有优势自然也有缺点，外汇保证金最大的缺点也是由杠杆交易和双向金带来的。具体的缺点如下所示。

◆ 杠杆将投资资金放大，也将投资风险放大，价格风险变得更强。

◆ 因为外汇保证金的双向交易形式，许多投资者过分主观，喜欢揣测价格的头与底，这样不仅错过了最佳交易时间，也更容易造成损失。

◆ 外汇保证金的投资者往往有赌博心理，过分选择较大比例的杠杆，从而无法承受后市的价格波动。

◆ 外汇保证金的交易计算与交易流程都比较复杂，投资者容易将其搞混。

第37项 外汇保证金的盈亏计算

上面说到外汇保证金的盈亏计算是比较复杂，这主要体现在它在不同的标价方式下有不同的计算方式，主要为如下两种。

(1) 在直接标价法下

利息=合约金额×（1÷入市价格）×利率×（投资天数/360）×合约数

损益=合约金额×（1÷卖出价格－1÷买入价格）×合约数－手续费±利息

(2) 间接标价法下

利息=合约金额×（1÷入市价格）×利率×（投资天数/360）×合约数

损益=合约金额×（卖出价格－买入价格）×合约数－手续费±利息

下面，我们通一个例子来看看外汇保证金的盈亏计算。

应用示例——双向交易的案例

某日，欧元兑美元的报价为1.232 3，这就表示用1.232 3美元可以买入1欧元，或卖出1欧元同时需要买入1.232 3美元。

某投资者预测欧元兑美元的汇率价格将出现升值，因此他进行了如下的操作。

买入欧元，并等待汇率的上涨。具体为用123 230美元买入100 000欧元。

同时该投资者采用了利用1:100的保证金杠杆，因此只需投入1 232.3美元。

之后，如同该投资者预期，欧元兑美元的价格上升至1.239 5。

在获取利润后，他在1.2395的价位卖空100000欧元，最终获得123 950美元。

总结来看，投入了1 232.3美元，收回123 950美元。

最终获利123 950－1 232.3=122 717.7元，回报率约为9958%。

未采用杠杆交易

如果没有采用杠杆交易，上面的例子会如何呢。

首先，投入资金需要123 230美元，回报为123 950美元，获利依然为720美元，但回报率还不足1%，对于如此大的投资金额来说，这样的收益几乎没有太大意义。

另外，如果价格出现下跌，因此投资者出现了损失，因为交易金额放大，因此微小的价格下跌就会带来较大损失，因此最终的损失也会更大。

第38项　外汇保证金、外汇实盘、股票的区别

在认识了外汇实盘与外汇保证金之后，下面我们就横向比较一下这两者的区别，同时还加入了股票进行对比，让投资者可以更直观的进行对比。具体如表 3-1 所示。

表 3-1　外汇保证金、外汇实盘、股票对比

对比项	外汇实盘	外汇保证金	股票
时间限制	24 小时交易	24 小时交易	证券交易所营业时间
投资项目	主流国家的货币，包括直盘与交叉盘	主流国家的货币，包括直盘与交叉盘	上市公司股票
市场公平度	无庄家，无幕后操作	无庄家，无幕后操作	有主力操盘
风险大小	相对较小	按杠杆比例放大风险	较不稳定
市场趋势	有牛市与熊市	无牛市与熊市	有牛市与熊市
套牢机制	无	无	有
交易门槛	100 美元	1 000 美元	100 股/手
交易方向	单向交易	双向交易	单向交易
交易方式	T+0	T+0	T+1
投资金额	全额	乘以杠杆比例	全额
交易场所	无固定场所	无固定场所	证券交易所

三、外汇期货

在外汇投资中，有一种较为特殊的产品，它属于期货投资的产品，但因为和外汇挂钩，因此也是外汇投资重要组成部分，这就是外汇期货。

第39项　什么是期货

要投资外汇期货，首先我们需要来简单认识一下什么是期货。

期货严格意义上来说是一种合约，交易双方不必在买卖发生的初期就交收实货，而是共同约定在未来的某一时间交收实货。

期货的交易，从本质上来说有图 3-12 所示的要点。

期货交易是在期货交易所中按照制度与规则集中交易，无法进行场外交易。

统一制定价格，并随着实际价格的变化，合约的约定价格也可能出现变化。

期货有着非常完善的交易制度，以避免风险的扩大。

期货可以完全不涉及货币实物，完全以期货报价进行投资。

期货的种类分为金属期货、农产品期货、能源矿物期货、化工期货、金融期货等。

图 3-12　期货的要点

第40项　外汇期货的标准化合约

所谓外汇期货，就是以外汇价格为标的的期货合约。期货交易采用的是标准化合约，外汇期货也是一样。下面我们就来看看外汇期货合约有哪些主要内容。

(1) 期货名称

外汇期货的交易种类目前并不多，目前主要有 8 种主要的货币，这 8 种货币及其期货代码如下。

英镑 BP、加元 CD、荷兰盾 DG、日圆 JY、墨西哥比索 MP、瑞士法郎 SF、法国法郎 FR。

另外，交易月份也是期货名的重要组成部分，目前国际货币市场所有外汇期货合约的交割月份都是一样的，为每年的 3 月、6 月、9 月和 12 月。

(2) 交易日期

期货中比较重要的一项内容就是交割日期与交易日期。

外汇期货的交易日为每个交割月份的第三个星期三。

外汇期货的最后交易日，为期货约定到期日的最后一个交易日，不同的交易所有不同的规定。

（3）最小价格波幅

在期货合约中，需要约定每种合约的最小价格变动数。在外汇期货中，这个最小变动数就是汇率的最小波动额。具体内容如下。

英镑：0.000 5美元；加元：0.000 1美元；荷兰盾：0.000 1美元；日元：0.000 000 1美元；墨西哥比索：0.000 01美元；瑞士法郎：0.000 1美元；法国法郎：0.000 05美元。

（4）涨停板额

期货交易和股票类似，都有涨停板制度，它约定了期货合约在一天之内比前一交易日的结算价格高出或低过的最大波动幅度。外汇期货的涨停板额如下。

日元：1 250美元；瑞士法郎：1 875美元；墨西哥比索：1 500美元；荷兰盾：1 250美元；法国法郎：1 250美元。

外汇期货合约的其他内容

在外汇期货合约中，还有其他的一些内容，如交易时间、交割方式、保证金，这在每一种合约中都会有不同的规定。

第41项 外汇期货中的货币指数

在外汇期货合约中，是以外汇指数的走势作为标的，因此了解外汇指数的非常重要。下面我们就以美元指数为例，来认识外汇指数。

所谓美元指示，是综合反映美元在国际外汇市场的汇率情况的指标，用来衡量美元对一揽子货币的汇率变化程度。

美元指数并不是单一指美元兑换任何一种外币的利率，而是美元以全球各主要国家与美国之间的贸易结算量为基础，以加权的方式计算出美元的整体强弱程度。

这其中的各种货币是有各种权重对比的，具体如下。

◆ 欧元：57.6。

◆ 日元：13.6。

◆ 英镑：11.9。

◆ 加拿大元：9.1。

◆ 瑞典克朗：4.2。

◆ 瑞士法郎：3.6。

因为有了权重,所以美元指数与美元兑其他货币的汇率会有所不同,如图 3-13 所示。

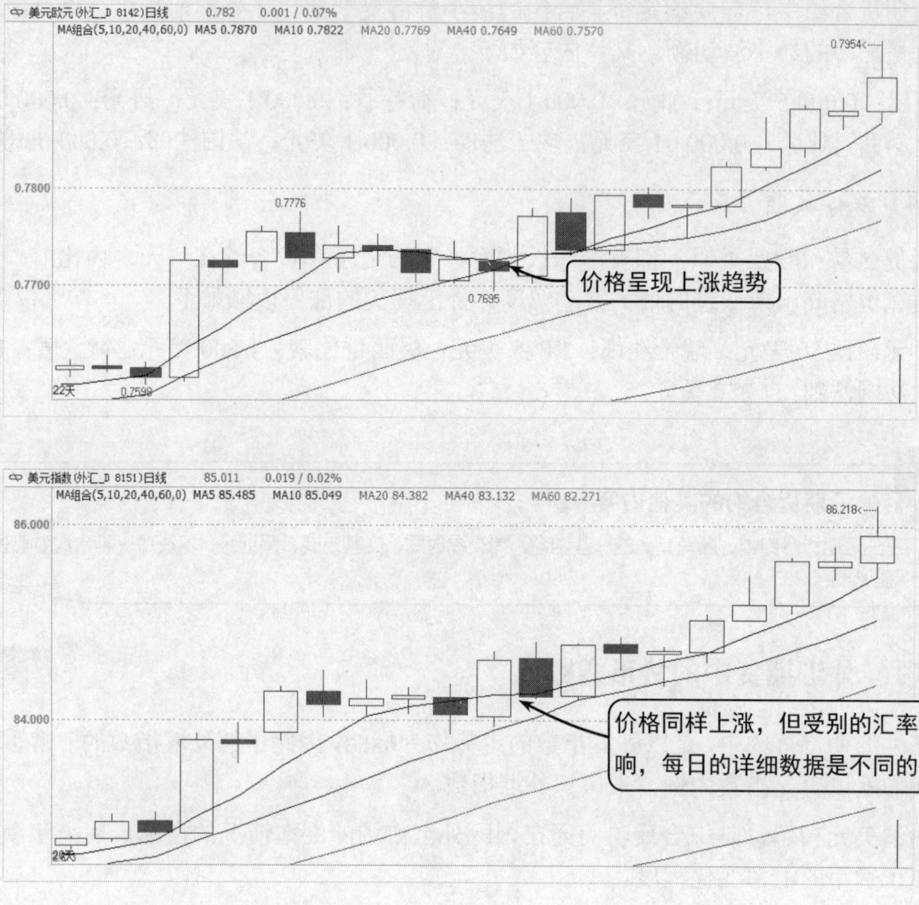

图 3-13　美元/欧元汇率与美元指数

第42项　外汇期货的交易制度

前面我们说到期货交易中有非常多的交易制度,如涨停板制度等,那么在外汇期货中,这些交易制度是如何体现出来的呢?具体内容如下。

(1) 保证金制度

期货保证金制度是期货交易中最重要的制度之一,它既具有其他保证金交易的特性,又具有期货投资的特性。

期货的保证金分为交易保证金与结算保证金,其中,交易保证金是会员单位或投资者在期货交易过程中因持有期货合约而实际支付的保证金;结算保证金是由期货会员单位按固定标准向交易所缴纳的,是为交易结算预先准备的资金,是未被合约占用的保证金。

(2)每日结算无负债制度

在外汇期货交易中,每日结算无负债制度是非常重要的,它是指每日交易结束后,交易所按当日结算价结算所有合约的盈亏、交易保证金及手续费、税金等费用。如果出现了损失,最低保证金不足,投资者将需补足的额金入到自己的外汇期货投资账户中。

(3)强制平仓制度

如果在每日结算之后没有补足最低保证金,就会被交易所强制平仓。

强制平仓就是指期货交易所将投资者账户进行强行平仓,当发生图 3-14 所示的情况时,就会被强制平仓。

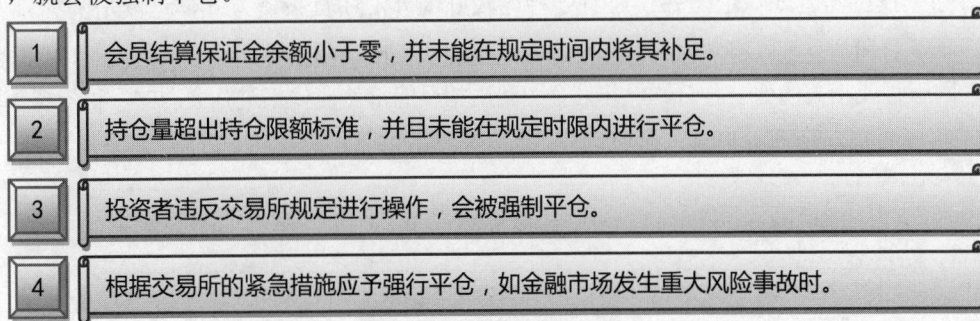

1	会员结算保证金余额小于零,并未能在规定时间内将其补足。
2	持仓量超出持仓限额标准,并且未能在规定时限内进行平仓。
3	投资者违反交易所规定进行操作,会被强制平仓。
4	根据交易所的紧急措施应予强行平仓,如金融市场发生重大风险事故时。

图 3-14 被强制平仓的情况

第43项 外汇期货的投机、套期保值与套利

在外汇期货交易时,一般会涉及 3 种交易方式,分别为投机交易、套期保值交易与套利交易。

(1)外汇期货投机

所谓期货投机,就是指在期货市场上以获取价差收益为目的期货交易行为,简单来说,期货投资就是直接买卖期货合约,不涉及现货,也不涉及另一份合约,单纯利用"低买高卖"或者"高卖低买"来获利。

在外汇期货投机过程中,会涉及看涨的投机与看跌的投机,投资者需要根据自己对后市的预判做出相应的操作。

(2)外汇期货套期保值

套期保值是期货交易中的重要交易手段,在外汇期货中,为了规避风险,往往将期货与现货两个市场联动起来形成套期保值。

简单来说，套期保值就是买进或卖出与现货市场交易数量相当，但交易方向相反的商品期货合约，并在未来某一时间通过卖出或买进相同的期货合约，如买入期货合约、卖出现货或是卖出期货合约、买入现货。

在套期保值中，一定要遵循如下的原则。

◆ 期货和现货方向相反原则。

◆ 期货和现货数量相等原则。

◆ 期货和现货种类相近原则。

◆ 期货和现货时间相近原则。

（3）外汇期货套利

除了投机与套期保值之外，还有一种比较好的外汇期货投资方式，这就是套利。

所谓套利，也可以将其称为价差交易，是指在买入或卖出某种期货合约的同时，卖出或买入同一种或相关的另一种合约，并且企图利用相反的价差变化来进行会理的一种投资手段。

期货的套利种类有很多，具体如图 3-15 所示。

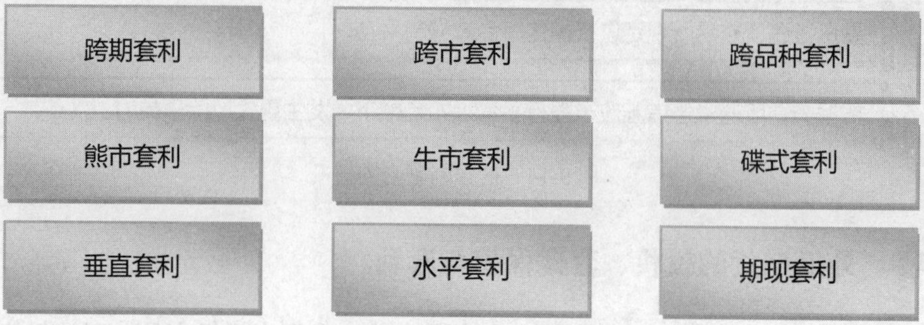

跨期套利	跨市套利	跨品种套利
熊市套利	牛市套利	碟式套利
垂直套利	水平套利	期现套利

图 3-15　套利交易的种类

与套期保值一样，套利交易需要满足如下的几种条件。

◆ 合约性质相近原则。

◆ 合约买卖相反原则。

◆ 合约同进同出原则。

◆ 合约数量相等原则。

四、外汇期权

在外汇投资中除了期货之外，还有一种更为高级的衍生品，这就是外汇期权。下面我们就简单来认识它。

第44项　什么是期权

如果说期货是买卖商品或者合约，那么期权就是买卖权利。它是一种具有选择权的合约，赋予了买方在合约期具有买卖外汇资产的权利。要详细了解什么是期权，我们可以来看一个简单的例子。

应用示例——什么是期权的案例

李先生最近看中一套标价为 50 万元的二手房。

在购买时，李先生陷入了困境，他担心如果现在购买，房价在未来可能会下跌，但是如果现在不购买，又担心未来也可能出现上涨。

为了避免房价在未来变动，李先生与房主有了如下的约定：

他支付 5 万元给房主，以 6 个月为期限，6 个月之后，他有权利选择是否以 50 万元的价格购买该套房产。

在这个过程中，这种约定的交易，就被称为期权合约，5 万元就是期权费用。

6 个月后，该套房产的价格上涨为 60 万元，所以李先生立刻用 50 万元的价格将其买入，而此时，该投资者手里拥有的是 60 万元的房产，减去支付的 5 万元期权费用，他赚了 5 万元。

而如果 6 个月后该套房出现下跌，只值 40 万元，那么李先生可以选择放弃期权，因此他就损失了 5 万元的期权费。算下来比当时以 50 万元购买，损失得更小。

在上面这个例子中，李先生用 5 万元获得选择是否购房的权利，这就是期权交易。

期权的种类，一般可以分为两种，具体如图 3-16 所示。

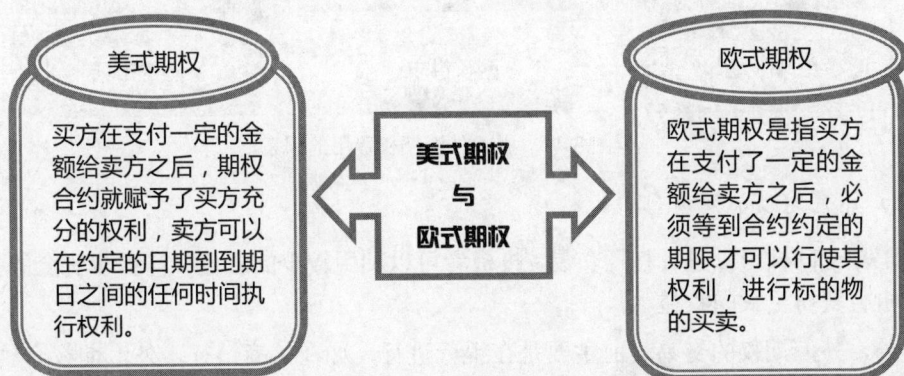

美式期权

买方在支付一定的金额给卖方之后，期权合约就赋予了买方充分的权利，卖方可以在约定的日期到到期日之间的任何时间执行权利。

美式期权
与
欧式期权

欧式期权

欧式期权是指买方在支付了一定的金额给卖方之后，必须等到合约约定的期限才可以行使其权利，进行标的物的买卖。

图 3-16　期权的种类

第45项　外汇期权的交易要点

外汇期权的交易，需要注意如下的内容。

（1）外汇期权合约金额

外汇期权采用的都是美元标价的方法，在合约金额上采用固定金额，不同的交易所有不同的规定，如在美国费城证券交易所，有如表3-2所示的约定。

表3-2　外汇期权合约金额

交易货币	合约金额	交易货币	合约金额
英镑	31250	澳大利亚元	50000
瑞士法郎	62500	欧元	62500
加拿大元	50000	日元	250000

（2）外汇期权费用

外汇期权的期权费用采用两种标价方式。具体如下。

◆　以协定价格的百分比表示。

◆　与协定价格清算的某种货币的其他货币数量来表示。

在外汇期权中，期权费用受到图3-17所示内容的影响。

协定汇率	时间长短	利率差异
汇率波动	期权供求	国内市场

图3-17　影响外汇期权费用的因素

（3）外汇期权的交易

外汇期权同样可以进行杠杆交易，投资者可以利用较少的资金参与更多资金的投资，从而有机会获得更大的收益。

另外，外汇期权的交易目前主要是在银行进行，如在工商银行，外汇期权合约有如图3-18所示的交易步骤。

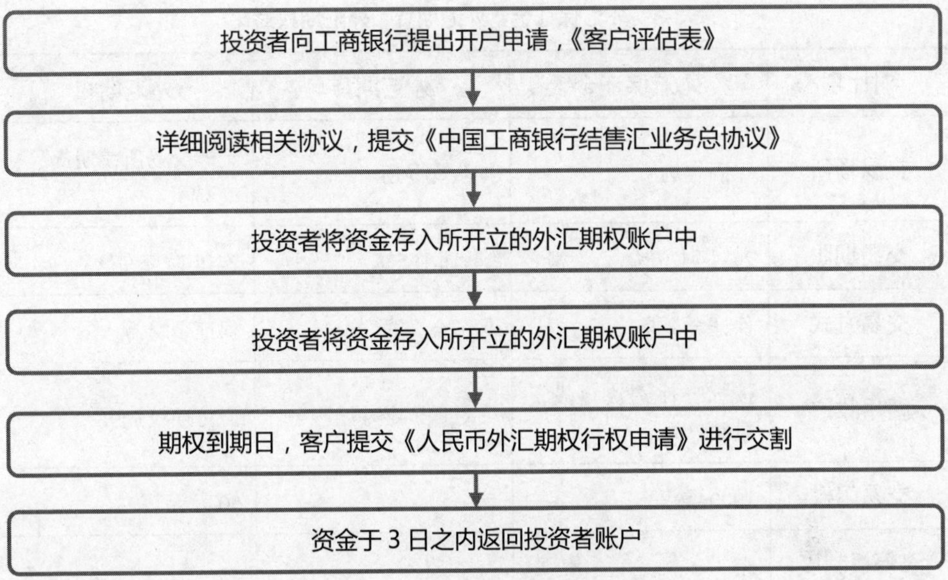

```
┌─────────────────────────────────────────────────────┐
│      投资者向工商银行提出开户申请，《客户评估表》      │
└─────────────────────────────────────────────────────┘
                          ↓
┌─────────────────────────────────────────────────────┐
│   详细阅读相关协议，提交《中国工商银行结售汇业务总协议》   │
└─────────────────────────────────────────────────────┘
                          ↓
┌─────────────────────────────────────────────────────┐
│        投资者将资金存入所开立的外汇期权账户中            │
└─────────────────────────────────────────────────────┘
                          ↓
┌─────────────────────────────────────────────────────┐
│        投资者将资金存入所开立的外汇期权账户中            │
└─────────────────────────────────────────────────────┘
                          ↓
┌─────────────────────────────────────────────────────┐
│   期权到期日，客户提交《人民币外汇期权行权申请》进行交割   │
└─────────────────────────────────────────────────────┘
                          ↓
┌─────────────────────────────────────────────────────┐
│           资金于 3 日之内返回投资者账户                 │
└─────────────────────────────────────────────────────┘
```

图 3-18 工商银行外汇期权投资流程

（4）外汇期权的投资门槛与交易方式

外汇期权的投资交易非常容易，投资门槛非常低，有的时候买卖一份合约的价格还不到 1 美元，同时在到合约期时，系统会自动进行清算，无须较大金额的本金。这为更多的人带来投资机会。

如今的外汇期权合约，可以通过网上银行直接在银行进行投资，实行 24 小时交易，为不同时间点的买卖提供了方便。

二元期权

在外汇期权交易中，有一种比较特殊的产品——二元期权。

二元期权，又被称为数字期权、固定收益期权，是操作最简单、最流行的金融交易品种之一。简单来说，二元期权只判断现货价格相对于约定价格的高低，无须判断点数，而收益率是固定的。

第46项　外汇期货、期权及外汇保证金的对比

前面我们比较了外汇保证金与外汇实盘，下面我们就以外汇保证金为基础，来横向比较外汇期货与期权，具体表 3-3 所示。

表 3-3　外汇保证金、外汇期货、外汇期权对比

对比项	外汇保证金	外汇期货	外汇期权
交易场所	无固定场所	期货交易所	证券交易所或期货交易所
交易期限	24 小时交易	24 小时交易	24 小时交易
交易方式	保证金交易	保证金交易	保证金交易
费用收取	按杠杆比例决定投资金额	支付保证金	交付期权费用
交易门槛	1000 美元	无	50 万元
涨停板制度	无	有	无
结算时间	随时平仓	合约约定的交割时间	到期钱进行平仓
交易方向	双向交易	双向交易	双向交易
风险大小	风险较大	风险较大	双方风险转换
国内投资	投资机构	投资机构	银行

第4章

外汇交易的技术准备——网上银行、投资网站

通过前面的内容我们知道,如今的外汇交易大多是通过网络完成的。在这样的趋势下,投资者熟练使用和外汇有关的网站就非常显得重要。这一章,就让我们来认识银行网上银行与外汇投资网站。

◇ 登录工商银行网上银行
◇ 使用网上银行查询个人账户余额
◇ 向他人账户汇款
◇ 认识安全支付工具
◇ 查看工商银行最新外汇牌价
◇ 学会使用外汇计算器
◇ 投资工商银行账户外汇

◇ 在和讯外汇查看外汇行情
◇ 简单认识和讯网的特色服务
◇ 其他外汇门户网站
◇ 认识网上投资平台
◇ 外汇投资平台的开户
◇ 模拟外汇交易

一、网上银行的基本操作

银行网上银行是我们投资外汇非常重要的地方，在网上银行可以进行几乎所有的银行业务。下面就实际来看看网上银行的基础操作。

第47项　登录工商银行网上银行

目前，在银行申请并办理银卡时，工作人员通常会为用户开通个人网上银行（用户也可以主动申请开通）。此后，用户就可以登录网上银行了，具体操作如下。

应用示例——登录网上银行

Step01 启动浏览器，在地址栏中输入"http://www.icbc.com.cn/icbc/"网址，按【Enter】键访问工商银行网上银行官网。

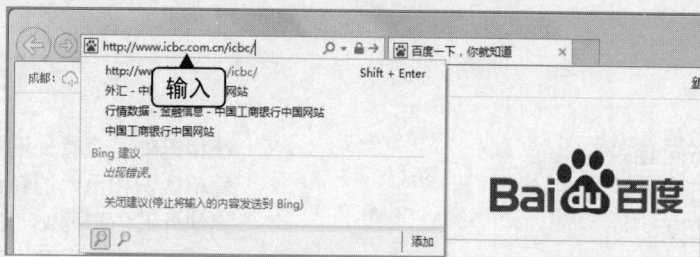

Step02 进入工商银网行上银行首页，在"用户登录"栏中单击"个人网上银行"按钮。

Step03 在新打开的登录页面中，依次输入银行卡号、网上银行登录密码和验证码，单击"登录"按钮。

Step04 在打开的认证页面中单击"短信认证"超链接，单击"发送"按钮。

Step05 此时，依次输入短信验证码和验证码，单击"确定"按钮。

Step06 在打开的页面中确认下次是否在该设备上免安全认证，选中"否"按钮，单击"点击链接"按钮即可。

Step07 成功登录到个人网上银行后，就会进入如下图所示的页面，页面中包括上方的服务菜单栏与功能按钮以及中间的欢迎页面。

第48项　使用网上银行查询个人账户余额

我们进行外汇投资，银行账户内可能随时都会有资金进出，因此查询账户余额与交易明细就显得非常重要。在网上银行查询的具体操作如下。

应用示例——使用网上银行查询账户余额

Step01 登录工商银行个人网上银行，在页面上方单击"我的账户"超链接。

Step02 在打开的页面中就可以查看到个人账户余额，如果要查看账户明细，可单击其后的"明细"超链接进行查询。

第49项　向他人账户汇款

在投资外汇时，很有可能出现需要向他人账户汇款的情况。在网上银行，我们可以轻松完成这一操作。

应用示例——如何使用网上银行向他人转账

Step01 登录工商银行个人网上银行，在上方单击"转账汇款"超链接。

Step02 在打开的页面中会显示多种转账汇款方式，保持默认选项。在"单笔汇款"栏中设置收款人姓名、收款人卡号、收款银行、汇款金额与汇款时间，然后单击下方的"下一步"按钮。

Step03 在新打开的页面中确定转账汇款的信息，在下方的安全支付栏中输入动态口令卡密码，单击"确认"按钮即可完成转账。

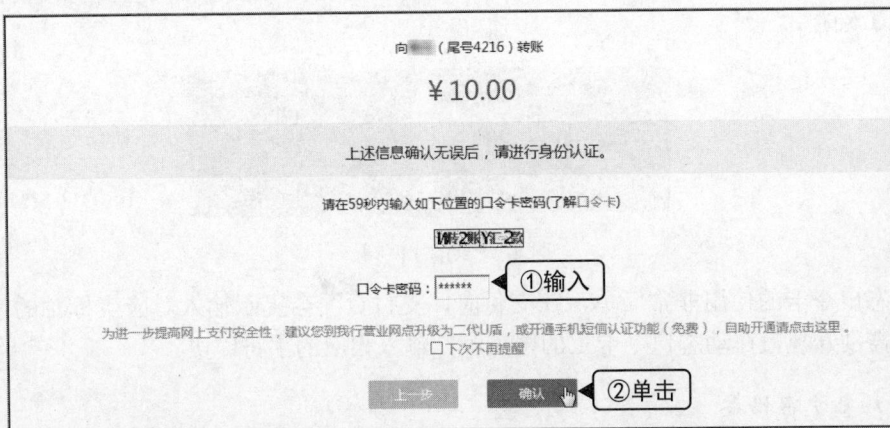

第50项　认识安全支付工具

在上面的转账汇款操作中的最后一步中涉及了安全支付,那么银行网上银行的安全支付究竟是什么呢?

所谓安全支付,就是指使用安全支付工具来保证交易的安全,只有通过安全支付的验证,才可以顺利完成一笔网上银行交易。常见的安全支付工具如下。

(1) U盾

U盾是一种目前使用人数最多的安全支付工具,它能够充分保证我们的账户及交易的安全。常见的U盾形态如图4-1所示。

图4-1　常见的U盾

U盾在使用前,需下载安全支付证书,设置U盾的支付密码。在使用过程中,将U盾通过USB端口连接到电脑,在安全支付时,输入支付密码,再点击U盾上的"OK"键就可以完成支付。

(2) 动态口令卡

除了U盾以外,还有一种比较传统的安全支付工具,它外形类似于银行卡,卡面印有若干字符串,每个字符串对应一个唯一的坐标,这样便可以进行安全支付。具体的外形如图4-2所示。

图4-2　动态口令卡

动态口令卡的使用非常简单,在支付时,支付页面会提示输入对应坐标轴的字符,我们只需刮开覆盖在动态口令卡上的覆盖膜,输入相应的字符即可。

(3) 电子密码器

随着网银技术的不断进步,如今有一种比U盾使用更灵活、比动态口令卡更安全的安全支付工具——电子密码器。具体的形态如图 4-3 所示。

图 4-3　电子密码器

　　无论是电脑支付还是手机客户端，都可以使用电子密码器来进行安全支付，这样既方便、实用，又可以保证安全。在使用时，只需在密码器中输入支付页面的数字口令，然后将电子密码器中的数字口令输入支付页面即可安全支付。

二、网上银行的外汇服务

　　在工商银行网上银行上有非常丰富的和外汇有关的投资服务，下面我们就来了解如何在网上银行完成外汇投资。

第51项　查看工商银行最新外汇牌价

　　查询最新外汇挂牌牌价是网上银行投资外汇的基础，在工商银行网上银行，查询外汇牌价的具体操作如下。

应用示例——如何查看最新外汇牌价

Step01　进入工商银行网上银行的首页中，单击"个人业务"超链接，在打开的下拉菜单中单击"外汇"超链接。

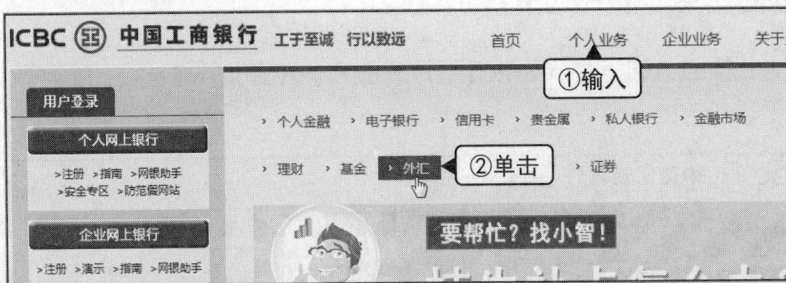

Step02　此时将自动进入工商银行外汇投资页面，该页面包含了丰富的外汇服务。在"人民币外币牌价"栏右侧单击"更多"按钮。

Step03 在新打开的页面中即可看到更多的外汇牌价情况。

第52项　学会使用外汇计算器

当我们手里有一些外币的时候，如果通过手动计算可以将其兑换成人民币的金额会比较麻烦，而且因为汇率的随时变动会造成计算结果不准确。这时可使用工商银行外汇计算器。

应用示例——使用计算器计算外币兑换

Step01 进入工商银行网上银行的首页中，单击"个人业务"超链接，在打开的下拉菜单中单击"外汇"超链接。

Step02 进入到工商银行外汇投资页面中，在页面右侧的"外汇工具"栏中单击"外币买卖计算器"超链接。

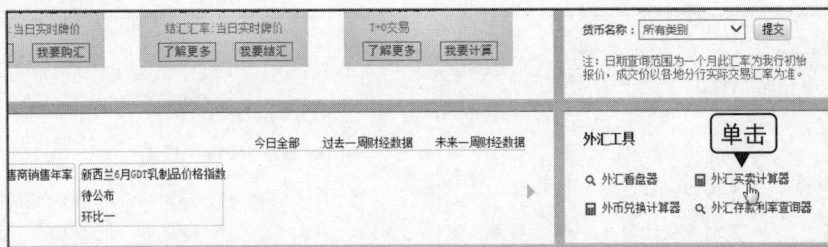

Step03 打开外汇定制页面，在外汇买卖计算器中依次设置卖出币种、买入币种、操作选择和金额，然后单击"计算"按钮，在下方的"金额"文本框中即会显示所计算出的买卖币种金额。

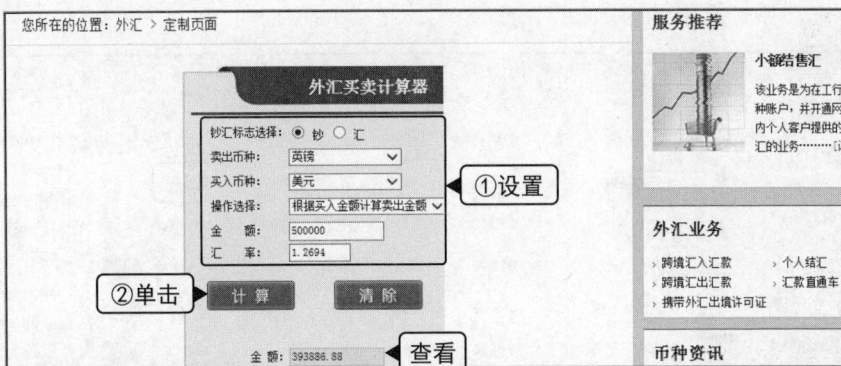

第53项　投资工商银行账户外汇

在工商银行网上银行中，我们可以进行账户外汇的行情查看、下单交易等操作，更高效地完成投资。其具体的操作如下。

应用示例——如何投资账户外汇

Step01 登录工商银行个人网上银行，在菜单栏中单击"财富广场"超链接，在打开的下拉菜单中选择"外汇"选项。

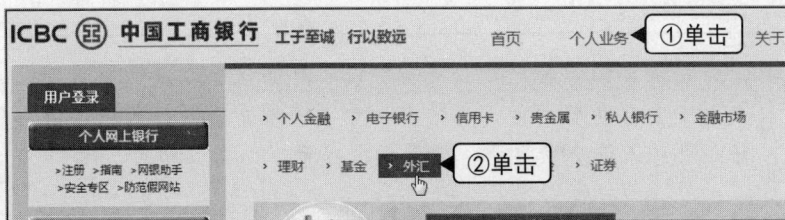

Step02 进入外汇详情页面中，在页面下方即可看到"账户外汇"栏，单击"展开"按钮，可以查看到更多的账户外汇选项。

账户外汇	品种	涨跌	银行买入价	银行卖出价	中间价	当日涨跌幅	当年涨跌幅	操作
• 我的	账户欧元	↓	759.24	760.84	760.04	+0.04%	+3.88%	交易
• 产品介绍	账户英镑	↑	860.88	862.48	861.68	-0.05%	+0.66%	交易
• 交易规则	账户澳大利亚元	↓	516.37	517.97	517.17	-0.01%	+3.23%	交易
• 交易协议	账户加拿大元	↓	513.23	514.83	514.03	-0.12%	-0.57%	交易

更新时间：2017-06-21 09:35:21

点击加载更多

常见问题
- 什么是自由外汇？
- 什么是外汇账户？
- 如何规避汇率风险？
- 外汇资产如何保值升值
- 炒汇如何控制风险？
- 如何才能坚持外汇长
- 如何理解基本面分析的

Step03 在其中选择一种账户外汇，单击后面的"交易"按钮，即可在打开的页面下方查看到该账户外汇的走势图。

账户外汇	品种	涨跌	银行买入价	银行卖出价	中间价	当日涨跌幅	当年涨跌幅	操作
• 我的	账户欧元	↑	759.33	760.93	760.13	+0.06%	+3.89%	交易
• 产品介绍	账户英镑	↑	861.01	862.61	861.81	-0.04%		交易
• 交易规则	账户澳大利亚元	↑	516.44	518.04	517.24	0.00%	+3.24%	交易
• 交易协议	账户加拿大元	↓	513.26	514.86	514.06	-0.11%	-0.57%	交易
	账户瑞士法郎	↑	699.61	701.21	700.41	+0.11%	+2.66%	交易
	账户日元	↑	6.1216	6.1376	6.1296	+0.04%	+3.04%	交易

常见问题
- 什么是自由
- 什么是外汇
- 如何规避汇
- 外汇资产如
- 炒汇如何控
- 如何才能坚
- 如何理解基

Step04 如果要买入该账户外汇，可以在页面右侧的"先买入后卖出"栏中单击"这里"超链接。

汇	我的账户外汇							先买入后卖出	先卖出后买入

◎ 关注品种

走势图	涨跌	银行买入价	银行卖出价	中间价	当日涨跌值	当日涨跌幅	当年涨跌幅	关注
📊	↑	759.33	760.93	760.13	+0.42	+0.06%	+3.89%	☆
📊	↑	860.98	862.58	861.78	-0.37	-0.04%	+0.67%	☆
📊	↑	516.44	518.04	517.24	0.00	0.00%	+3.24%	☆
📊	↓	513.24	514.84	514.04	-0.59	-0.11%	-0.57%	☆
📊	↓	699.53	701.13	700.33	+0.69	+0.10%	+2.64%	☆

如需开办账户外汇交易，请您点击这里 能力评估和产品适合度评估，签署《中国工 银行账户外汇交易协议》，并指定资金账户。

输入

Step05 此时，需要认真阅读账户外汇交易协议、产品介绍以及交易规则，并选中同意协议复选框。页面中会自动显示出资金账户卡号、提醒手机号，确认无误后单击"已阅读并继续"按钮即可进入到交易页面，然后根据提示完成交易即可。

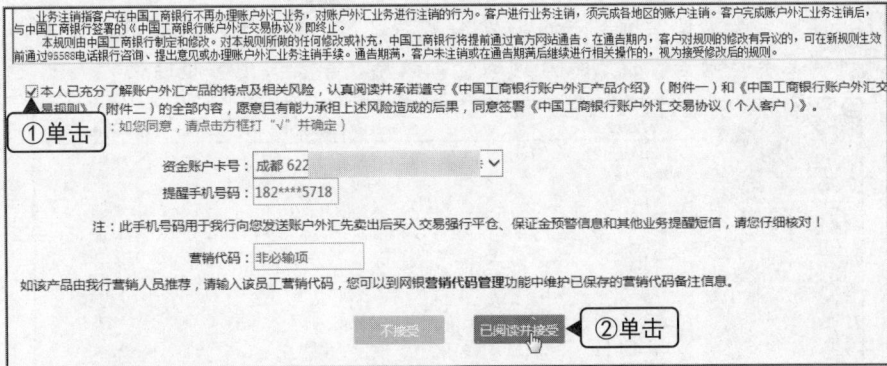

业务注销指客户在中国工商银行不再办理账户外汇业务，对账户业务进行注销的行为。客户进行业务注销，须完成各地区的账户注销。客户完成账户外汇业务注销后，与中国工商银行签署的《中国工商银行账户外汇交易协议》即终止。

本规则由中国工商银行制定和修改。对本规则所做的任何修改将作补充，中国工商银行将提前通过官方网站通告。在通告期内，客户对规则的修改有异议的，可在新规则生效前通过95588电话银行咨询、提出意见或办理账户外汇业务注销手续。通告期满，客户未注销或在通告期满后继续进行相关操作的，视为接受修改后的规则。

☑本人已充分了解账户外汇产品的特点及相关风险，认真阅读并承诺遵守《中国工商银行账户外汇产品介绍》（附件一）和《中国工商银行账户外汇交易规则》（附件二）的全部内容，愿意且有能力承担上述风险造成的后果，同意签署《中国工商银行账户外汇交易协议（个人客户）》。

①单击 ：(如您同意，请点击方框打"√"并确定）

资金账户卡号：成都 622 ▢ ∨

提醒手机号码：182****5718

注：此手机号码用于我行向您发送账户外汇先卖出后买入交易强行平仓、保证金预警信息和其他业务提醒短信，请您仔细核对！

营销代码：非必输项

如该产品由我行营销人员推荐，请输入该员工营销代码，您可以到网银营销代码管理功能中维护已保存的营销代码备注信息。

不接受　已阅读并接受 ◄②单击

三、外汇投资门户网站

除了银行网上银行，互联网上还有很多外汇投资服务网站。这些外汇网站为我们提供了丰富的外汇资讯与投资服务，是投资外汇的好帮手。

第54项　在和讯外汇查看外汇行情

和讯外汇（http://forex.hexun.com/）是和讯网旗下的外汇投资网站，拥有丰富的外汇资源与投资参考。进入和讯外汇，会看到图 4-4 所示的主页面。

图 4-4　和讯网主页面

如果要在和讯网查看外汇行情，需要有如下的操作。

应用示例——如何在和讯网上查看外汇行情

Step01 进入和讯外汇首页，在工具栏中单击"行情中心"超链接。

Step02 在行情中心页面会看到丰富的外汇数据排行，如果找不到相关的外汇，可在左侧选择"所有汇率"命令。找到要查询的外汇数据，单击其名称超链接。

Step03 在新打开的页面中，即可看到该外汇数据的具体价格与走势图，并可以切换不同的显示页面。

Step04 在新打开的页面中，默认显示外汇的分时线走势，如果想要看这一外汇品种更为长期的走势，可以单击上方"日线"选项卡，或者"周线"和"月线"选项卡，这三个周期的外汇走势将以K线图的方式进行展示。通过查看欧元美元的日线图走势可以判断出，欧元兑美元的汇率不断走高。

第55项　简单认识和讯网的特色服务

在和讯外汇网上还有很多对外汇投资有帮助的服务功能，下面我们就简单来认识一下。

在和讯外汇首页单击任何新闻或资讯超链接，在新打开的页面中就可以直接看到最新的外汇资讯或分析，具体如图 4-5 所示。

图 4-5　和讯网外汇资讯

和讯外汇会在每个交易日随时都有外汇的走势进行分析，新手投资者学习这些分析内容，对掌握下单的时机是非常重要的，如图 4-6 所示。

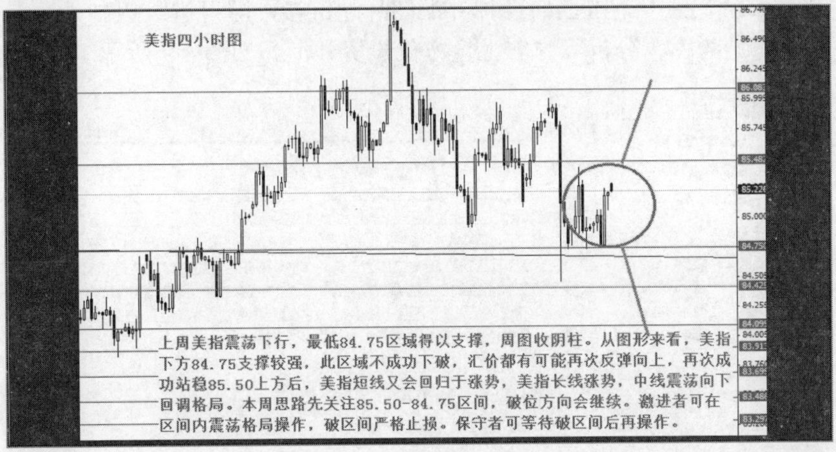

图 4-6　和讯网外汇解盘

和讯外汇网的外汇计算器功能，比工商银行网上银行上的更为专业，拥有购汇、结汇、外汇间兑换、外汇储蓄等功能，如图 4-7 所示。

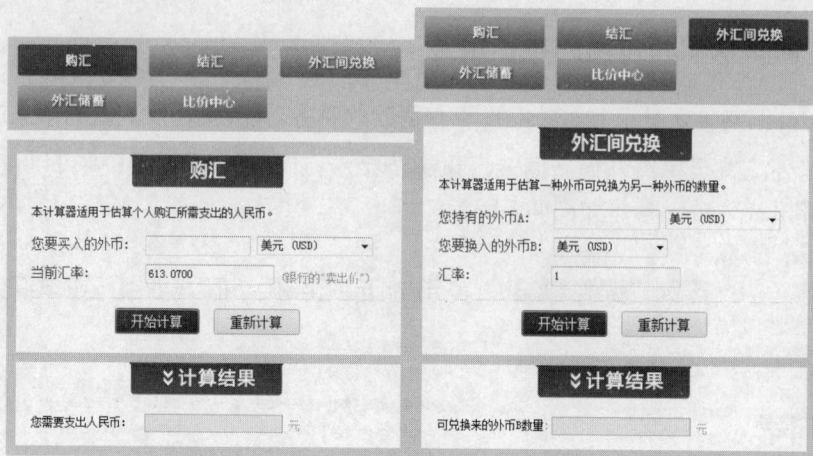

图 4-7　和讯网外汇计算器

如果想要和其他外汇投资者交流投资经验，那么和讯外汇的外汇论坛是非常有趣的板块，可以通过发帖/回帖的形式与其他人进行经验交流，如图 4-8 所示。

图 4-8　和讯网外汇论坛

在"货币专栏"栏中单击任何一种外汇图片超链接，即可进入该种外汇专栏，从新闻资讯、牌价、走势图、分析等内容上全方位投资外汇。如图 4-9 所示。

图 4-9　和讯网外汇专栏

第56项　其他外汇门户网站

在互联网上还有很多外汇投资门户网站，这些网站从各个方面服务外汇投资。接下来，我们就来认识几个实用性很强的外汇门户网站。

(1) 炒外汇网

炒外汇网（http://chaowaihui.net/）是一个以外汇投资技巧为主的网站，在网站上我们可以看到非常多的外汇入门、投资、获利技巧，对于新手投资者来说，可以快速获取外汇知识。其主页页面如图4-10所示。

图4-10　炒外汇网主页

(2) 中国外汇网

中国外汇网（http://www2.chinaforex.com.cn/）是一个以电子杂志为主的外汇网站，在其网站上不仅可以查询外汇行情，更主要的是可以通过不同的文章来了解国内外外汇市场与投资市场，文章质量具有一定的品质。具体页面如图4-11所示。

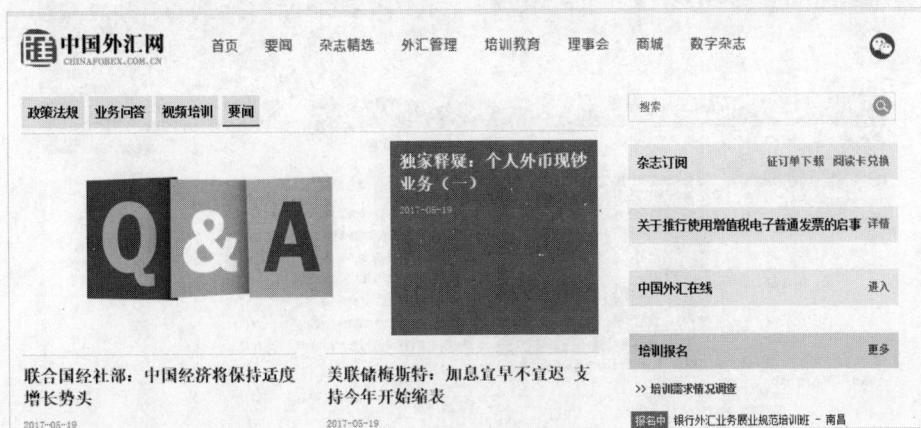

图4-11　中国外汇网主页

（3）环球外汇网

环球外汇网（http://www.cnforex.com/）是一个与和讯外汇网类似的外汇门户网站，提供 24 小时实时财经新闻资讯，专家与银行对财经、外汇和贵金属市场的评论，学习园地，以及专业投资分析工具等。同时环球外汇网使用人数众多，对市场的多空预判较为准确。其主页页面如图 4-12 所示。

图 4-12　环球外汇网主页

（4）国家外汇管理局网站

国际外汇管理局网站（http://www.safe.gov.cn/）是一个国家政府机关的外汇服务网站，在上面可以快速查询国家最新最标准的外汇管理制度与公告，并可以轻松查询往期的外汇数据。其主页页面如图 4-13 所示。

图 4-13　国际外汇管理局网主页

四、外汇投资平台

在本书第 1 章中，我们介绍过外汇经纪人是个人投资外汇的重要纽带。随着网络的发展，如今的外汇经纪人都逐渐演变成了外汇投资平台。

第57项　认识网上投资平台

网上投资平台五花八门，究竟什么才是正规专业的网上投资平台呢？

进入一家外汇投资平台，一般会看到图 4-14 所示的非常简洁的页面，如果页面中出现太多的广告、过分承诺收益率的文字，则可能是违规平台。

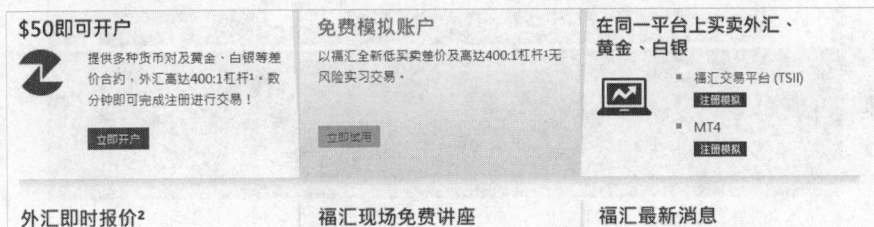

$50即可开户	免费模拟账户	在同一平台上买卖外汇、黄金、白银
提供多种货币对及黄金、白银等差价合约，外汇高达400:1杠杆¹。数分钟即可完成注册进行交易！　立即开户	以福汇全新低买卖差价及高达400:1杠杆¹无风险实习交易。　立即试用	■ 福汇交易平台 (TSII)　注册模拟　　■ MT4　注册模拟
外汇即时报价²	福汇现场免费讲座	福汇最新消息

图 4-14　FXCM 福汇投资平台

一般来说，正规的外汇平台有图 4-15 所示的几项内容。

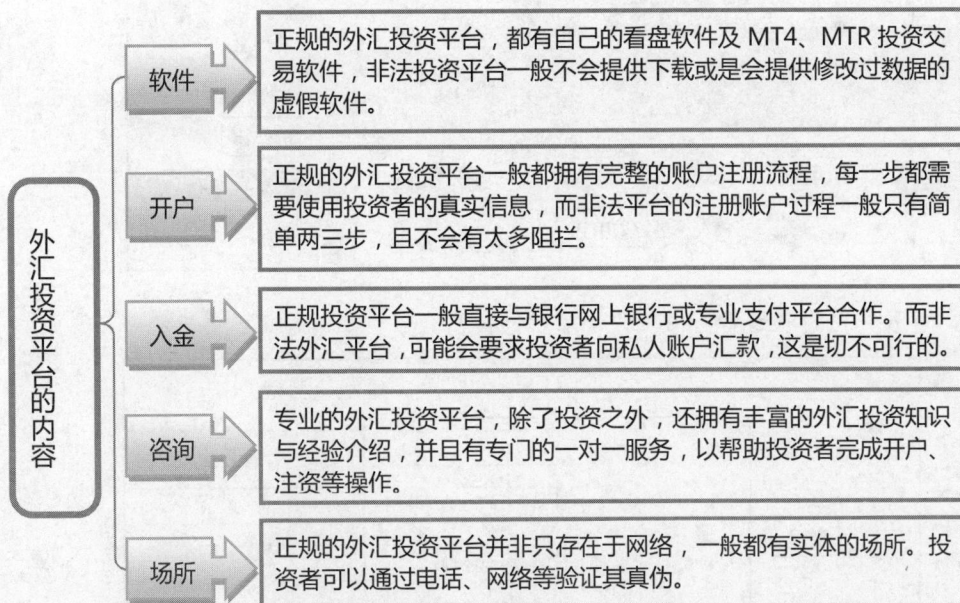

外汇投资平台的内容

软件　正规的外汇投资平台，都有自己的看盘软件及 MT4、MTR 投资交易软件，非法投资平台一般不会提供下载或是会提供修改过数据的虚假软件。

开户　正规的外汇投资平台一般都拥有完整的账户注册流程，每一步都需要使用投资者的真实信息，而非法平台的注册账户过程一般只有简单两三步，且不会有太多阻拦。

入金　正规投资平台一般直接与银行网上银行或专业支付平台合作。而非法外汇平台，可能会要求投资者向私人账户汇款，这是切不可行的。

咨询　专业的外汇投资平台，除了投资之外，还拥有丰富的外汇投资知识与经验介绍，并且有专门的一对一服务，以帮助投资者完成开户、注资等操作。

场所　正规的外汇投资平台并非只存在于网络，一般都有实体的场所。投资者可以通过电话、网络等验证其真伪。

图 4-15　外汇投资平台的内容

第58项　外汇投资平台的开户

当我们在互联网上选择了一个外汇投资平台之后，第一步就是需要完成外汇投资账户的开立。下面就来看看详细的开户流程。

应用示例——在福汇投资平台开户

Step01 进入福汇外汇首页中，在菜单栏中单击"开立真实账户"按钮。

Step02 进入账户类型选择页面，默认选择"标准账户"选项。在"开始开户流程"栏中，选择当前所在的居住地，单击"交易平台Ⅱ"按钮，单击"开始申请"按钮。

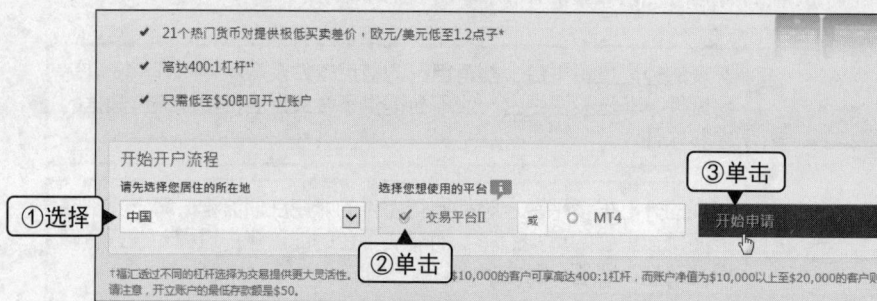

Step03 进入开户的开始页面中，依次输入姓氏、名字、邮箱地址，并选择货币。

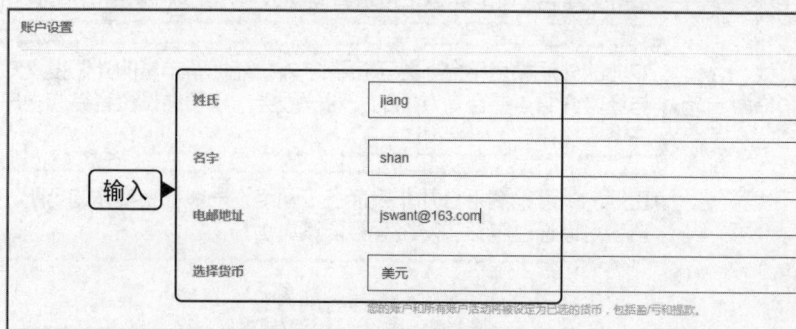

Step04 在"请选择开户方式"栏中单击"个人账户"按钮，然后单击"继续"按钮。

Step05 进入个人资料设置页面中，在"个人资料"栏中依次对称谓、国籍、出生地方、居住国家以及身份证明文件类型等信息进行设置。

Step06 在"联络资料"栏中，依次对居住地址、城市/市政、州/身份、年以及月等信息进行设置，然后单击"继续"按钮。

Step07 进入中国籍客户详细信息页面中，对中国籍主要账户持有人的个人信息进行设置，然后单击"继续"按钮。

中国籍主要账户持有人的个人信息

姓氏　　　　　　蒋
　　　　　　　　　　①输入

名字　　　　　　潇
　　　　　　　　　　　　　　　　　×
　　　　　　　　　　　　　　　　②单击

保存并于稍后返回　　　　　　　　　　　　　　　　继续

Step08 进入补充资料页面中，依次对就业资料、过去3年内的交易经验资料、财务资料和客户资料进行设置，然后单击"继续"按钮。

2. 本人充分理解差价合约交易的性质。本人明白，福汇(FXCM)差价合约产品是基于相关基础产品的价格，但它们与相关资产所上市的实物市场或交易所的相关资产的实际价格并无关联或受到认可。　　　　　　◉ 是　　○ 否

3. 福汇(FXCM)提供场外保证金外汇交易，据此本人可能根据福汇交易平台上的价格买卖个别货币对。本人充分明白场外保证金外汇交易的流程以及相关交易平台的操作。　　　　　　◉ 是　　○ 否　　①设置

4. 本人充分理解场外保证金外汇交易和差价合约交易的相关风险，并已准备好监控和管理这些交易风险。　　　　　　◉ 是　　○ 否
　　　　　　　　　　　　　　　　②单击

并于稍后返回　　　　　　　　　　　　　　　　继续　　>

Step09 进入协议和文件页面中，依次对保安问题、介绍经纪商和业务条款进行设置，然后单击"继续"按钮。

本人已阅读并已理解金融服务指引▢　　　　　　　　◉ 是　　○ 否

本人已阅读并已理解产品披露声明▢　　　　　　　　◉ 是　　○ 否

①设置　　本人已阅读并已理解交易执行风险▢　　　　　　◉ 是　　○ 否

同意电子签名▢　　　　　　　　　　　　　　　　◉ 是　　○ 否

②选中
☑ 本人同意
本人确认同意福汇(FXCM)向Global Data Company(简称GDC)提供本人的个人信息，通过确认本人的身份，从GDC获取本人的个人信用资料　　③单击

保存并于稍后返回　　　　　　　　　　　　　　　　继续

Step10 此时，页面中会显示用户的详细信息，确认无误后单击"提交"按钮，即可完成开户操作。

分所提供的资料真实并且正确。并进一步声明，如有任何资料更改，本人将会通过书面形式通知福汇(FXCM)。

人此为具有法律约束力的合约协议。本人已经仔细阅读并明白其中内容，提交本协议书表示本人完全同意受到上述列明各项条件和条款的约束。除非得到福汇书
易协议书的修改均属无效。本人确认本人已经从FXCM网站下载全套账户申请文件，而且本人没有对本协议任何存放于FXCM网站的原始形式的文件（"原始文
如果出现任何修改或删除，该等修改或删除均不对FXCM具有约束力。在此情况下，上述原始文件中的各条款规管了交易人于FXCM的关系。

和洗黑钱活动，澳大利亚金融交易报告与分析中心（AUSTRAC）要求所有金融机构获取、验证并记录每一位开户人的资料以便识别。因此，我们需要您提供您
以及其他帮助我们识别您的身份的资料。我们也可能要求查看您的驾驶执照或其他身份证明文件。

单击 ▶   提交

第59项   模拟外汇交易

在投资平台上进行外汇投资，我们可以使用模拟账户进行模拟交易。所谓模拟交易，就是下单、行情完全与真实投资相同，只是交易资金为虚拟资金的一种交易。它可以帮助我们练习外汇交易。

下面，就来看看外汇交易的模拟账户如何申请与投资。

应用示例——在福汇投资平台进行模拟炒外汇

Step01 进入福汇外汇投资平台首页，在页面上方的菜单栏中单击"模拟账户"超链接。

FXCM 福汇
模拟账户   开立真账户   存入资金   MYFXCM   登入网络平台   桃上
单击
首页   优势   外汇基础知识   产品   服务   福汇讲座中心   资源中心   支援   尊贵客户专区
于福汇交易 尊享低点差及交易成本

Step02 进入到免费交易模拟账户页面，确认当前为标准账户注册。在"免费登记"栏中，依次输入姓氏、名字、电邮和手机号码，并选择城市/省、交易经验，然后单击"提交"按钮。此时，即可查看到自己的模拟账户名与密码，单击"开始交易"按钮。

QQ号码
城市/省*   chengdu sichuan
  ⇒ 请以英文或拼音填写
国家/地区*   中国
  ⇒ 请选择您的国家或地区
①设置
电话*
  ⇒ 请顺序填写国家编号、区号、电话号码
是否作大学学习用途？
☑ 请通过电邮给我发送免费教学交易材料以开始货币交易。需填写有效的电邮地址
②单击   提交

恭喜您
③单击
您已成功登记
开始交易   →
网络平台（适用于Mac®及Windows）
您的模拟账户登入名称及密码
用户
70779080001
密码
9588
请在平台输入您的用户名称及密码以登入您的新模拟账户。我们将会通过电邮向您发出用户名称及密码。

Step03 在打开的"登入"对话框中，分别输入用户名和密码，单击"登入"按钮。

Step04 此时即可进入福汇外汇的模拟操作页面，可以查看到最新的数据、价格走势图与操作菜单栏、账户信息栏等信息。如果要进行买入开仓，则在该页面上方单击"买进"按钮，在打开的对话框中设置商品种类，输入买入数量，单击"确定"按钮。

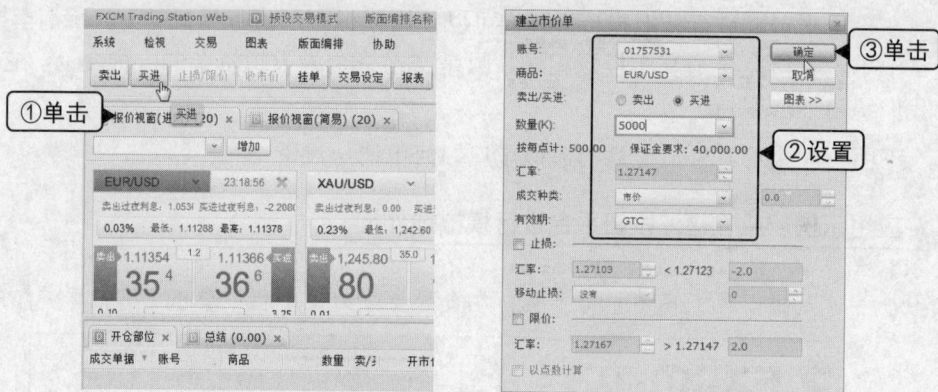

Step05 成功买入后，在下方的账户信息中就可以看到已经买入头寸的持仓情况了。

第5章

外汇投资软件与手机炒外汇

除了上一章介绍的在网上银行或投资网页上进行外汇投资之外，投资软件也是我们炒外汇必不可少的工具。本章中，我们就一起来认识一些热门的外汇投资软件与外汇手机软件。

◇ 下载安装易汇通行情分析软件
◇ 易汇通的外汇模拟交易
◇ 在易汇通上看外汇行情
◇ 如何查看趋势线与技术指标
◇ 易汇通软件的画线工具
◇ 手机版易汇通查看外汇行情

◇ 设置价格预警与人民币兑换计算器
◇ 如何下载并登录福汇交易平台
◇ 外汇投资开仓、平仓
◇ 下载安装福汇MT4平台
◇ 登录MT4并查看行情
◇ 使用MT4软件进行交易

一、外汇行情分析软件

网上的外汇投资软件有很多，行情分析软件是帮助我们对外汇的价格走势进行详细分析的软件，在其中不仅可以查看各个时段外汇的具体价格，并且可以利用各类工具分析图形预判走势，使用非常简单。

第60项　下载安装易汇通行情分析软件

易汇通行情资讯终端集国内外贵金属市场、股票债券市场、期货市场及外汇市场的行情分析于一体，并提供世界各大交易所实时行情指数，信息丰富全面。具体的下载操作如下所示。

应用示例——如何下载安装易汇通

Step01 进入易汇通软件下载页面（http://yht.fx678.com/），在首页单击"免费立即下载"按钮。

Step02 在浏览器下方，会看到一个名为"fx678.exe"的文件，单击左侧的"保存"按钮即可开始下载软件。

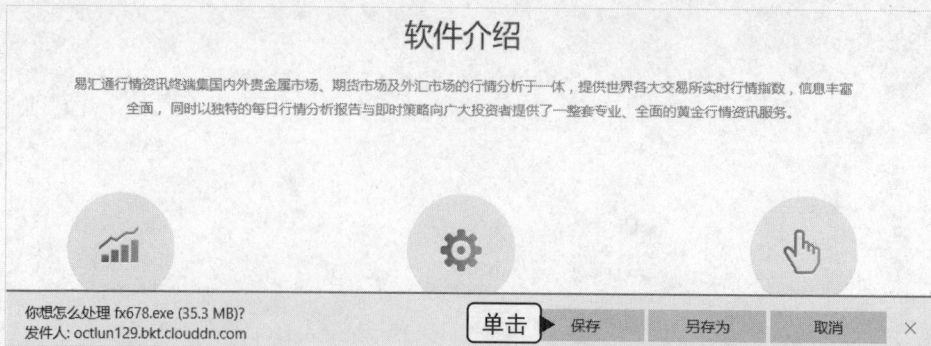

Step03 下载完成后，打开安装软件，在打开的对话框中依次单击"下一步"按钮，完

成安装后即可在计算机桌面上看到如下右图所示的快捷方式图标。

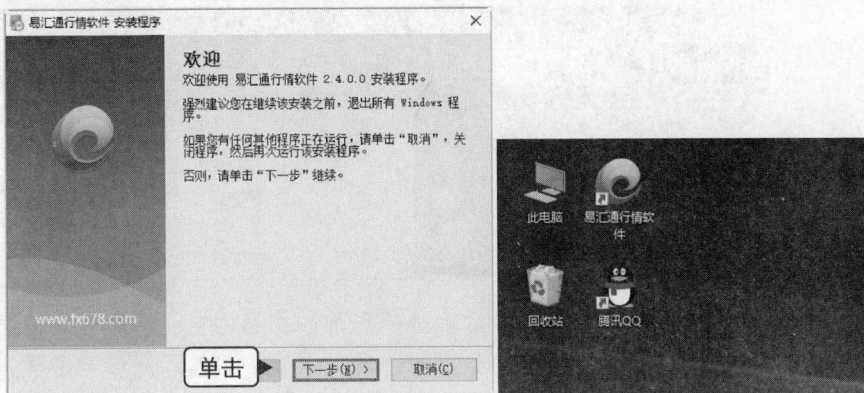

不同的下载方法

在下载软件的时候，可以直接单击"下载"按钮使用网页下载，也可以使用迅雷等下载软件进行下载。下载完成后，只要在相应位置找到安装软件进行安装即可。

第61项　易汇通的外汇模拟交易

下载安装后，如果需要在易汇通上进行外汇的模拟交易需要进行简单的注册和登录，下面一起来看看如何在易汇通上开通模拟交易。

应用示例——如何开通易汇通模拟交易

Step01 在桌面双击"易汇通行情软件"图标，进入易汇通行情软件的登录页面，直接单击"登录"按钮即可进入易汇通行情软件。

Step02 在进入易汇通行情软件后可以在左上角找到"模拟交易"的按钮，直接单击。

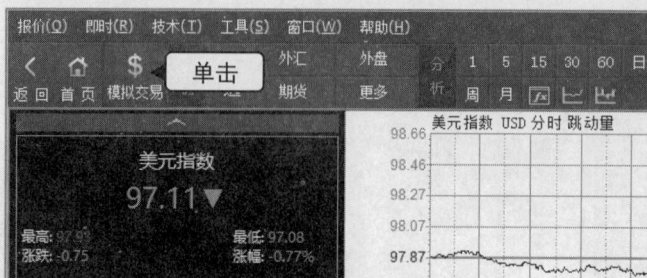

Step03 在软件下发弹出模拟交易窗口后单击"登录"按钮，在没有账号的情况下需要首先进行注册，单击"注册"按钮，在弹出的注册对话框中，输入账号和密码，最后单击"提交"按钮即可完成易汇通行情软件模拟交易的注册。

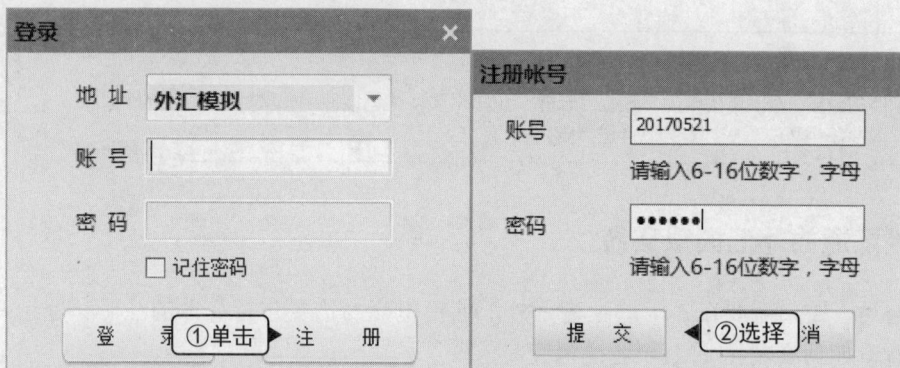

Step04 注册完成后，在易汇通行情软件的模拟交易登录窗口中，直接输入账号和密码，单后单击"登录"按钮，即可进行外汇的模拟交易。

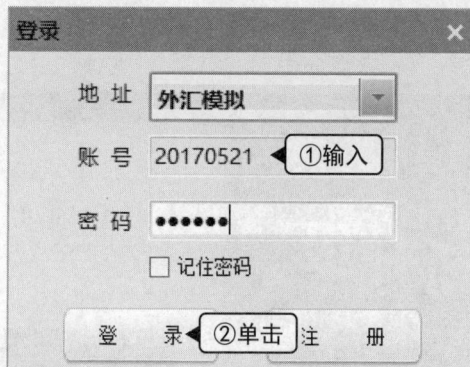

第62项　在易汇通上看外汇行情

　　和在网页上操作一样，查看行情是投资外汇的第一步。下面我们就来看看在易汇通行情软件上如何查看外汇行情走势。

应用示例——如何查看外汇行情

Step01　进入易汇通软件，在上方单击"外汇"按钮，在下方的外汇种类选项中单击外汇种类标签，如单击"交叉盘"标签，在行情页面选择详细外汇选项。

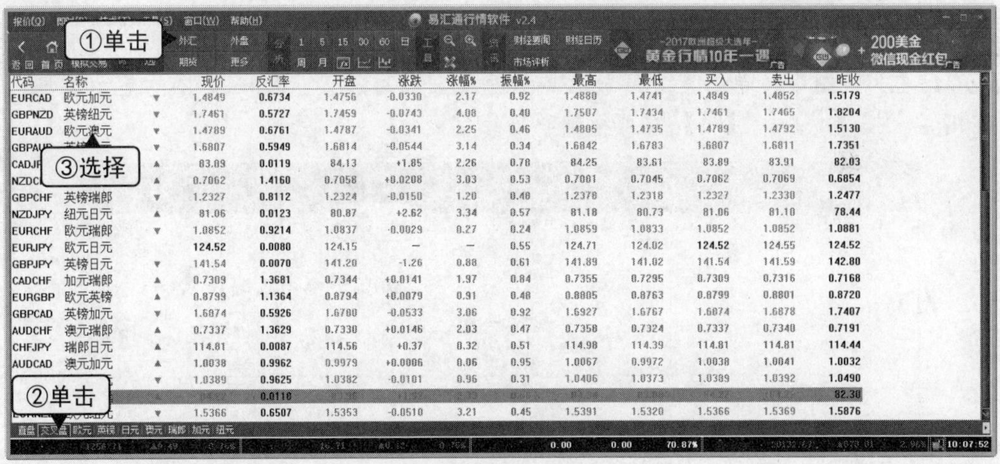

Step02　进入外汇分时图，可看到一个交易日内的外汇行情，在最右侧有最新的盘口信息。将鼠标光标移动到图中，可看到该时间点的详细数据。

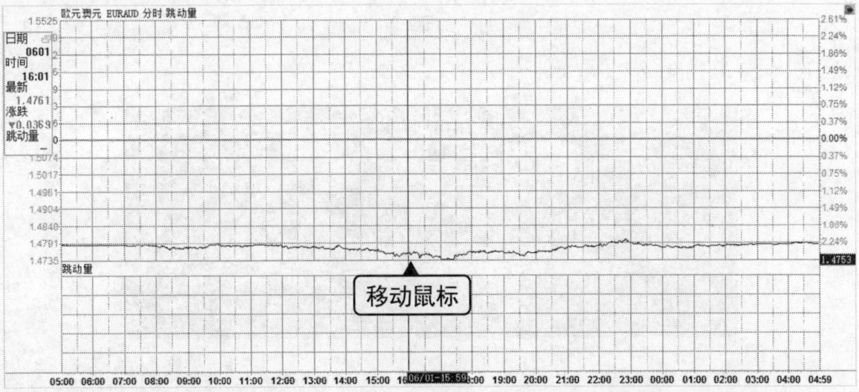

Step03　在上一步中双击分时图，进入价格的日K线图，单击任何一个K线，即可看到该交易日的详细数据。

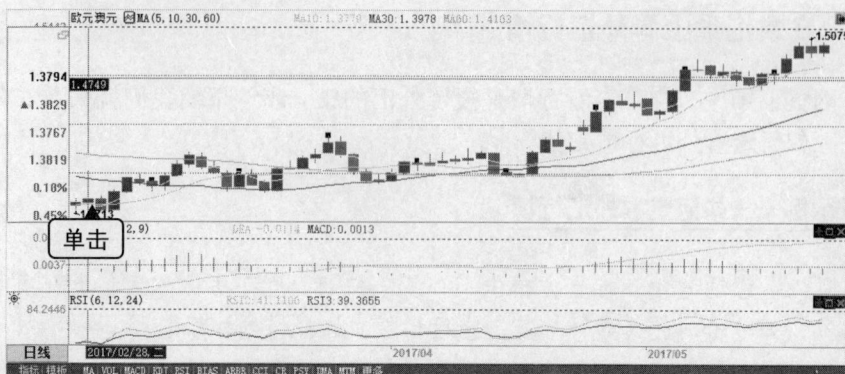

Step04 在K线图中，单击上方的放大或缩小按钮，可放大/缩小K线图的显示区域，同时在键盘上按【←】、【→】键可精确移动十字光标。

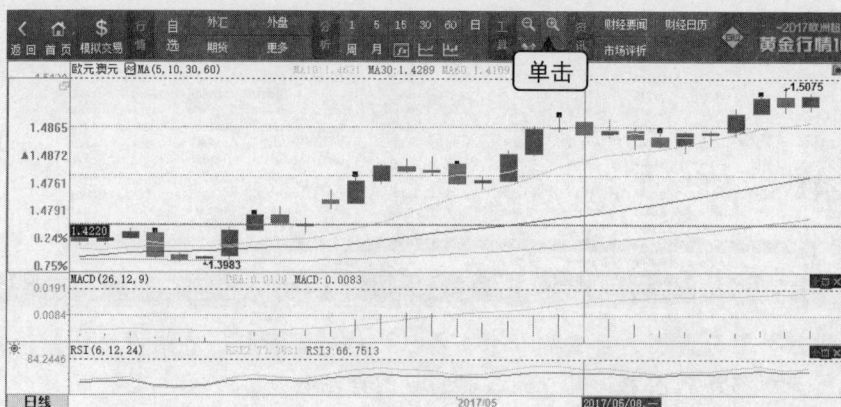

Step05 在上方的板块选项卡中单击"财经要闻"按钮打开"资讯浏览"窗口，里面显示了在该交易日内最新的外汇资讯。

第63项　如何查看趋势线与技术指标

在分析外汇价格的时候，使用不同的趋势线与技术指标是非常重要的。那么如何在行情软件中设置不同趋势线和技术指标呢。

📈 **应用示例——修改移动平均线参数**

Step01 进入外汇K线图中，会看到很多不同颜色的线条，这就是移动平均线。此时如要修改参数，则双击左上角的移动平均线的参数数字。

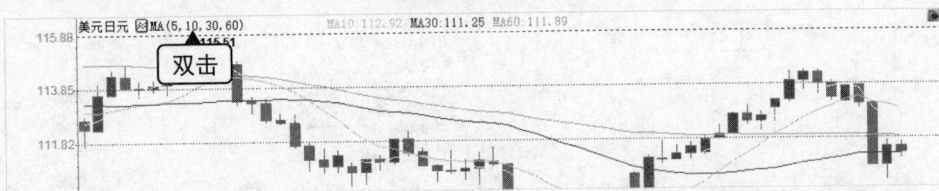

Step02 在新打开的对话框中设置移动平均线的显示周期参数，单击"保存"按钮。

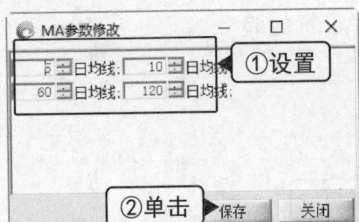

不同的移动平均线组合

不同的移动平均线组合会传递不同的意义，设置时最好结合本书第12章的内容。

Step03 在返回的K线图页面中，会发现显示的移动平均线周期已经变了，并且在图中的走势也有所不同。

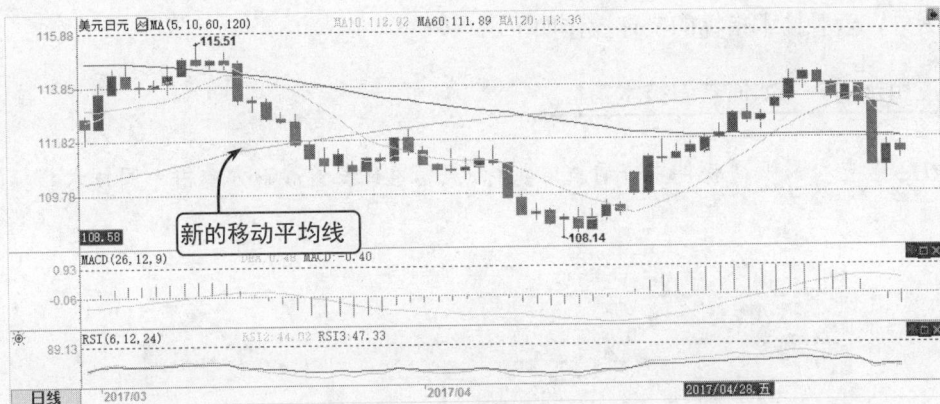

如果要查看其他趋势线，可进行如下的操作。

📈 **应用示例——显示其他趋势线**

Step01 趋势线的种类有很多，要显示其他的趋势线，只需在软件的空白处单击鼠标右键，在弹出的快捷菜单的"常用指标"子菜单中选择对应的趋势线子菜单命令。

Step02 重新回到K线界面中，就会看到程序已经显示了新的趋势线。

另外，查看技术指标的具体操作如下。

应用示例——如何查看技术指标

Step01 若要在易汇通软件中查看技术指标，只需在K线图形下方单击不同技术指标的标签即可显示。

Step02 如果下方没有要查看的技术指标，只需单击“更多”按钮，在打开的对话框中选择技术指标选项，单击“确定”按钮即可。

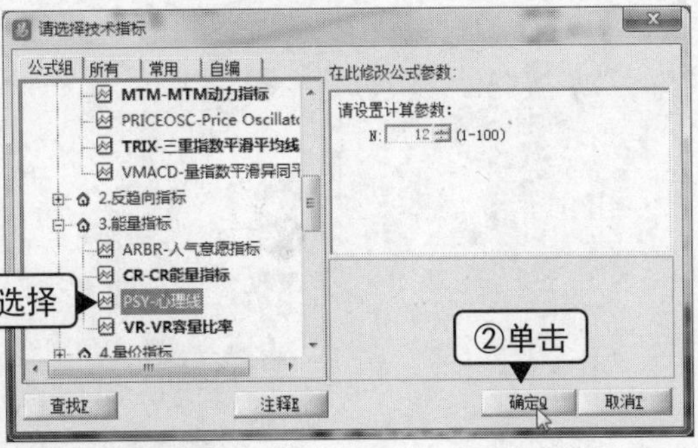

第64项　易汇通软件的画线工具

在分析 K 线图或分时图时，有时需要投资者画不同的辅助线，那么在易汇通软件中该如何画线呢？

应用示例——如何在易汇通上画通道线

Step01 进入价格K线图中，在上方的工具栏中单击按钮，在K线图右侧会看到激活的画图工具栏。

Step02 在画图工具中选择要画的辅助线，如单击“平行线”按钮，此时将鼠标光标移动到K线图中，会看到鼠标光标变为形状。

Step03 按住鼠标左键不放向需要的方向拖动鼠标，到一定的位置后释放鼠标，会看到图中已经画出了两条红色的平行线。

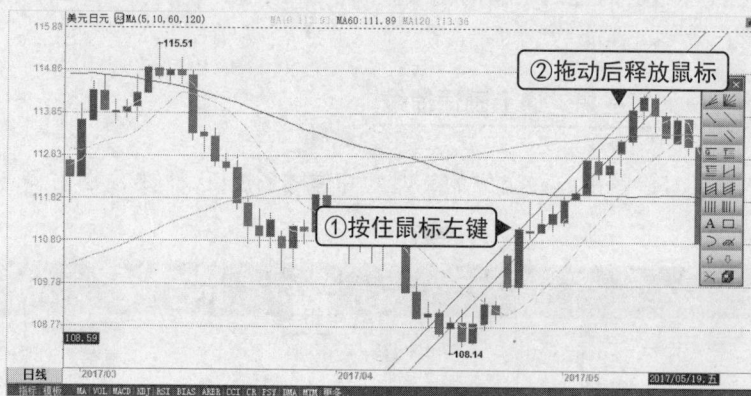

Step04 选中其中平行线中的一条，鼠标光标变为上下双箭头形状后，按住鼠标左键拖动鼠标，到达适合的位置释放鼠标，完成通道线的绘制。

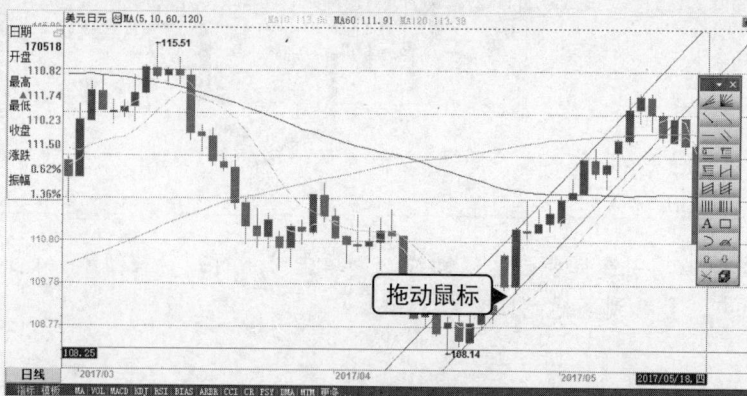

二、手机外汇软件

　　随着智能手机、平板电脑等移动客户端的普及，加上越来越快节奏的投资理财方式，人们已经不在局限于在计算机上投资外汇了。在这样的环境下，丰富的外汇移动客户端软件开始流行起来，以帮助人们随时随地完成外汇的投资。

第65项　手机版易汇通查看外汇行情

　　手机版的易汇通行情软件名为汇通财经，是一款非常有用的手机客户端行情软件，可轻松查看国内、国际财经新闻，如要闻速递、财经要闻、经济指标、各国央行、汇市评论等信息。在计算机版本的易汇通下载页面中即可进行下载。下面，我们通过实际的操作来看看手机版易汇通的具体使用。

应用示例——在手机易汇通上看外汇行情

Step01　进入手机版易汇通软件，会看到如下左图所示的页面。

Step02　如果要查询外汇行情，则点击下方的"行情"按钮，如下中图所示。再点击上方的"外汇"选项，即可看到丰富的外汇产品及其交易数据。在下中图中点击任何一种外汇选项，即可进入分时图查看，如下右图所示。

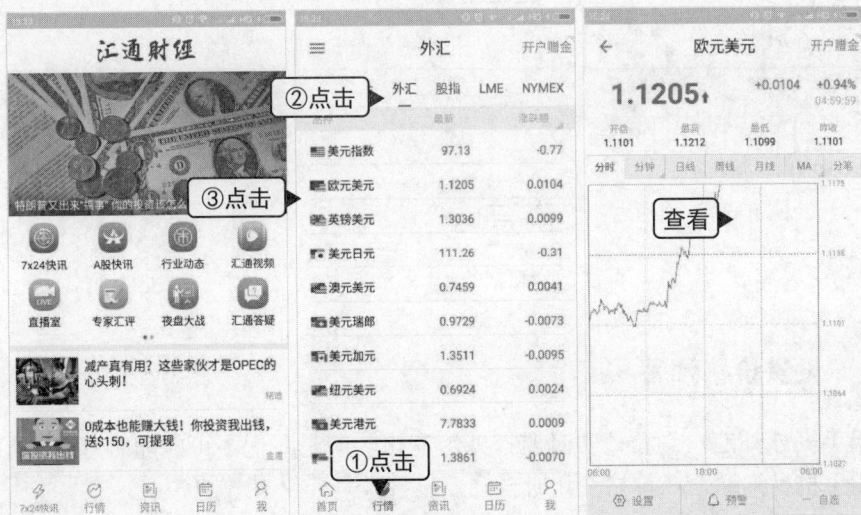

Step03　在手机屏幕上方还显示了不同周期的K线图按钮，如点击"日线"按钮可以查看日K线图如下左图所示。如果点击"周线"按钮，可以将K线图的周期切换到周线，如下中图所示。

Step04 如果要选择其他指标，点击"MA"按钮，此时将会弹出一个下拉列表，在其中显示了更多的技术指标选项，选择需要的技术指标选项，如选择"KDJ"选项，如下右图所示。

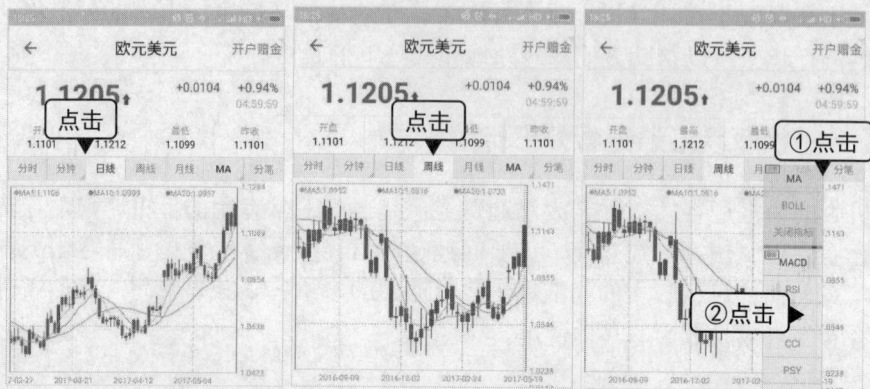

Step05 返回K线图页面就可以看到周K线状态下的KDJ指标，如果要查看日K线下的KDJ指标，再次点击"日线"按钮即可。如果要对页面进行更多设置，可以点击下方"设置"按钮，在设置页面中进行更多设置。

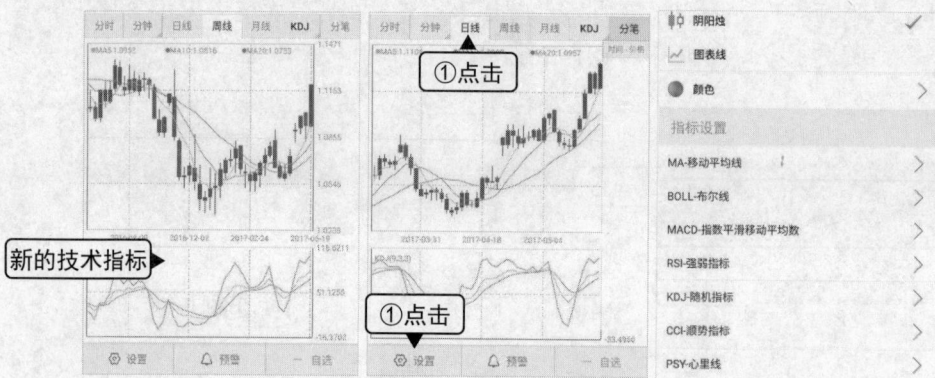

第66项 设置价格预警

利用手机炒外汇，是希望实时监控外汇变化，但是我们不可能随时盯着外汇盘面，此时使用手机易汇通，在价格变化时自动发出警报是非常有效的。

应用示例——设置手机价格预警

Step01 进入价格分时图或K线图中，点击"预警"按钮。

Step02 在新打开的页面中设置价格预警，如输入价格涨幅为"2%"，选中其后的复选框，单击"确定"按钮。

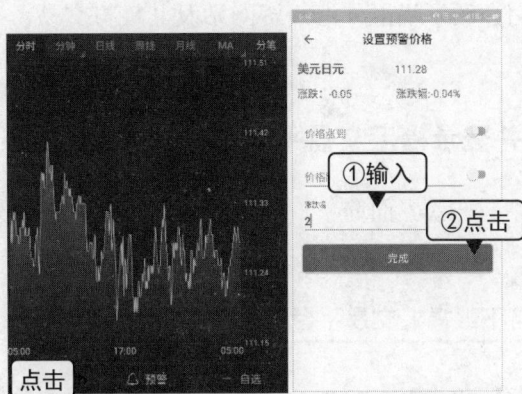

第67项 人民币兑换计算器

在手机版易汇通软件上，还有外币兑换计算器，可实时更新汇率，帮助您随时随地完成人民币兑换的计算工作。

应用示例——如何使用手机外汇计算器

Step01 进入手机易汇通首页，点击"汇率换算"按钮，如左下图所示。在新打开的页面中会看到以100为单位的外币能兑换多少人民币，如中图所示。如要进行计算更多数据，可点击要查询的外币选项。

Step02 在新打开的页面中输入外币数额，在计算的"人民币"文本框中会自动显示等值的人民币数额。

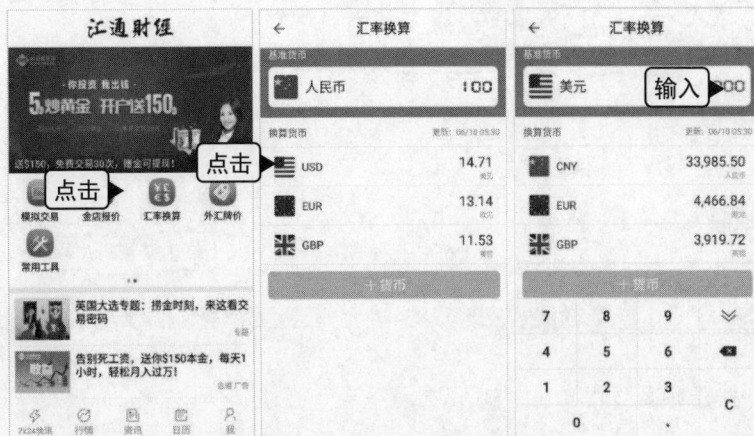

三、投资机构交易软件

在上一章中，我们介绍了福汇外汇投资网站及其模拟交易，下面我们就来看看它旗下的外汇投资软件。

第68项　如何下载并登录福汇交易平台

福汇外汇交易软件是一款界面简单、操作流畅、委托及时的外汇投资软件，其下载方法如下。

应用示例——如何下载福汇交易平台

Step01 进入福汇投资平台首页，在页面上方单击"产品"选项卡进入下一页面，在新页面中单击"交易平台Ⅱ"超链接。

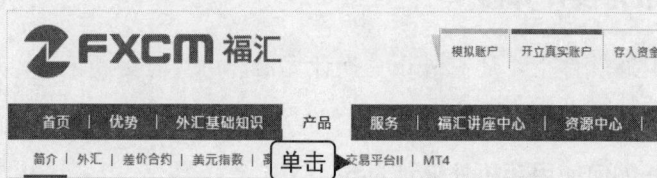

Step02 在新打开的页面中单击"桌面版"导航按钮，单击"了解详情"按钮。

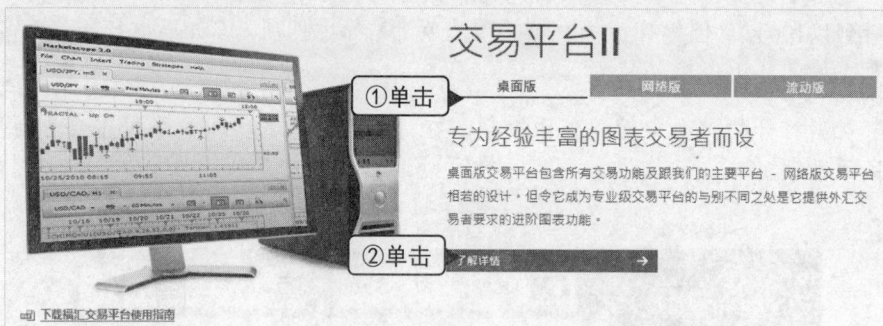

Step03 进入桌面版下载页面，在右上角单击"下载软件"超链接。

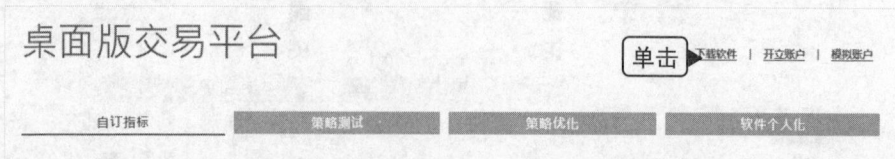

Step04 在新打开的页面中单击"下载交易平台"按钮。

Step05 下载安装完成后，桌面会显示如下左图所示的快捷方式图标。打开该软件，在登入对话框中输入福汇账号与密码，单击"登入"按钮。

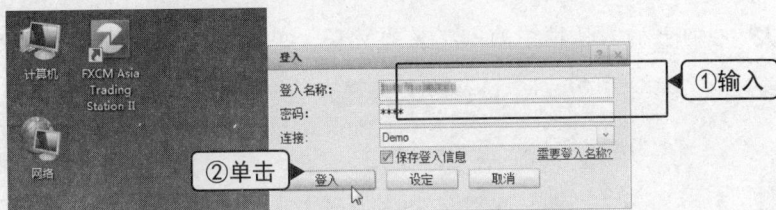

Step06 登录成功后进入交易软件，会看到和福汇模拟炒汇软件类似的界面，包括买卖工具栏、报价视窗、账户信息等，整体比网页版模拟操作更专业。

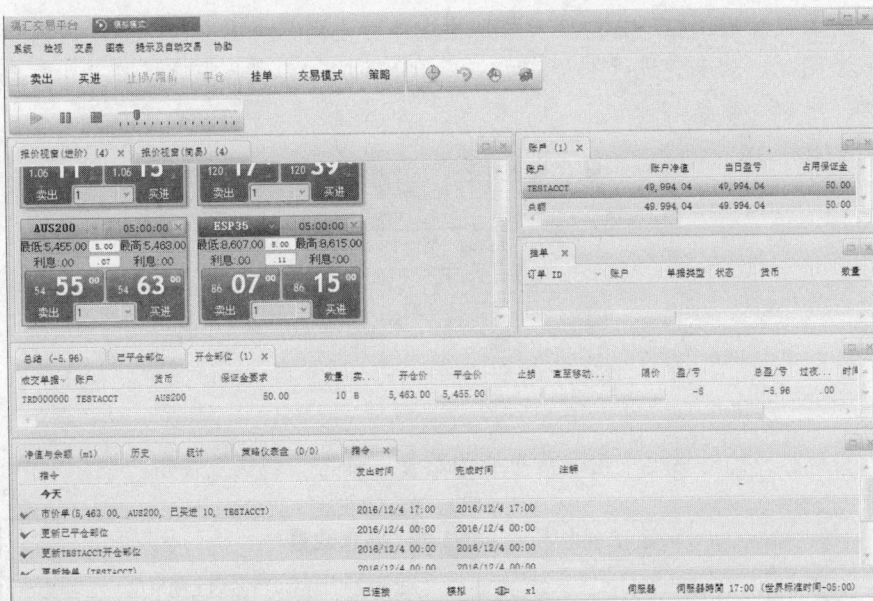

第69项 外汇投资开仓、平仓

下面，我们就来看看如何在投资机构的软件商进行开仓与平仓操作。

应用示例——如何在福汇平台上交易

Step01 进入登录后的福汇投资软件，在报价视窗中选择要交易的外汇，单击"卖出"或"买进"按钮。

Step02 在打开的对话框中输入交易的数量，单击"确认"按钮。

Step03 交易成功后，在下方的账户信息栏中即可看到已经成交的头寸。内容包括交易信息与收益情况，如果要进行平仓，则在"开仓部位"选项卡中选择要平仓的合约，右击并选择"平仓"命令。

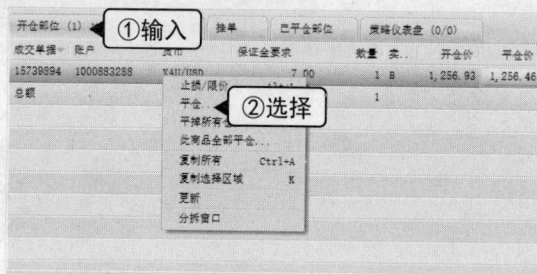

Step04 在新打开的对话框中输入要平仓的数量，单击"确认"按钮。

平仓数量

在平仓时，可以将合约全部平仓，也可以选择部分平仓。

Step05 平仓之后，单击下方的"已平仓部位"选项卡，即可看到该笔合约最终的损益以及投资账户的总的损益情况。

四、专业外汇交易软件——MT4

在外汇投资中，还有一种非常专业且有效的投资软件，它具有强大的图形分析功能，并且能够精准地完成交易，这就是 MT4 软件。如今，MT4 软件已经是全球外汇交易商采用最多的、最稳定的、最好用的软件之一。

在使用上，MT4 软件是由 MetaQuotes Software Corp 公司开发的，该公司与各大投资机构开展合作，提供软件供投资者下载。

第70项 下载安装福汇 MT4 平台

下载安装福汇 MT4 软件的方法和安装福汇投资平台类似，具体操作如下。

📈 应用示例——下载安装福汇 MT4 软件

Step01 进入福汇外汇投资平台首页，在页面上方的菜单栏中单击"产品"选项卡下的"MT4"超链接。

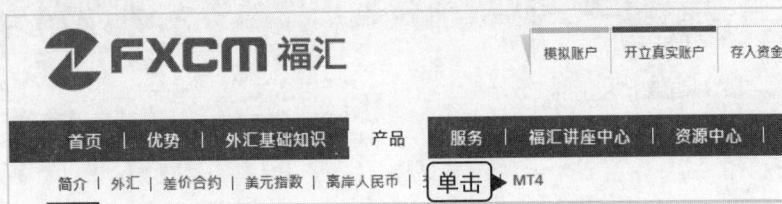

Step02 进入MT4软件页面，详细了解福汇MT4的特点，单击"了解详情"按钮。

Step03 在浏览器下发弹出的对话框中单击"保存"按钮,下载并安装完成后,就会在计算机桌面看到如下右图所示的快捷方式图标。

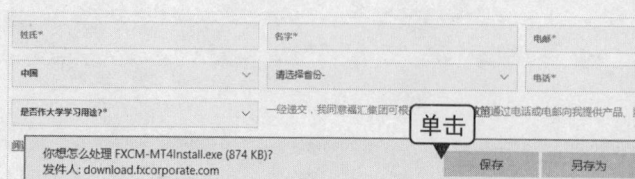

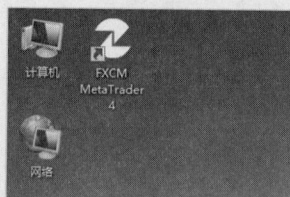

Step04 打开福汇MT4软件,关闭打开的服务器选择对话框,即会看到如下图所示的页面。内容包括交易菜单栏、图形工具栏、图标栏、市场报价栏、账户信息栏以及汇市资讯栏。

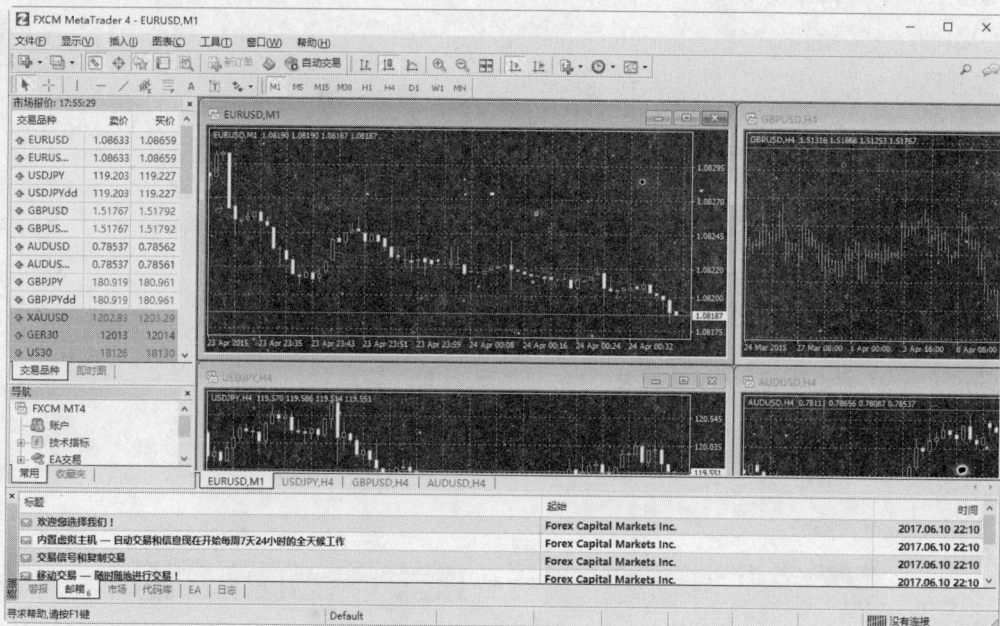

第71项 登录 MT4 并查看行情

MT4 软件和投资机构交易软件最大的不同就是它拥有丰富的分析工具。下面我们就来看看其具体如何使用。

📉 应用示例——在福汇 MT4 软件上看外汇行情

Step01 进入福汇外汇投资平台首页,单击左上角的"文件"菜单项,在打开的下拉菜单中选择"登录到交易账户"命令。

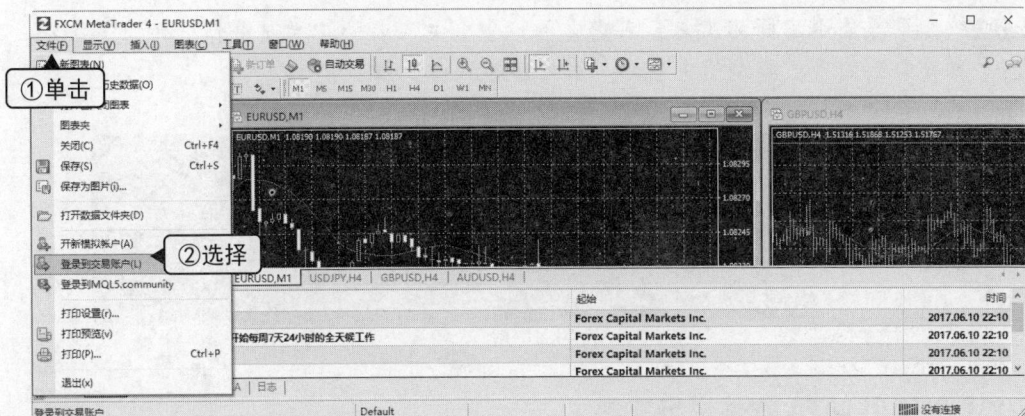

Step02 在打开的对话框中输入账号密码，单击"登录"按钮，此时在MT4软件的右下角会看到登录状态由"没有连接"变为了所显示的网络传输速度。

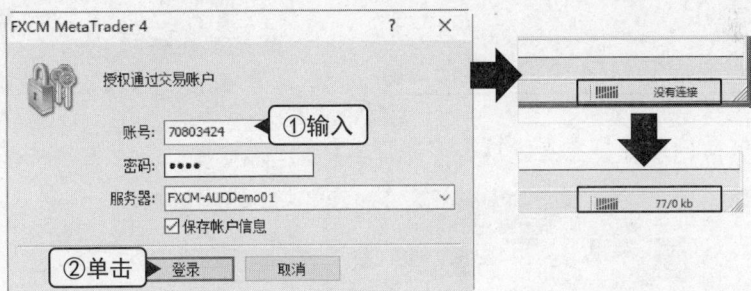

Step03 在MT4软件中可以直接查看图形，如果没有显示要查看的外汇，则在左侧的"交易品种"栏中右击一种外汇产品，在弹出的快捷菜单中选择"图表窗口"命令。

Step04 此时就会显示要查看的外汇产品的大图，在图中按住鼠标左键，左右拖动鼠标，可移动图形显示的位置。

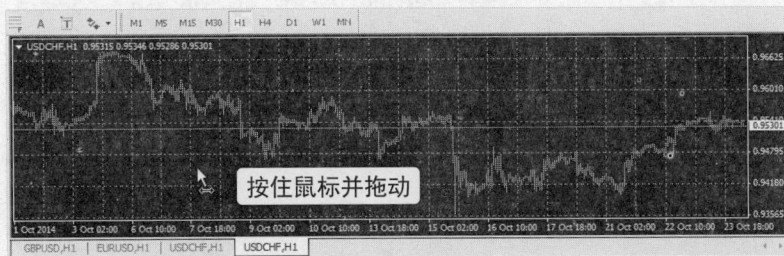

Step05 如果要使用不同的工具，只需在图形上方的工具栏中单击任何一种工具按钮，在图中直接绘制即可，绘制的方法和行情分析软件中一样。

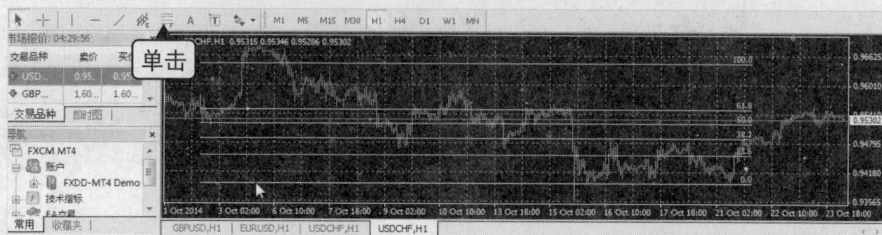

第72项　使用 MT4 软件进行交易

我们知道 MT4 软件最主要的功能就是实现快速交易，下面我们就来了解如何在 MT4 软件上买卖外汇。

应用示例——在福汇 MT4 软件上建仓交易

Step01 进入福汇MT4软件，在上方单击"新订单"按钮。

Step02 在打开的对话框中设置交易品种、交易手数、成交方式，单击"卖"或"买"按钮进行开仓。

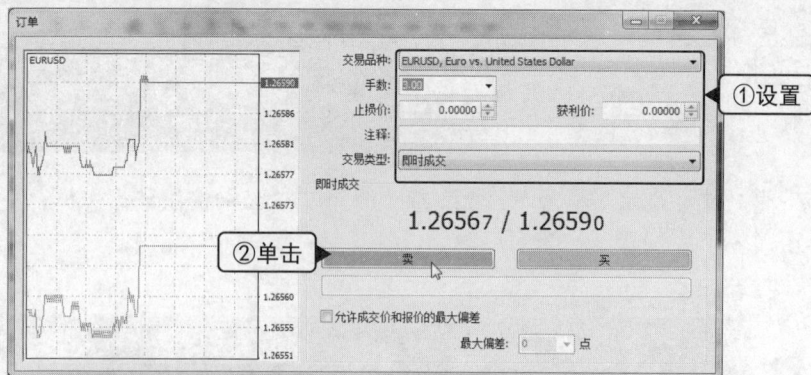

Step03 在新打开的对话框中确定开仓信息，单击"OK"按钮

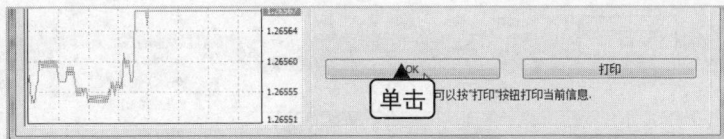

Step04 完成下单之后，在下方的"订单"栏中就可以看到最新的交易合约信息，内容包括数量、类型、损益情况等。如果要进行止损设置，则在合约选项上右击，在打开的列表中选择"修改或删除订单"命令。

Step05 在打开的对话框中设置止损价格，设置内容包括交易类型、价差、止损价。然后单击"修改"按钮。

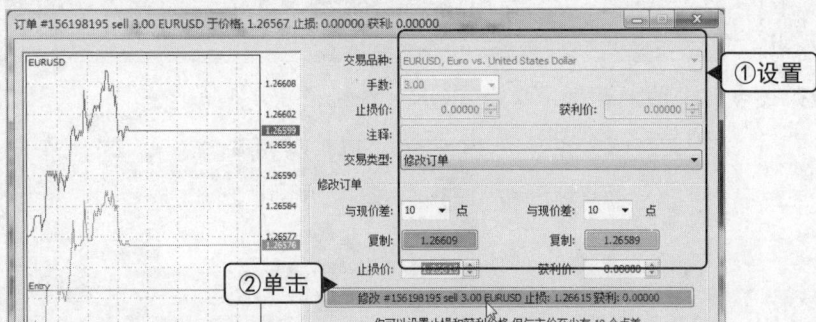

Step06 在新打开的对话框中确定修改信息，单击"OK"按钮即可完成。

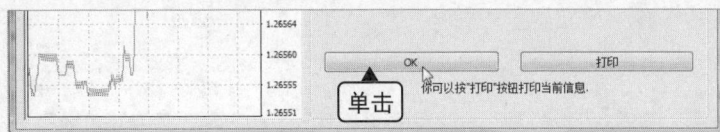

在建仓之后，如果要进行平仓，具体的操作如下。

应用示例——在福汇 MT4 软件上进行平仓交易

Step01 要对已经建仓的合约进行平仓，则在"订单"栏中选择合约选项上并右击，选择"平仓"命令。

Step02 在打开的对话框中设置平仓交易参数，完成后单击"平仓"按钮（和在交易平台上一样，平仓可全部平仓也可以部分平仓）。

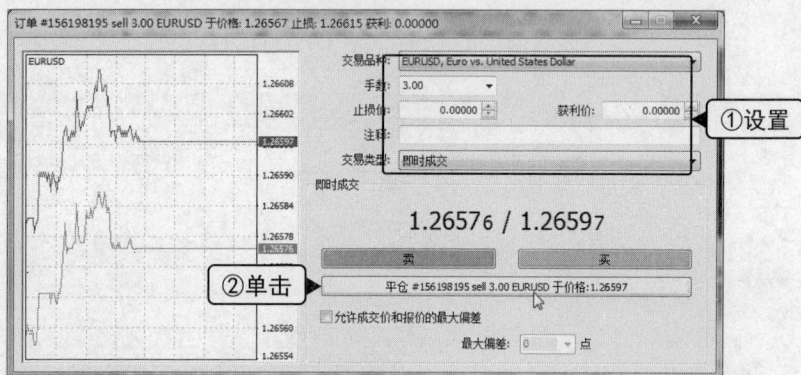

Step03 在新打开的对话框中单击"OK"按钮，确定平仓信息。

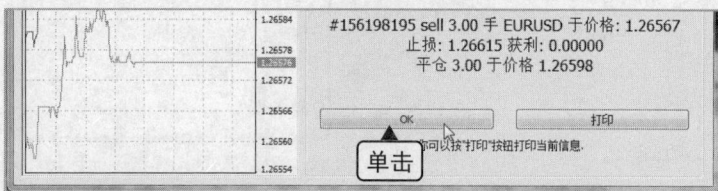

Step04 平仓后，在MT4软件下方选择"账户历史"选项卡，可查看总投资账户的交易情况与投资损益。

什么是EA交易

在MT4交易软件中，有一种EA交易，这是什么交易模式呢？

所谓EA交易，就是将投资者的外汇交易策略用特殊的编程语言编写成一个电脑软件程序，让软件24小时自动进行外汇的买卖与交易。这个过程完全有个人的资金量与风险偏好决定，能自动、快速、多量地完成交易。

第6章

各大银行的外汇投资业务

通过前面两章的学习,我们认识了银行网上银行与投资机构投资外汇的基础操作。而就银行来说,各家银行的服务有所不同,那么国内投资者要在银行买卖外汇应该如何选择呢? 在本章中,将对其进行讲解。

◇ 中国银行外汇业务——外汇宝
◇ 农业银行外汇业务——外汇宝
◇ 建设银行外汇业务

◇ 招商银行外汇业务——外汇通
◇ 广东发展银行外汇业务——新外汇宝

一、国有银行的外汇投资业务

四大国有银行是我国最大最传统的银行。传统的四大国有银行是中国工商银行、中国银行、中国农业银行与中国建设银行。这四家银行分别都有各自的外汇投资业务，下面我们就详细来认识它们。

第73项　中国银行外汇业务——外汇宝

中国银行作为国有四大银行之一，在对外业务特别是外汇业务上占有较高的市场份额，人们进行外币兑换等金融活动一般都会在中国银行进行。

中国银行的外汇业务被称为外汇宝，是中国银行个人实盘外汇买卖业务的简称。它指在中国银行开立本外币活期一本通存折且持有外币现钞（汇）的客户，可以按照中行报出的买入/卖出价格，将某种外币（汇）的存款换成另一种外币（汇）的存款。中国银行的外汇宝业务有如下所示的交易要点。

◆ **交易渠道**：要投资中国银行外汇宝业务的渠道有很多，其中包括柜台交易、电话交易、自助终端和中国银行网上银行。

◆ **交易方式**：中国银行外汇宝有即时买卖和挂单委托两种方式，同时实行"T+0"模式，可随时进出场。

◆ **交易时间**：星期一早8点至星期六凌晨3点为交易时间（每日凌晨3点至4点除外）。

◆ **交易币种**：中国银行外汇宝所支持的币种比较多，目前有美元、欧元、英镑、澳元、港币、瑞士法郎、日元、加拿大元、新加坡元，都可做直接盘交易与交叉盘交易。

◆ **投资门槛**：中国银行设定的外汇宝交易门槛也比较低，只需100美元或等值外币即可进行交易。

◆ **交易方向**：中国银行的外汇宝业务实行双向交易，可买入开仓也可以卖出开仓，价格涨跌都有机会获利。

除了外汇宝之外，中国银行的个人外汇业务也非常丰富。图6-1所示业务每日均可以在中国银行柜台或网上银行办理。

个人购汇、结汇	境外汇入汇款	预结汇汇款
外币兑换	汇出境外汇款	外汇投资理财业务
代客境外理财	光票托收	个人旅行、留学服务

图 6-1　中国银行外汇业务

　　下面，我们就以查看外汇牌价为例，来看看如何在中国银行网上进行查看外汇牌价的操作。

应用示例——在中国银行查看外汇牌价

Step01 进入中国银行网上银行首页（http://www.boc.cn/），在导航栏中单击"金融市场"超链接。

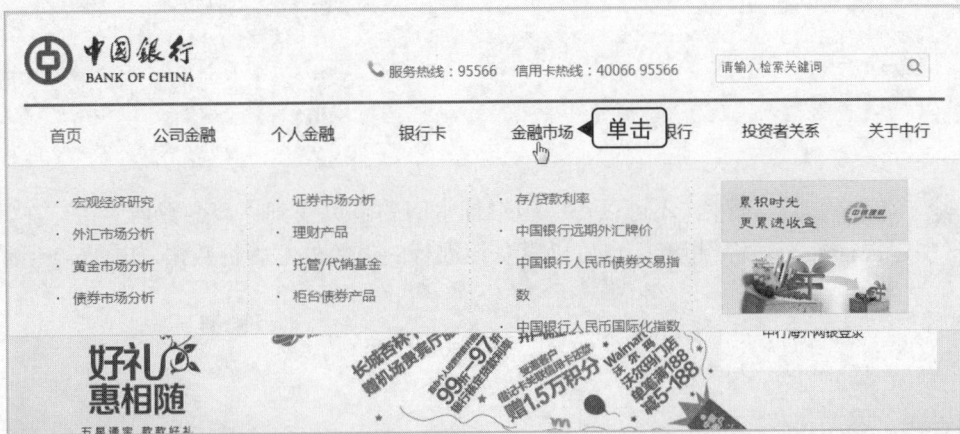

Step02 在新打开的页面中可以在右侧看到一些外汇牌价，要想查看更多更详细的外汇牌价，单击"外汇牌价"超链接。

Step03 在新打开的页面中就可以看到当时最新的外汇牌价了。

中国银行外汇牌价

打印

起始时间：　　　　结束时间：　　　　牌价选择：选择货币 ▾ 🔍

货币名称	现汇买入价	现钞买入价	现汇卖出价	现钞卖出价	中行折算价	发布日期	发布时间
阿联酋迪拉姆		178.56		191.52	184.88	2017-07-04	15:05:48
澳大利亚元	516.16	500.09	519.78	519.78	520.43	2017-07-04	15:05:48
巴西里亚尔		197.64		216.16	205.98	2017-07-04	15:05:48
加拿大元	522.17	505.65	525.84	526.1	522.55	2017-07-04	15:05:48
瑞士法郎	703.49	681.78	708.43	710.2	705.08	2017-07-04	15:05:48

除了如上的方法以外，还可以在中国银行官网的首页找到"金融数据"栏，在其中单击"中国银行外汇牌价"超链接也可以查看该银行的最新外汇牌价数据，如图 6-2 所示。

金融市场分析

◉▤ 【2017年三季度】中国银行经济金融展望报告

外汇市场分析
· 汇市观潮2017年07月04日
· 汇市日评2017年07月04日
· 汇市观潮2017年07月03日
· 汇市日评2017年06月30日

债券市场分析
· 债市参考2017年07月04日
· 债市参考2017年07月03日

黄金市场分析
· 20170704—美元回升配合国债收益率攀升 黄...
· 20170703—各大央行鹰声阵阵 黄金吸引力不...
· 20170630—三大央行收紧货币政策态度明朗 ...
· 20170629—美元贬多重打击大幅走软 黄金间...

证券市场分析
· 港股通每日报告20170704
· 港股通每日报告20170703

金融数据

⊡ 中国银行外汇牌价
　　　　中国银行外汇牌价
· 中国银行海外分行外汇牌价
· 中国银行远期外汇牌价
· 存/贷款利率
· 中国银行人民币债券交易指数
· 代销基金净值
· 券商产品净值
· 理财产品净值
· 中国银行人民币国际化指数
· 境内外债券投融资比较指数

图 6-2　通过"金融数据"栏查看外汇牌价

第74项　农业银行外汇业务——外汇宝

农业银行的外汇投资业务同样被称为外汇宝，指个人投资者以其持有的农业银行借记卡或存折内的活期外汇储蓄存款余额，在规定的交易时间内，通过农业银行指定的营业机构柜面或提供的其他交易途径，按公布的外汇宝交易报价，把一种外汇币种买卖成另一种外汇币种的业务。

农业银行的外汇宝业务，目前主要有图 6-3 所示的 3 个交易特点。

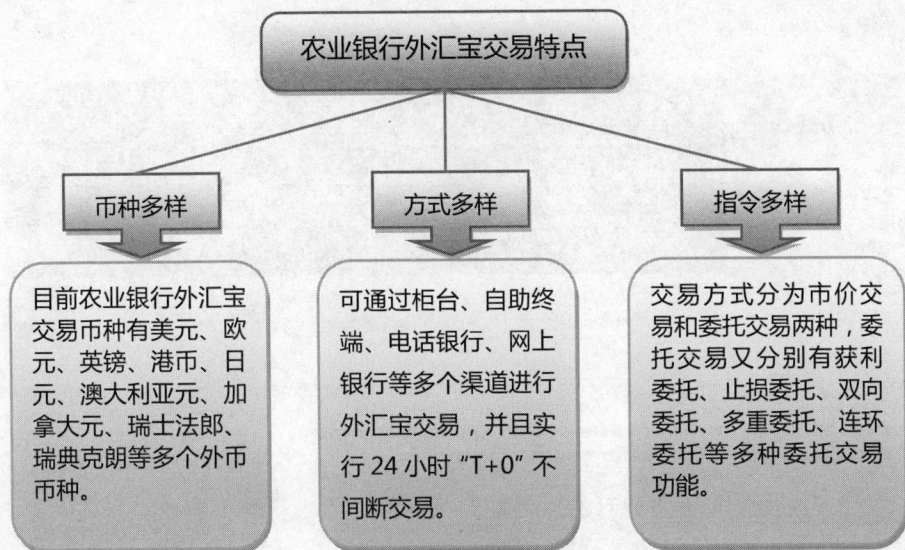

图 6-3 农业银行外汇宝交易特点

与其他的银行一样，农业银行除了外汇宝与结售汇等外汇服务之外，也有自己的外汇挂牌牌价。下面就来看看如何在农业银行网上银行查看外汇牌价。

应用示例——在农业银行查看外汇牌价

Step01 进入中国农业银行网上银行首页（http://www.abchina.com/cn/），在上方的菜单栏中单击"个人服务"导航菜单。在打开的页面中单击"外汇"超链接。

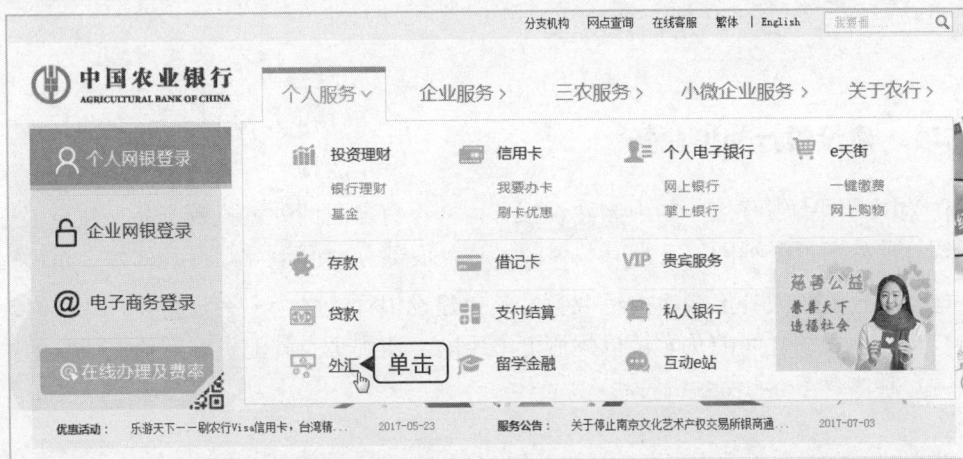

Step02 进入农业银行外汇投资页面，在左侧的"外汇工具箱"栏中单击"外汇行情"超链接。

Step03 在打开的操作界面中即可在左侧看到最新的农业银行外汇牌价。

第75项 建设银行外汇业务

作为国有四大银行之一的中国建设银行，同样有自己的外汇投资产品。建设银行和其他银行的外汇投资不同，它没有具体的名称，而部分地区银行则将其称为"乐汇宝"。

建设银行的个人外汇买卖投资业务，是指建设银行接受个人客户委托，为其办理两种可自由兑换货币之间的买卖，以规避汇率风险，达到个人外汇资产保值增值目的的一种业务。具体有图6-4所示的特点。

1 交易币种	建设银行的外汇买卖业务支持的币种比较多，有美元、日元、港币、英镑、欧元、瑞士法郎、加拿大元、澳大利亚元、新加坡元、瑞典克朗、丹麦克朗和挪威克朗等。
2 交易指令	投资者可选择实时交易或委托交易两种形式，挂单成交时，如某一时刻建设银行的牌价符合挂单成交条件，则成交，否则该笔挂单在客户指定的挂单有效时间内或周末交易结束时自动失效。
3 交易时间	建设银行的外汇交易比较分散，柜台、自助终端交易时间为周一至周五 9：00～18：00。电话交易、网上交易、手机交易时间为周一早 7：00 至周六凌晨 4：00。
4 投资渠道	只要是在建设银行开立了外汇存款账户的居民个人，经审核同意，即可根据建设银行公布的外汇牌价，通过建设银行营业前台、电话银行或网上银行、自助终端、手机银行进行两种外汇之间的实盘买卖。
5 投资方式	在建设银行投资外汇，需要区分不同地区的银行，目前福建、江苏等10 多个省市都有自己专用的建设银行外汇投资平台。在该平台上，实行 24 小时"T+0"双向交易。

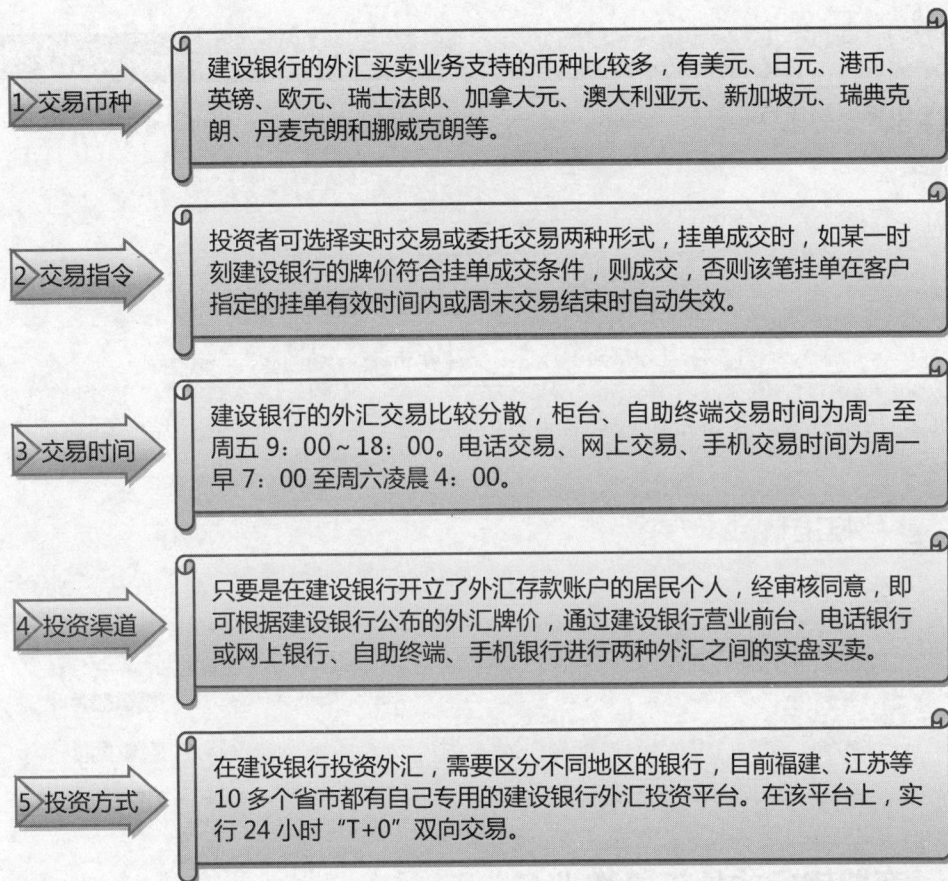

图 6-4 建设银行外汇交易特点

建设银行外汇期权投资

建设银行的外汇期权投资服务是比较成熟的投资项目，有用欧元兑美元、美元兑日元、英镑兑美元、澳大利亚元兑美元、美元兑加拿大元、美元兑瑞士法郎等外币的期权投资。同时在期限选择上也比较灵活，有2周、1个月、2个月、3个月几种。

和前面一样，除了投资之外，我们再来看看如何在建设银行网上银行查看外汇牌价。

应用示例——在建设银行查看外汇牌价

Step01 进入中国建设银行网上银行首页（http://www.ccb.com/cn），直接在首页下方的"外汇投资"栏中单击"外汇行情"超链接。

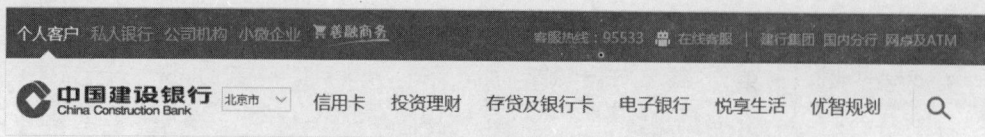

Step02 在新打开的页面中即可看到最新的建设银行外汇牌价，包括结售汇参考牌价、外汇买卖参考牌价。

二、商业银行的外汇投资业务

随着我国银行业的发展，越来越多的商业银行开始发展壮大。那么这些银行都有哪些外汇投资业务呢。

第76项 招商银行外汇业务——外汇通

招商银行是我国商业银行中外汇业务发展比较领先的，旗下发展的外汇通业务，即个人实盘外汇买卖业务，是指个人客户委托招商银行把一种可自由兑换的外币兑换成另一种可自由兑换的外币，招商银行在接受客户委托后，即参照国际金融市场行情制定相应汇率予以办理。

招商银行提供交易的外币有很多,包括港币 HKD、新西兰元 NZD、澳大利亚元 AUD 、美元 USD、欧元 EUR、加拿大元 CAD、英镑 GBP、日元 JPY、新加坡元 SGD、瑞士法郎 CHF 等。

而在交易上，招商银行外汇通有图 6-5 所示的要点。

投资收益

外汇通帮助投资者拓宽个人外币投资渠道；获取国际金融市场变动而带来的汇差收益，并且从中获取不同币种不同利率而带来的利差收益。

起点金额

起点金额为日元 1 000 元，港币 78 元，美元等其他币种均为 10 元。单笔卖出委托金额上限为日元 4 000 万元，港币 400 万元，美元等其他币种均为 50 万元。

交易时间

招商银行外汇通业务的交易时间从北京时间周一早晨 8：00 至周六 5：00 点，实行24 小时交易。

交易指令

招商银行提供即时委托、挂盘委托、止损委托、二选一委托、追加委托、撤单委托共6 种委托指令。

价格优惠

招商银行对每一种汇率组合均可提供基本价、优惠价、大额价、贵宾价和至尊价五档报价。不同的投资金额与组合享受不同的优惠档次。

图 6-5　招商银行外汇交易要点

第77项　广东发展银行外汇业务——新外汇宝

广东发展银行是地方性的商业银行，在国内有很强的发展势头。它将传统的银行外汇宝投资业务整理创新，形成了新外汇宝。

所谓新外汇宝，就是广东发展银行的个人实盘外汇买卖，是指客户在银行开立账户，通过银行电子化服务系统，将一种外币买卖成另一种外币的业务。个人实盘外币买卖客户只能在账户余额内按实际款项进行买卖。

在产品特点上，新外汇宝有图 6-6 所示的交易特点。

1 钞汇同价	广发新外汇宝账户，各种交易品种一户通用，转入资金后即可交易，并享受钞汇同价。
2 起点金额	交易起点金额为 100 日元、100 港币，其他币种交易无起点金额限制，不收取任何额外费用或手续费。
3 优惠服务	如果投资者的单笔交易量达到一定金额，则可享受不同档次的优惠报价服务，价格更具竞争力。
4 投资方式	起息日采取 "T+0" 方式，即可以把当天买入（卖出）的货币当天卖出（买入），不限交易次数。
5 交易币种	交易币种齐全，包括美元、港币、日元、欧元、英镑、澳大利亚元、加拿大元、瑞士法郎。
6 交易渠道	全面支持电话交易、网上交易、自助交易和柜台交易，保证投资者可 24 小时进行网上与电话交易。

图 6-6　广东发展银行外汇交易特点

如何投资广东发展银行新外汇宝

　　投资者要投资新外汇宝，只需到银行柜台签订相关协议，银行会发给投资者印有客户号的外汇宝业务客户证，并在该客户号下自动开通外汇宝保证金户和外汇债券托管专户，并办理约定转账账户，完成后即可开始投资新外汇宝了。

第7章

外汇的基本面分析

在认识完外汇的投资理论、交易方式之后，想要进一步走进汇市成为外汇投资高手，就要学会对价格的走势进行分析，而分析的第一步，就是从基本面的角度来预判汇市。

- ◇ 基本面分析的内容
- ◇ 基本面分析的优势与弊端
- ◇ 基本面分析的流程
- ◇ 基本面分析要点
- ◇ GDP 对外汇价格的影响

- ◇ 通货膨胀对外汇价格的影响
- ◇ 利率对外汇价格的影响
- ◇ 黄金储备对外汇价格的影响
- ◇ 经济周期对外汇价格的影响
- ◇ 其他影响外汇价格的因素

一、认识什么是基本面

外汇的价格变化是受多种因素影响的，这其中类似国家经济发展水平、国际对外政策等都是直接改变外汇价格的条件。因此我们要投资外汇，就需要学会分析这些内容并预判汇市的走势。

第78项　基本面分析的内容

所谓基本面，简单说就是影响产品价格的因素。它一般有两层意思。

从广义上来讲，基本面是指对宏观经济、行业和公司基本情况的分析，包括公司经营理念策略、公司报表等，它包括宏观经济运行态势和上市公司基本情况。

而从投资理财角度来说，基本面就是从国家经济数据、经济政策、其他市场、客观条件等多方面来分析所投资的产品。

就外汇投资来说，外汇投资有图 7-1 所示的内容。

图 7-1　外汇基本面分析的主要内容

对外汇基本面的分析，就需要从上面的内容出发，然而外汇是国与国之间的投资产品，所以我们经常用到的基本面分析包括宏观经济指标、资本市场以及政治因素的研究以及国内政治经济形式的研究。

第79项　基本面分析的优势

我们知道基本面的内容是影响外汇价格的重要因素，那么分析基本面会为外汇投资带来什么好处呢，具体如图 7-2 所示。

预判行情

通过对基本面的分析，可以预判未来经济环境的走势，从而确定外汇价格未来的涨跌。

下单时机

通过对基本面内容的分析与研究，可以有效地掌握外汇的进场、出场时机，以准确实现盈利。

稳定心里

对基本面的分析，可以让投资者更加稳定投资心理，从宏观的角度面对投资中的价格涨跌。

外汇选择

对基本面的分析，我们可以了解各国之间的贸易情况等内容，从而判断当前适合投资哪种外汇。

避免受骗

要避免上当受骗，主要体现在对外汇市场不同资讯的分析能力上，以免因为盲目跟风而造成损失。

投资分析

系统的基本面分析，可以帮助投资者更加全面地把握外汇投资市场的变化，从而做出相应的变动。

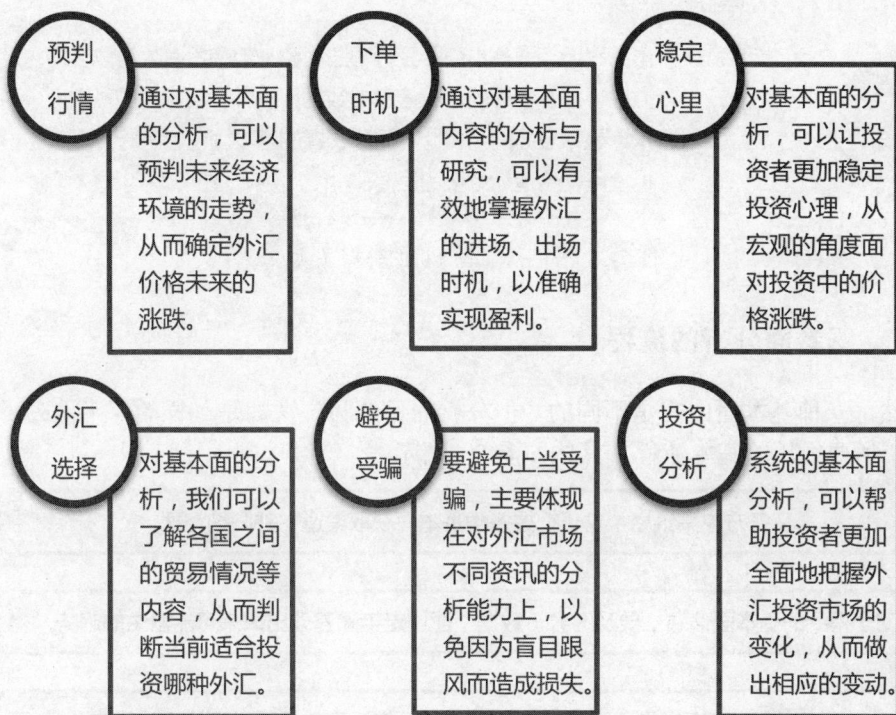

图 7-2 外汇基本面分析的好处

第80项 基本面分析的弊端

有优势自然也有劣势，在分析基本面的时候，一定要注意图 7-3 所示的基本面弊端，否则将很容易造成错误的判断。

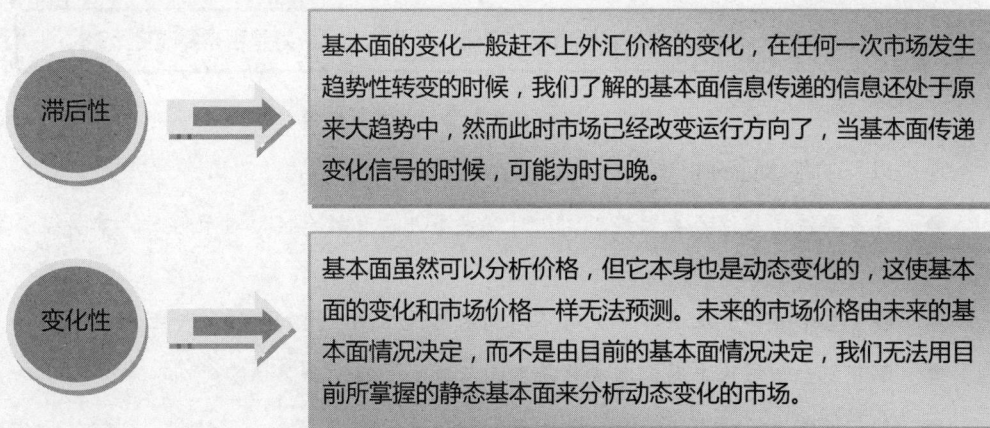

滞后性

基本面的变化一般赶不上外汇价格的变化，在任何一次市场发生趋势性转变的时候，我们了解的基本面信息传递的信息还处于原来大趋势中，然而此时市场已经改变运行方向了，当基本面传递变化信号的时候，可能为时已晚。

变化性

基本面虽然可以分析价格，但它本身也是动态变化的，这使基本面的变化和市场价格一样无法预测。未来的市场价格由未来的基本面情况决定，而不是由目前的基本面情况决定，我们无法用目前所掌握的静态基本面来分析动态变化的市场。

图 7-3 外汇基本面分析的弊端

片面性

虽然我们知道基本面要分析哪些内容，但是没有人可以全面、及时地掌握基本面的所有信息与数据。投资者所掌握的基本面资料永远是不全面的，因此，用所掌握的基本面内容进行外汇价格分析，可能会造成结果的偏离。

图 7-3　外汇基本面分析的弊端（续）

第81项　基本面分析的流程

虽然每一种基本面内容是不同的，但分析的目的与方法却是一样的。下面列举了基本面分析所要经历的基本流程，具体如图 7-4 所示。

从各方收集讯息，善于把握各类基本面获取渠道，并归纳整理。

对于得到的基本面信息，要及时分析数据，通过走势图整理出未来可能发生的趋势。

将得出的趋势应用到外汇价格中，利用基本面与汇率的关系找到价格的趋势。

将基本面结合汇率价格的 K 线图，找到未来的持续趋势或转折点，判断买卖时机。

制定出最佳的交易策略，使得该策略符合未来基本面的情况。

在投资过程中，遇到任何基本面情况的变化，都要从全局统筹是否需要改变策略。

图 7-4　外汇基本面分析的基本步骤

使用以上的基本面分析步骤，最好注意如下的一些细节。

◆　日常要注意关注各类财经新闻，对突发事件要有敏感性，对节假日、重要经济数据的发布要格外留意。

◆　善于总结并举一反三，学会将不同的基本面信息应用到不同的外汇产品中。

◆　不可完全相信基本面，需要将基本面与技术面相结合。

◆　对市场中出现的小道消息，要有辨别与筛选的能力。

第82项 基本面分析要点

面对上一项内容中介绍的流程，我们应该掌握哪些基本面分析中的要点与技巧呢？下面就简单来认识一些。

(1) 需要整理哪些经济信息

前面说到投资外汇必须要掌握非常丰富的信息，那么投资者该从哪些渠道去尽可能多地收集投资信息呢？具体有如下一些渠道。

◆ 世界外汇交易市场及其官方网站所发布的公告、政策、投资资讯。

◆ 外汇经济公司网站向投资者发出的通知、投资软件的基本面分析。

◆ 国家大事、国际政治格局、自然灾害等新闻。

◆ 国家定期发布的经济数据。

◆ 市场上的小道消息。

◆ 投资者的个人心理预期。

(2) 不要只依赖某种基本面

每一种基本面内容都会对外汇的价格产生影响，那么我们应该如何进行决定呢？

◆ 首先，需要结合多种因素进行综合分析，不要只依赖于一种或几种基本面内容。

◆ 其次，当某两种因素发生冲突的时候，需要以对外汇影响更强、市价更近、未来发展更强的因素为基础。

◆ 另外，一旦基本面发生变化，过去得出的结论就应该作废，需重新进行分析。

(3) 结合自身实际投资情况

基本面产生的影响只针对汇率，但对于个人投资而言，如果忽略了个人投资实际情况，可能会造成现实与预期相反的情况。

针对不同情况下如何利用基本面分析外汇，我们可以来看如下的一个小例子。

应用示例——不同基本面情况下的个人外汇投资

2016年以来，人民币由升值到贬值的巨大转变极大提升了我国民众个人外汇投资理财的热情。

但世上没有免费的午餐，外汇投资除了信用风险，投资者还需承担汇率风险，所以个人在外汇投资理财中应高度重视"安全性""流动性""收益性"的综合权衡，避免受高收益诱惑而忽视潜在风险。

我国个人投资者在这方面是有惨痛教训的。次贷危机爆发前，QDII 产品一度在我国大受追捧，大量投资者在海外投资高收益的诱惑下重金投入，但随着次贷危机爆发，QDII 产品几乎全军覆没，收回本金的凤毛麟角，更不要提梦想中的高收益了。

我国多数普通百姓作为外汇市场投资的新手，面对波诡云谲的国际市场，应以保本为先，谨慎投资。在收益高的优质资产越来越少的环境下，选择置业总比攥紧人民币要强得多。因此，在国内楼市限购不断升级的情况下，国人对海外置业的购买热情日趋高涨，而海外置业就更需要使用到外汇了。

二、不同基本面分析外汇价格

在认识了基本面的基础理论之后，下面我们从基本面的每一项内容来详细分析它是如何指导外汇价格的。

第83项　GDP 对外汇价格的影响

GDP 就是人们俗称的国内生产总值，指在一定时期（一个季度/一年）内，一个国家或地区的经济过程中所生产出的全部最终产品和劳务的价值，被公认为衡量国家经济状况的最佳指标。

GDP 的增长虽然不能直接体现一国经济的水平，但当 GDP 增速较快时，该国的国内经济肯定发展更快。

在研究 GDP 对外汇的影响时，首先我们要来搞清楚 GDP 与 GNP 有什么区别。具体如图 7-5 所示。

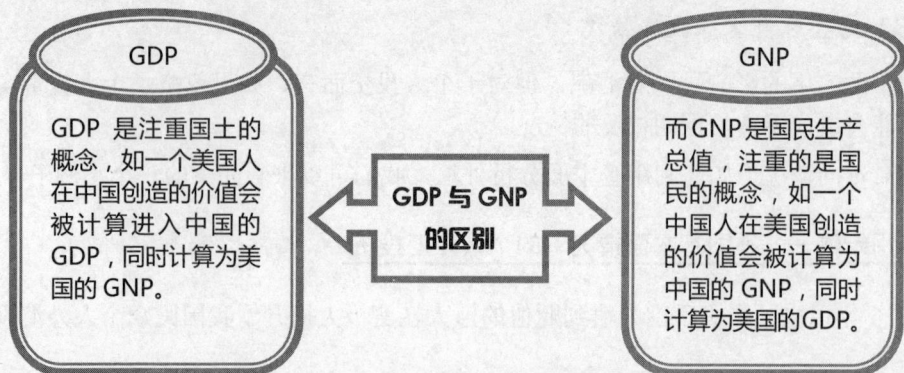

图 7-5　GDP 与 GNP 的区别

GDP 作为判断经济走势的重要指标，对汇率有一定的影响，通常如果只考虑 GDP 因素，当 GDP 的增长速度较快时，那么对该国的货币则有一个利好的作用，该国货币可能面临升值。下面我们来看一个例子。

应用示例——GDP 对外汇价格的影响

Step01 2014—2017年，我国的GDP增速出现了明显的放缓，从2014年的7.3%，到最新2016年减缓到6.7%，说明了我国经济随着体量增大，增速在减缓。

季度	国内生产总值		第一产业		第二产业		第三产业	
	绝对值(亿元)	同比增长	绝对值(亿元)	同比增长	绝对值(亿元)	同比增长	绝对值(亿元)	同比增长
2017年第1季度	180683.00	6.90%	8654.00	3.00%	70005.00	6.40%	102024.00	7.70%
2016年第1-4季度	744127.00	6.70%	63671.00	3.30%	296236.00	6.10%	384221.00	7.80%
2016年第1-3季度	529971.20	6.70%	40665.70	3.50%	209415.30	6.10%	279890.20	7.60%
2016年第1-2季度	340636.80	6.70%	22096.70	3.10%	134250.40	6.10%	184289.60	7.50%
2016年第1季度	160710.20	6.70%	8803.00				90925.00	7.60%
2015年第1-4季度	685505.80	6.90%	60870.50	3.90%	280560.30	6.10%	344075.00	8.30%
2015年第1-3季度	493254.90	7.00%	38349.90	3.80%	202460.00	6.10%	252445.30	8.40%
2015年第1-2季度	317638.90	7.00%	20260.00	3.50%	131167.80	6.10%	166211.20	8.00%
2015年第1季度	149987.70	7.00%	7771.50	3.10%	60394.00	6.30%	81822.20	8.00%
2014年第1-4季度	643974.00	7.30%	58343.50	4.10%	277571.80	7.40%	308058.60	7.80%

我国 GDP 增速明显减缓

Step02 在这样的情况下，作为世界上最大的两个经济体，美国和中国的货币汇率出现了变化，美元兑换人民币的价格逐渐上涨，人民币贬值，美元升值。

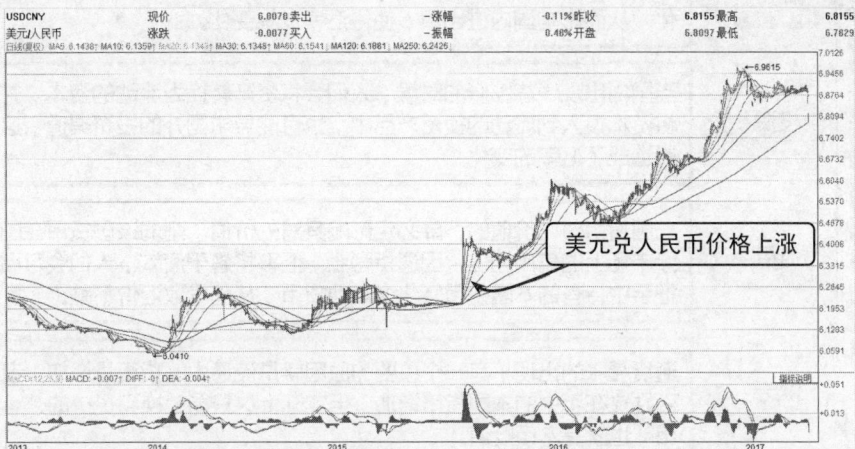

美元兑人民币价格上涨

第84项 通货膨胀对外汇价格的影响

在日常生活中，我们常常听到通货膨胀这个词，通货膨胀的实质就是货币贬值，单位货币的购买力下降，物价水平上涨。它是影响居民生活水平的重要因素。

通货膨胀是经济发展中必定会出现的，一般来说分为图 7-6 所示的 3 个阶段。

图 7-6　通货膨胀的 3 个阶段

在经济学中，人们一般用 CPI 来表示通货膨胀的程度。所谓 CPI，就是居民消费指数，是衡量一个国家或地区居民消费水平的重要指标，通常以百分比的形式出现。

通货紧缩

在经济现象中，有一种和通货膨胀相反的情况，这就是通货紧缩。

通货紧缩是指市场上流通货币减少，单位货币所能购买的商品增多，物价下跌。一般来说，当 CPI 连跌 3 个月时，即表示已出现通货紧缩。

通货膨胀的出现，同样会影响外汇的价格，具体的表现方式如图 7-7 所示。

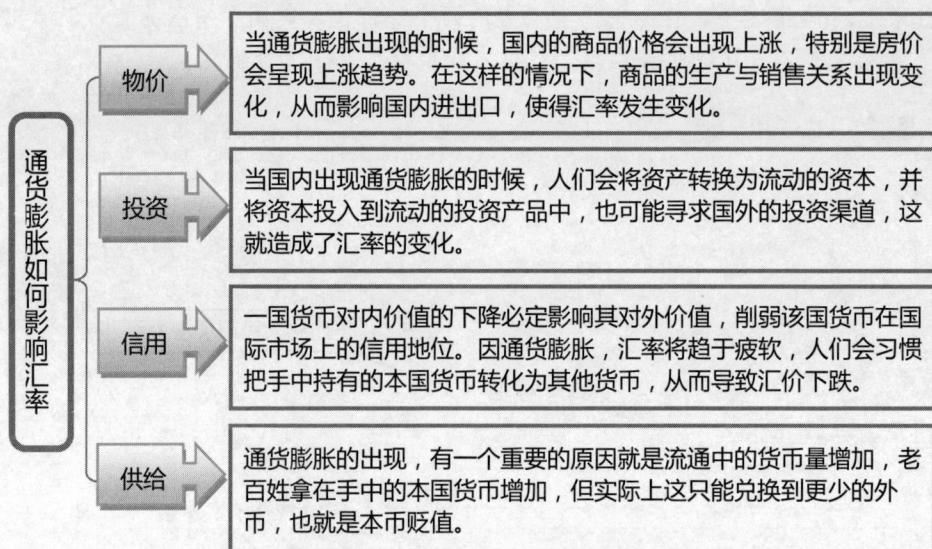

图 7-7　通货膨胀如何影响汇率

下面，我们同样通过一个例子来看看通货膨胀是如何影响汇率的。

应用示例——通货膨胀对外汇价格的影响

Step01 从2016年全年的居民消费价格指数中看出，全年的CPI呈现了较为剧烈的波动，但总体呈现了下降的趋势。

全国居民消费价格涨跌幅

Step02 在2016年全年的美元兑人民币的价格K线图中，其价格整体呈现了上涨趋势，并且因为CPI的变化，有一些微幅的波动。

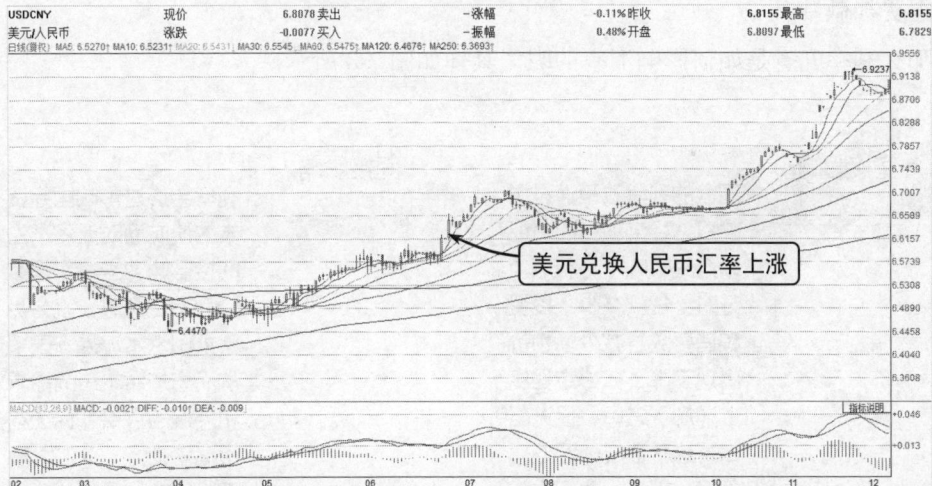

第85项　利率对外汇价格的影响

在各项经济数据中，利率的变化对汇率的影响是比较大的，各个国家的经济发展水平不一样，存贷的利率也不一样，这就造成了汇率的变化。

作为外汇的投资者，或许可以从这种变化中找到一种稳定的获利方式，具体可以来看一个例子。

应用示例——利用不同的利率套利

假设现在有两国货币 A 与 B，如果按照某年的固定的汇率，1A 货币可兑换 2B 货币，也就是汇率 1A=2B。

同时 A 货币国的存贷利率 5%，B 货币国的存贷利率为 10%。在不考虑利率变化，不考虑兑换限制的情况下，我们可以进行无风险套利操作：

1. 贷款 10 000 单位的 A 货币。

2. 将其兑换为 B 货币，得到 20 000B 货币。

3. 将 B 货币存入，最终得到 22 000B 货币。

4. 将 22 000B 货币兑换为 A 货币，得到 11 000A 货币。

5. 按照 A 货币国的贷款利率，支付 A 国本金和利息共计 10 500A 货币，赚 500A 货币。

以上就是一种无风险获利的外汇套利。

但是在实际金融活动中，这种交易是不会成立的，因为各国间的汇率是在不停变化的，各国实行的利率汇率政策一般都是"固定利率、开放汇率"，这让汇率与利率的关系就显得更加微妙。

那么利率究竟是如何影响汇率的呢，具体如图 7-8 所示。

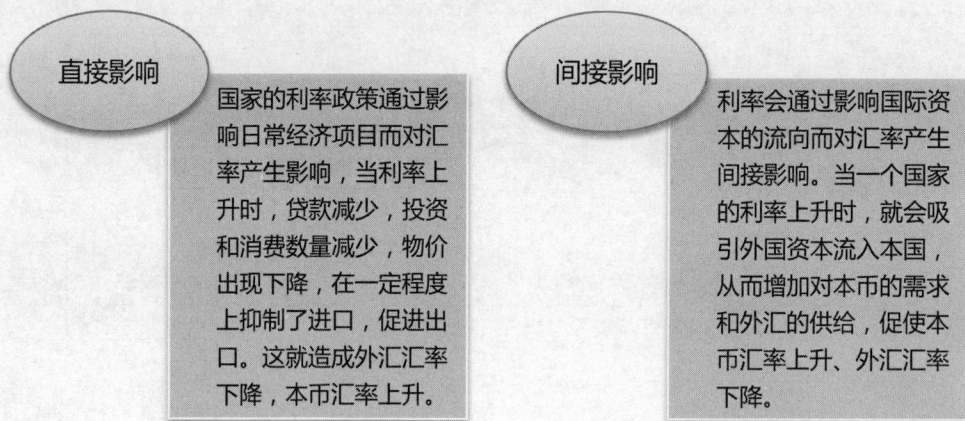

直接影响

国家的利率政策通过影响日常经济项目而对汇率产生影响，当利率上升时，贷款减少，投资和消费数量减少，物价出现下降，在一定程度上抑制了进口，促进出口。这就造成外汇汇率下降，本币汇率上升。

间接影响

利率会通过影响国际资本的流向而对汇率产生间接影响。当一个国家的利率上升时，就会吸引外国资本流入本国，从而增加对本币的需求和外汇的供给，促使本币汇率上升、外汇汇率下降。

图 7-8 利率对汇率的影响

利率对汇率影响的案例具体如下。

应用示例——利率对外汇价格的影响

Step01 2008—2012年，我国的1年期存款利率变动的次数不多，并且总体的变动呈现上涨趋势，进入2012年之后，截至2015年10月23日，央行总计进行了8次降息。

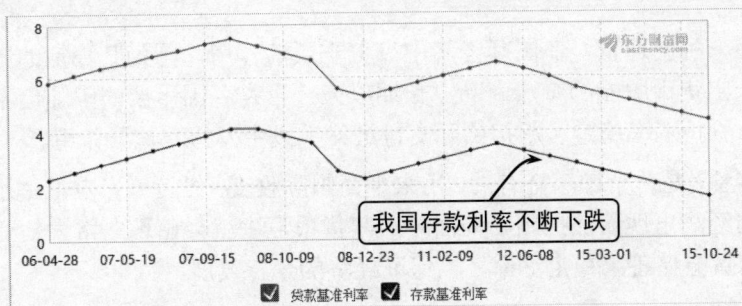

我国存款利率不断下跌

Step02 在2012—2017年的美元指数走势图中，美元指数开始走强，特别是在2014年后，我国经济逐渐增速趋缓，利率不断降低，对外资的吸引力降低，造成美元指数走强。

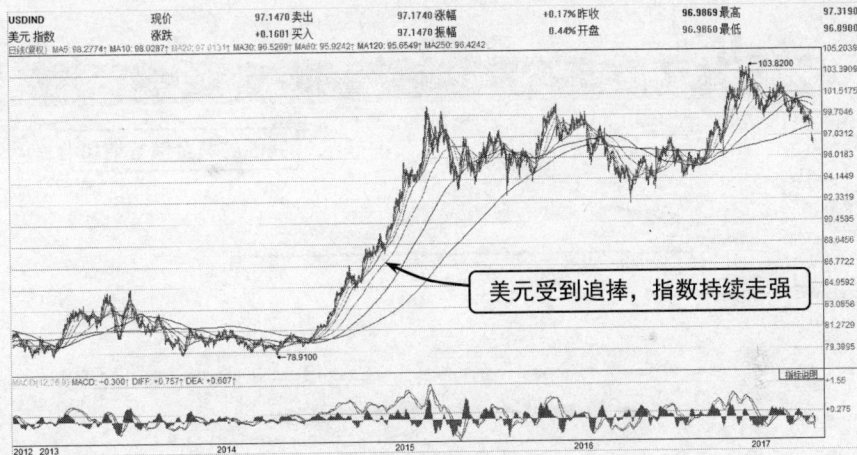

美元受到追捧，指数持续走强

Step03 但是在相同的时间段，日元的外汇牌价却出现了上涨，这说明在我国经济发展迅速的时候，日本经济发展缓慢。

日本经济发展缓慢，日元牌价上涨

第86项　黄金储备对外汇价格的影响

　　黄金作为一种硬通货,在国际经济中有着重要的作用。因为其稳定的内在价值,因此是一种有一定货币职能的特殊商品,长期以来一直是各国重要的国际储备手段,在化解金融危机、维护汇率稳定、承担国际支付最终手段中发挥着重要作用。

　　而黄金储备,是一个国家持有的,用来平衡国际收支,维持或影响汇率水平的工具。当一个国家的经济出现无法控制的局面时,其货币汇率就会出现非常大的变动,此时别的国家就需用黄金储备来稳定汇率,以保证经济的平稳发展。

📉 应用示例——黄金储备对外汇价格的影响

Step01　我国的黄金储备一直维持在一个比较平稳的阶段,只在2015年6~7月出现了一次较大的变动。

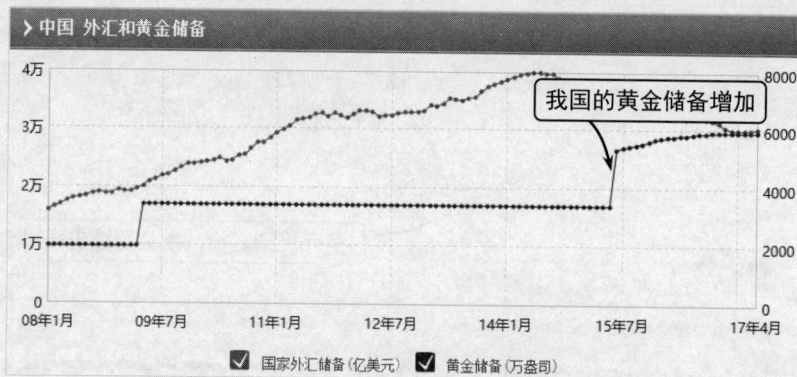

Step02　而2015年正是欧洲传统经济强国在2008年经济危机后的萧条时期,同期的中国经济保持不错的增速,在黄金储备上不断增加,人民币英镑汇率上涨。

另外，黄金储备还会改变一国的汇率制度，从现在自由浮动汇率制度的国家来看，他们的共同点就是拥有充足的黄金储备，黄金储备充分保证了他们的货币在世界范围内的普遍接受性。

第87项　经济周期对外汇价格的影响

无论是世界经济还是一个国家的经济，总是处在一个循环的机制中的，这种循环的规律，正好是我们分析投资产品的工具。

经济周期一般是指经济活动沿着经济发展的总体趋势所经历的有规律的扩张和收缩。人们一般把经济周期分为繁荣、衰退、萧条和复苏四个阶段。

一个经济周期的 4 个阶段如图 7-9 所示。

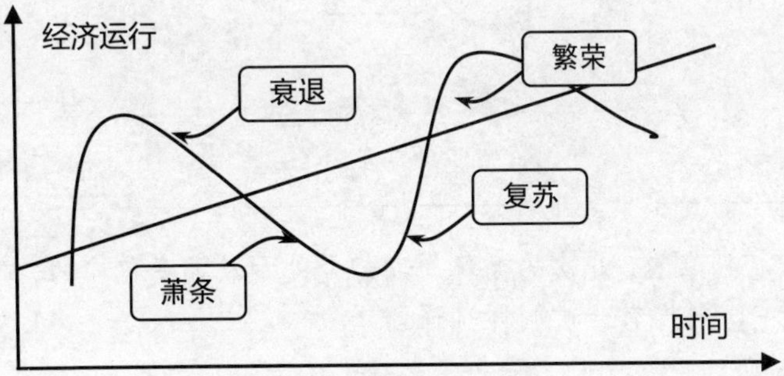

图 7-9　经济周期的 4 个阶段

在上面所示的经济周期的 4 个阶段中，各个阶段的表现如下。

◆ **衰退期**：进入经济衰退期，市场表现开始走弱，人们将资本投入投资市场，本币价值会表现得相当不稳定，呈现下跌趋势。

◆ **萧条期**：当经济进入萧条期，一般来说这是国内经济最困难的时候，居民收入减少，生产力降低。在这期间有可能出现严重的通货膨胀，本国货币严重贬值，政府的货币政策可能不起任何作用。

◆ **复苏期**：一旦经济摆脱低迷开始复苏，此时居民收入开始增加，本国货币的价值开始体现，但在此期间政府对汇率的管控可能比较紧。

◆ **繁荣期**：在国内经济处于繁荣时期时，本国货币在世界上的地位相当突出，外汇也可以自由兑换。

利用经济周期来分析汇率价格，最重要的就是要掌握长短线。下面我们来看一个简单的例子。

应用示例——经济周期如何影响外汇

Step01 在2016年2~9月的美元指数价格K线图中。价格经历了一次下跌→上涨→再下跌→再上涨的过程，可简单将其看作一次运行周期。

Step02 然而从长期来看，此次的循环周期却是处于长期变化中的，在过去的2009—2013年的价格K线图中，同样有一次循环过程。

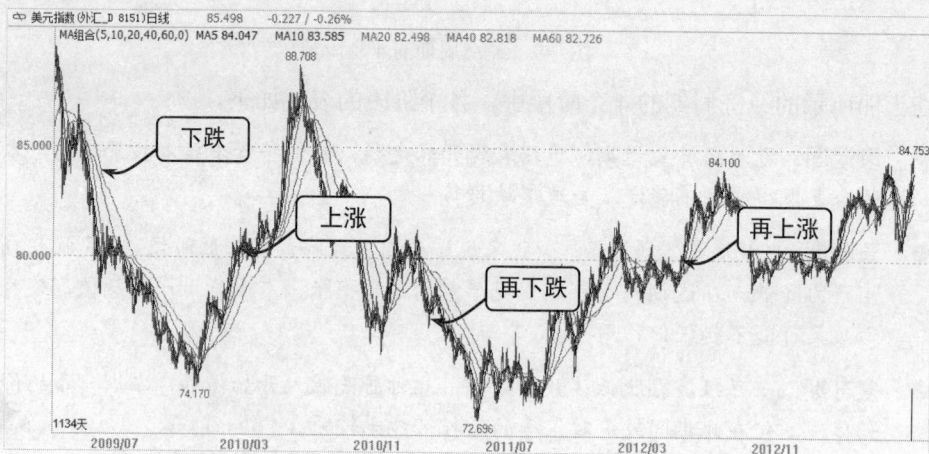

第88项 其他影响外汇价格的因素

除了上面介绍的 GDP、通货膨胀、黄金储备等内容之外，影响外汇价格的因素还有很多。下面我们就来简单认识一些。

(1) 国际局势对外汇的影响

外汇作为一种国与国之间的产品，受到国际局势的影响是非常大的。影响外汇价格的政治因素有图 7-10 所示的几点。

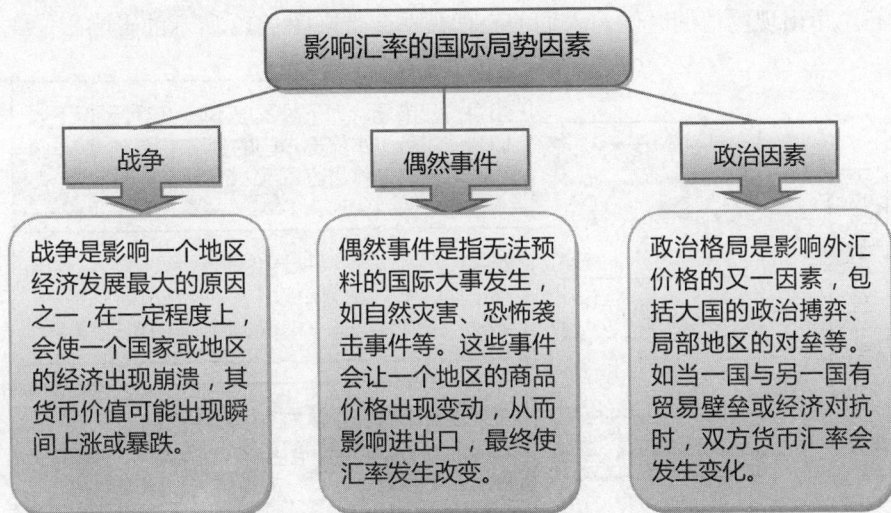

影响汇率的国际局势因素

战争

战争是影响一个地区经济发展最大的原因之一，在一定程度上，会使一个国家或地区的经济出现崩溃，其货币价值可能出现瞬间上涨或暴跌。

偶然事件

偶然事件是指无法预料的国际大事发生，如自然灾害、恐怖袭击事件等。这些事件会让一个地区的商品价格出现变动，从而影响进出口，最终使汇率发生改变。

政治因素

政治格局是影响外汇价格的又一因素，包括大国的政治博弈、局部地区的对垒等。如当一国与另一国有贸易壁垒或经济对抗时，双方货币汇率会发生变化。

图 7-10 影响汇率的国际局势因素

应用示例——巴西奥运会对英镑的影响

2014 年第 31 届奥林匹克运动会在巴西召开，在此期间，旅游业成为巴西的经济增长主导之一，巴西雷亚尔与美元的汇率在奥运会前后不断下跌，意味着巴西雷亚尔相对于美元在升值。这正是体现了国际局势中偶然事件对汇率的影响，如图 7-11 所示。

图 7-11 巴西奥运会对英镑的影响

（2）心理因素

投资者的心理因素会从成交量上改变外汇的价格。一般来说，人们对后市的预期不同，资金的流向就会不同，从而造成汇率的波动。

一般在本币出现贬值的时候，人们的心理预期会带来图 7-12 所示的影响。

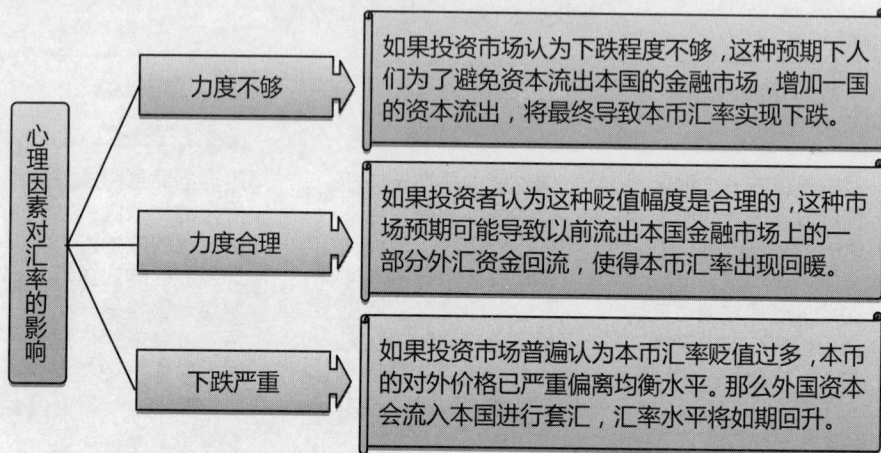

图 7-12　本币贬值时影响汇率的心理因素

（3）政府政策干预

通过本书第一章与第二章的内容，我们知道政府在外汇政策与汇率变化中起着非常重要的作用。政府对汇市的干预，主要是通过宏观调控进行的。

国家宏观调控也就是国家对经济的直接干预，是政府对国民经济的总体管理措施，它也是一个国家政府特别是中央政府的经济职能。

国家宏观调控一般有 3 个手段，如图 7-13 所示。

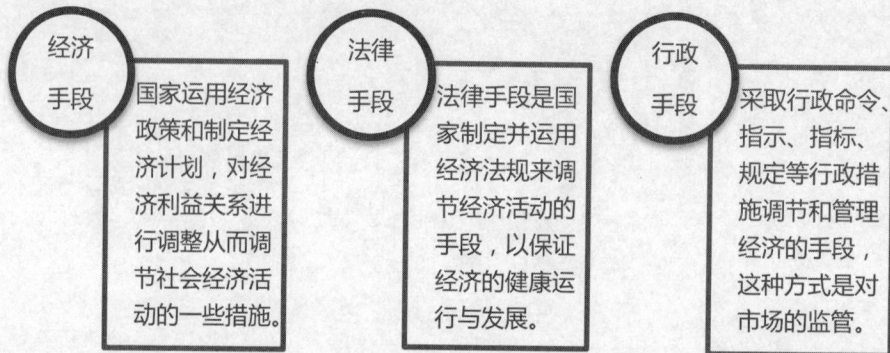

图 7-13　宏观调控的手段

下面，我们通过实际案例，来看看国家政策对汇率的影响。

应用示例——英国脱欧对英镑的影响

2016 年 6 月 23 日，英国就是否留在欧盟举行全民公投。投票结果显示支持"脱欧"的票数以微弱优势战胜"留欧"票数，英国不再属于欧盟成员国。如果英国成功脱离欧洲，短期有利于国内的经济发展，英镑在短期内走强，如图 7-14 所示。

图 7-14　英镑兑美元汇率下降态势

第8章

认识外汇分时图与 K 线图

在对外汇价格进行分析时，除了上一章介绍的基本面之外，更重要的就是技术面的分析。所谓技术面分析，就是从图形的角度来预判未来的走势。从本章开始，就让我们来掌握外汇的价格分析技巧。

- ❖ 认识什么是分时图
- ❖ 分时图的低开、收盘形态
- ❖ 分时图的回调
- ❖ 利用分时图分析买卖点

- ❖ 认识什么是K线图
- ❖ K线各部分的意义与分类
- ❖ K线图的优缺点
- ❖ 认识单根K线的意义

一、外汇价格分时图

在分析外汇的时候，常常会判断在一个交易日内的买卖时机。一般来说，一天之内的价格是通过分时图来表示的。

第89项　认识什么是分时图

所谓分时图，是指价格的动态实时走势图，一般以分钟作为时间单位，它在实战研判中的地位极其重要。

一般来说，分时图坐标的横轴是开市的时间，纵轴的上半部分是股价或指数，下半部分显示的是成交量（不同的交易软件有不同的显示方式）。在易汇通交易软件中，外汇分时图如图 8-1 所示。

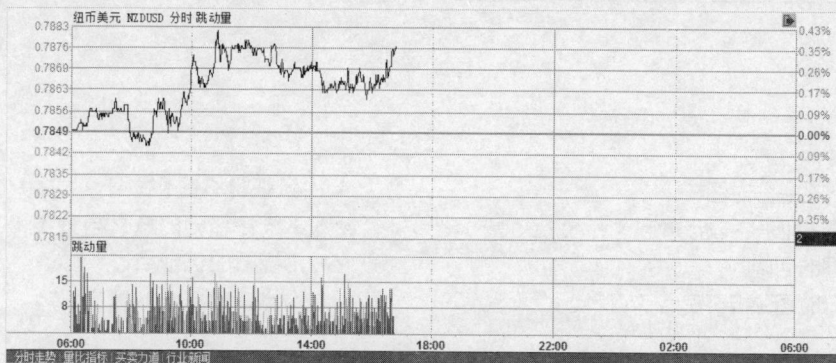

图 8-1　外汇分时图

一副完整的分时图应该包含如下信息，具体如图 8-2 所示。

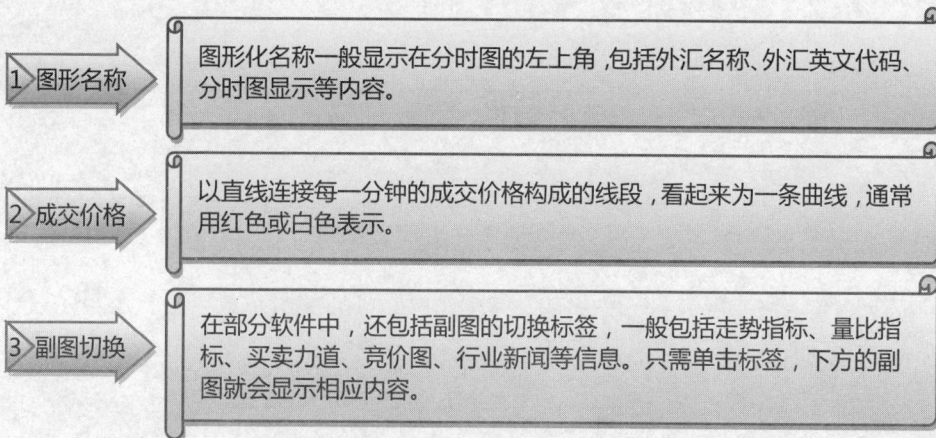

1 图形名称	图形化名称一般显示在分时图的左上角，包括外汇名称、外汇英文代码、分时图显示等内容。
2 成交价格	以直线连接每一分钟的成交价格构成的线段，看起来为一条曲线，通常用红色或白色表示。
3 副图切换	在部分软件中，还包括副图的切换标签，一般包括走势指标、量比指标、买卖力道、竞价图、行业新闻等信息。只需单击标签，下方的副图就会显示相应内容。

图 8-2　外汇分时图的内容

4	横坐标	分时图的横坐标为时间坐标，单位刻度为30分钟、1小时或2小时。当放大分时图显示的时候，具体的分钟刻度就会显示出来。
5	纵坐标	分时图的纵坐标为价格坐标，当图中还显示其他的技术指标时，纵坐标上还会显示技术指标的刻度。
6	趋势线	一般的分时图，除了价格线之外，还有移动平均线等趋势线，以帮助不同期限的投资者判断走势。
7	成交量	成交量是反应当前价格成交数量的数据。图中的成交量是向上或向下以不同颜色的柱体表示。
8	涨幅	涨幅为外汇价格的涨跌幅度，是在分时图右侧的纵坐标，表示当前价格相对于开盘价的涨跌幅度。

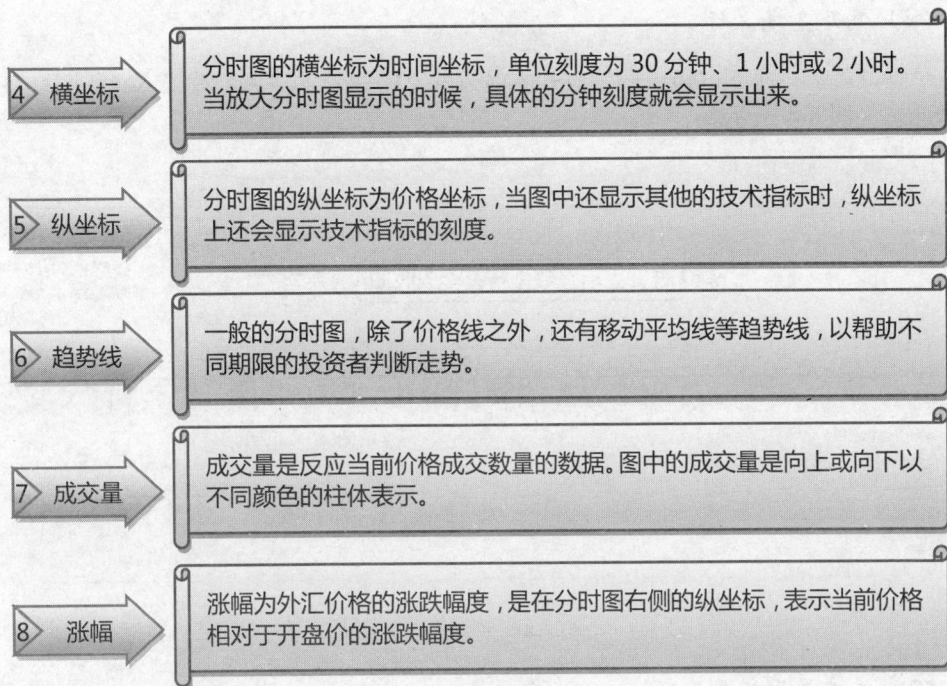

图 8-2　外汇分时图的内容（续）

第90项　分时图的低开形态

在认识了分时图的内容之后，下面我们就来看看不同的分时图形态的应用。首先来看低开的几种形态。

（1）低开震荡上行

如果在开盘之后价格低开，但之后震荡上行，这预示着全天收盘价很可能大于开盘价。具体形态如图 8-3 所示。

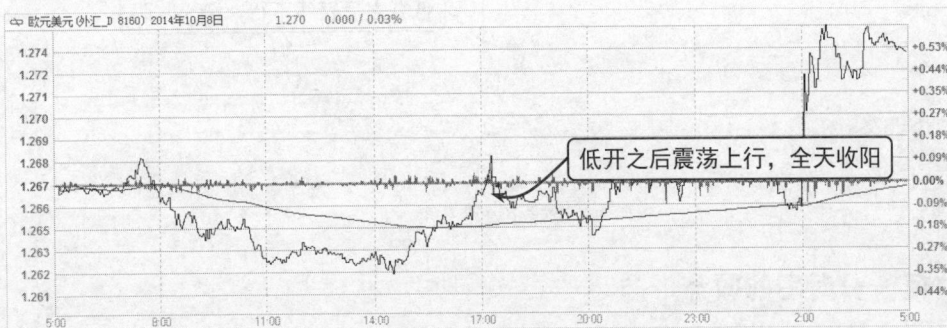

图 8-3　低开震荡上行

（2）低开直线上行

早低开之后，外汇价格直线上行，这说明多方的能力非常强，是买入做多的好时机。具体形态如图 8-4 所示。

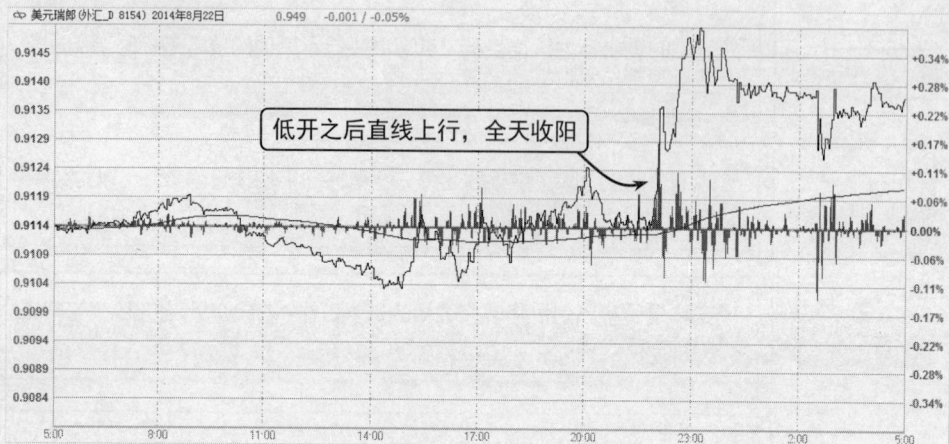

图 8-4　低开直线上行

（3）低开直线下行

如果外汇在开盘之后不仅低开，还出现了跳水下行，这说明空方力量强大，收市时极可能出现小于开盘价的情况，这时投资者最好是卖出做空，以免出现损失。具体的形态如图 8-5 所示。

图 8-5　低开直线下行

第91项　分时图的收盘形态

除了开盘时的形态之外，收盘时的形态也是查看分时图应该着重注意的。下面我们就来看看其具体的形态与意义。

(1) 收盘前拉升

如果外汇价格全天运行平稳，在下午盘或临近收市时才开始拉升，以扫盘的方式向上攻击，则无论尾盘表现如何，明日一定会出现涨势。具体如图8-6所示。

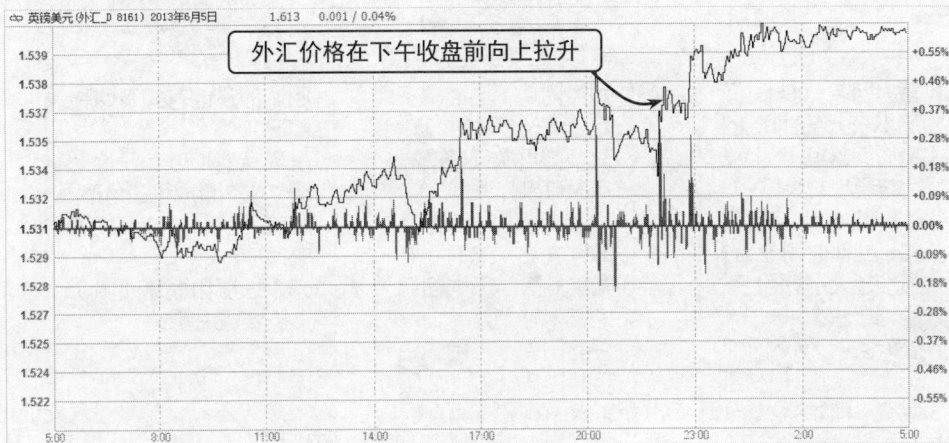

图8-6　收盘前拉升

(2) 收盘前下跌

和上一种形态相反，如果外汇价格全天运行平稳，在下午盘或临近收市时才开始极速向下，则无论尾盘表现如何，明日一定会出现下跌，如图8-7所示。

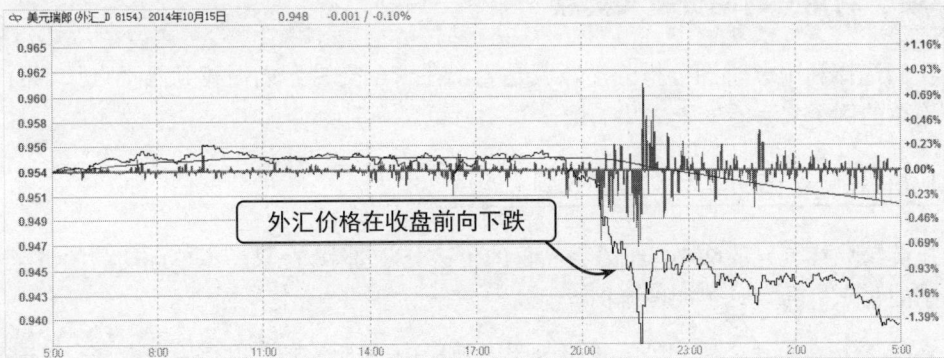

图8-7　收盘前下跌

第92项　分时图的回调

除了在开盘和收盘的时候判断涨跌，利用中间的回调技巧也是非常有效的。在外汇分时图，具体的回调技巧如图 8-8 所示。

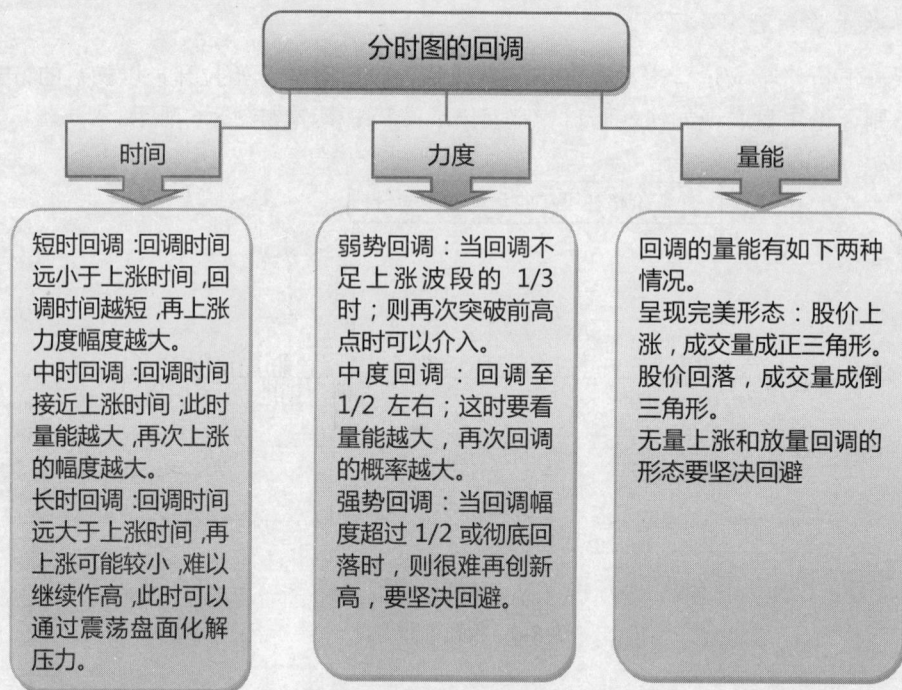

图 8-8　分时图的回调

第93项　利用分时图分析买卖点

我们选择利用分时图分析外汇，就是为了在一个交易日之内找到买卖点。下面通过一个简单的例子来看看一天之内有哪些买卖时机。

应用示例——在外汇分时图中找到买卖点

在英镑兑换美元的 2014 年 10 月 9 日的价格分时图中，在只考虑单向交易的情况下，有如下的买卖机会，具体如图 8-9 所示。

买入点①：开盘之后，外汇价格处于一波段中的上涨中，预判后市上涨，此时可以进行买入操作。

卖出点①：时间到了中午，外汇价格涨到了一个高点，此时卖出会有一个不错的获利空间。

买入点②：到了下午盘，外汇价格开始下跌，在 14：00 前后到达了低点，错过上午买入机会的投资者可在此时买入。

卖出点②：价格在晚上 8 点左右再次充上高点，无论是在上午还是下午买入，此时都是卖出的最佳实际。

卖出点③：到了国内凌晨，价格开始下跌，在 23：00 左右有一次短暂的回调，此时是最后的卖出时机，如果错过了此次机会，就最好到下一个交易日再进行买卖了。

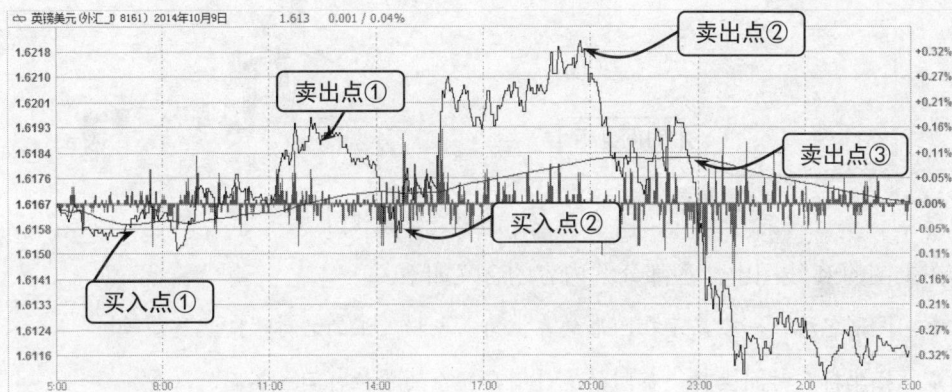

图 8-9 分时图分析买卖点

二、外汇价格 K 线图

相比于分时图，K 线图所传递信息要更强。K 线图最早起源于日本的蜡烛图，经过长期的发展与进步，如今已经成为人们分析金融工具的重要手段。

在本书接下来的内容中，我们就会重点介绍外汇价格走势 K 线图的意义以及不同形态、不同工具的应用。

第94项　认识什么是 K 线图

K 线图，又被称为蜡烛图、阴阳线等，因其标画方法独特，分析的内容准确，人们把它引入股票市场价格走势的分析中，经过 300 多年的发展，已经广泛应用于股票、期货、外汇、期权等证券市场。

如今的外汇投资早已离不开 K 线图的分析，一幅完整的 K 线图有很多元素构成，包括实体和影线，同时为了区分价格变化，又分为空心柱体和实心柱体，上影线和下影线。图 8-10 所示就为我们展示了一幅完整的 K 线图。

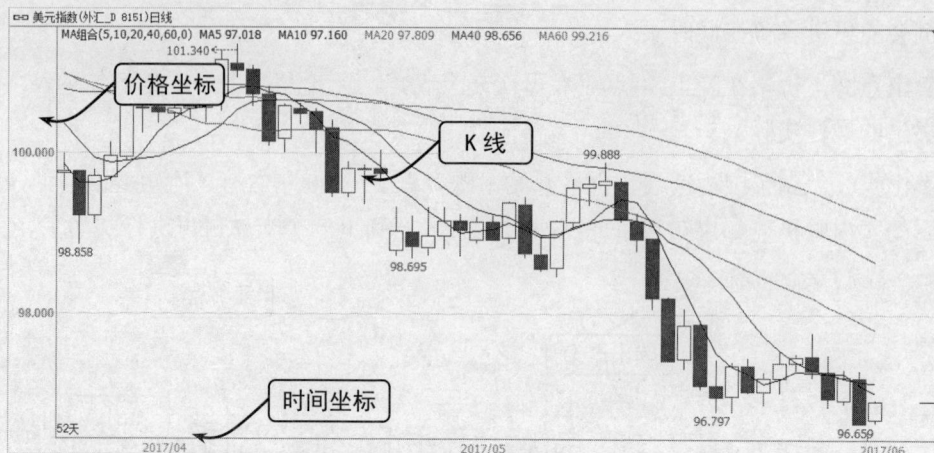

图 8-10　外汇价格完整 K 线图

在上图的 K 线图中，各部分的内容的含义如下。

◆　**图形名称**：一般显示在图形的左上角，包括外汇的名称、K 线类型等。

◆　**横坐标**：时间坐标，不同的统计周期显示的单位时间是不同的。

◆　**纵坐标**：外汇价格坐标。

◆　**K 线**：每个统计周期的价格情况，由柱体与影线组成。

◆　**均线**：按照统计周期，将一段时间内总成交额除以成交量的数据相连接后得到的趋势线。

第95项　K 线各部分的意义

在 K 线图中，会看到实体柱体、空心柱体、不同长短的影响等。这些图形各自具有什么意义呢，具体如图 8-11 所示。

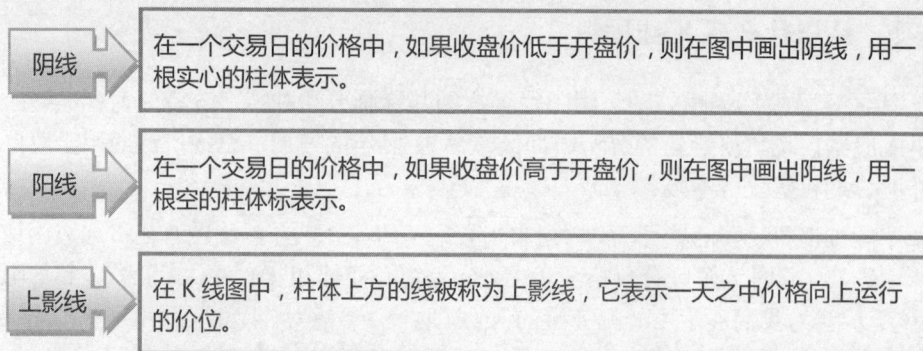

图 8-11　K 线各部分的意义

| 下影线 | 在 K 线图中，柱体下方的线被称为下影线，它表示一天之中价格向下运行的价位。 |

图 8-11　K 线各部分的意义（续）

如果从图中来看，各部分的意义如图 8-12 所示。

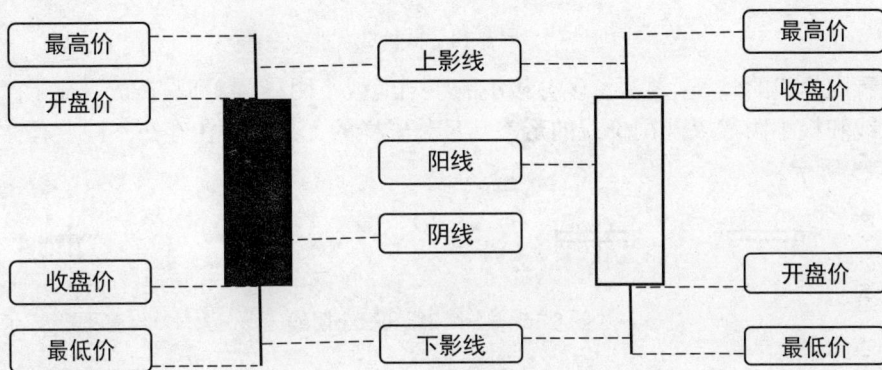

图 8-12　单根 K 线各点意义

第96项　对 K 线图的分类

K 线图表价的方式虽然是固定的，但却有不同的种类。

（1）按照柱体的长度分类

K 线图最简单的分类就是按照 K 线柱体的长度进行分类，可分为大阳线、中阳线、小阳线以及小大阴线、中阴线以及小阴线，如图 8-13 所示。

图 8-13　大阳线、中阳线、小阳线和大阴线、中阴线、小阴线

一般来说，在一种外汇走势中，柱体的长度越长，表示一天之内的价格波动越大。而除此之外，在 K 线图中还有一种比较特殊的，即收盘价与开盘价是相等的，一天之内开盘价与收盘价相等。我们称之为同价线。这种 K 线一般是用"十"字或"T"字来表示

的，具体的形式如图 8-14 所示。

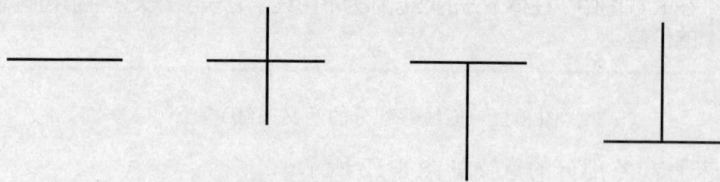

图 8-14　同价线

　　在看同价线的时候，要注意区分极小的小阳线或小阴线，特别是在放大显示区间时，极小阳线和极小阴线以及同价线的形态几乎是一样的，只是颜色存在不同。具体的形态如图 8-15 所示。

图 8-15　极小阳线和极小阴线

（2）按统计周期分类

　　在第 4 章介绍交易软件的时候，我们知道了 K 线不同的统计周期，这也是 K 线的分类方式之一。所谓不同的统计周期，就是指每一根 K 线代表的起止时间，按照这样的分类方式，可将 K 线图分为日 K 线、周 K 线、月 K 线或 5 分钟 K 线、15 分钟 K 线、60 分 K 线等。

　　在易汇通软件中，有图 8-16 所示的几种统计周期。

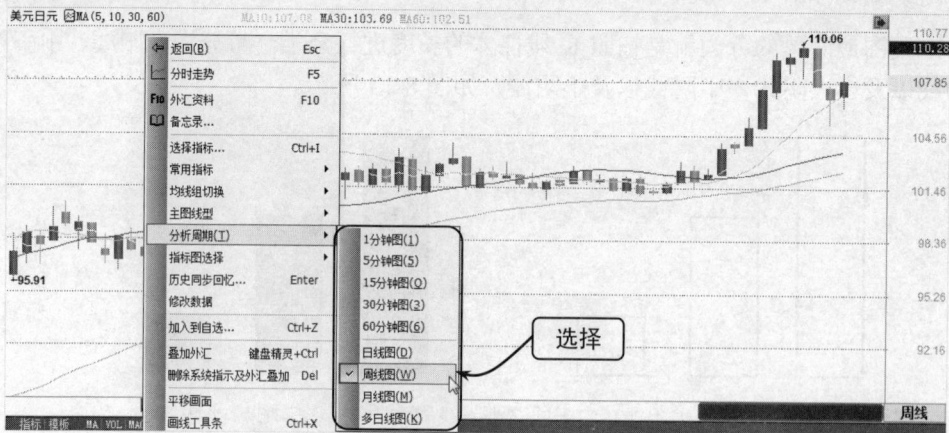

图 8-16　易汇通软件中不同的统计周期

　　在外汇分析中，这些不同 K 线图的意义如下所示。

- ◆ 分时 K 线图：表示在统计的时间内的成交价均价。
- ◆ 日 K 线图：表示一个完整交易日中开盘价、收盘价、最高价、最低价。
- ◆ 周 K 线图：是以周一的开盘价、周五的收盘价以及一周内的最高价最低价来绘制的（若某外汇交易市场在周六、周日可以进行交易的产品，则收盘价以周日的收盘价计算）。
- ◆ 月 K 线图：是以一个月第一个交易日的开盘价与最后一个交易日的收盘价以及中间的最高价和最低价来绘制的。

第97项 K 线图的优缺点

K 线图是一种非常有效的看盘分析工具，它有图 8-17 所示的几点优势。

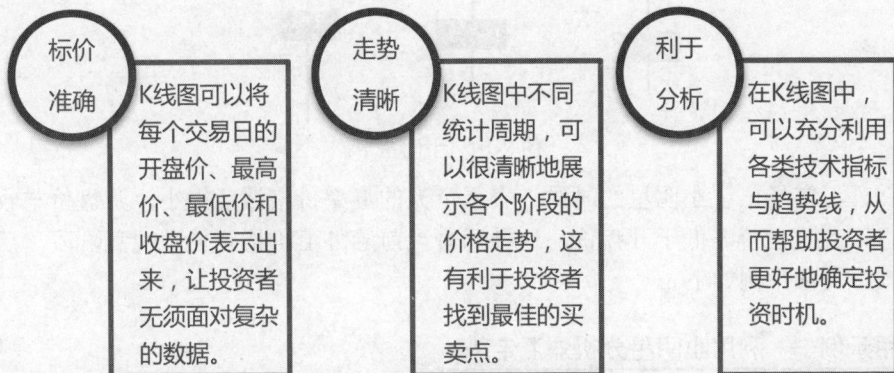

标价准确 K线图可以将每个交易日的开盘价、最高价、最低价和收盘价表示出来，让投资者无须面对复杂的数据。

走势清晰 K线图中不同统计周期，可以很清晰地展示各个阶段的价格走势，这有利于投资者找到最佳的买卖点。

利于分析 在K线图中，可以充分利用各类技术指标与趋势线，从而帮助投资者更好地确定投资时机。

图 8-17 K 线图的优势

另外，K 线图作为一种分析工具，也有其弊端，具体如图 8-18 所示。

绘制复杂 K线图的绘制方法十分复杂。这也使得投资者必须借助投资软件才可以查看K线图，无法自行分析。

变化多样 K线的阴阳线的变化繁多，对刚入市的投资者来说，掌握分析方法有相当的困难，不如数据直接。

略微滞后 K线图表现的是一个完整交易日的数据，因此它无法表示一日内的数据情况，略微有滞后的缺点。

图 8-18 K 线图的弊端

三、认识单根 K 线的意义

在单根 K 线中，会出现很多影线与柱体的组合，这些组合构成了不同形态的 K 线，并且这些组合应用到不同的走势中传递的信息是不同的。下面我们就详细来认识一些单根 K 线的意义。

第98项　小阴星分析外汇价格

小阴星是外汇 K 线图中常常出现的一种形态，它是指 K 线柱体为阴线，长度很短，并且有上下影线，具体形态如图 8-19 所示。

图 8-19　小阴星形态

当在外汇市场出现小阴星的时候，表示全天的汇率价格波动很小，开盘价与收盘价非常接近，且收盘价略低于开盘价。这预示着当前的外汇价格正处于混乱阶段，后市有可能看跌。具体举例如下。

应用示例——利用小阴星分析外汇走势

在英镑兑换美元的 2017 年 4～6 月的价格 K 线图中，3 月底出现了一次小阴星形态，后市变得难以预判，如图 8-20 所示。

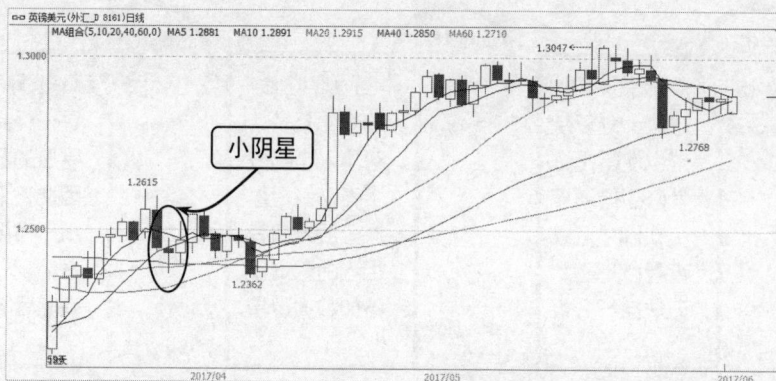

图 8-20　利用小阴星分析外汇走势

第99项 小阳星分析外汇价格

小阳星是与小阴星相反的一种 K 线形态，它是柱体很短的阳线，并包含上、下线影线。小阳星表示全天的价格波动很小，开盘价与收盘价非常接近，但收盘价略高于开盘价。这预示着后市在混乱中略有上涨。具体形态如图 8-21 所示。

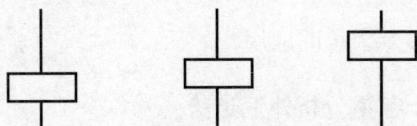

图 8-21　小阳星形态

在外汇市场上，小阳星出现的频率是非常多的，具体的应用案例如下。

应用示例——利用小阳星分析外汇走势

在欧元兑换美元的 2017 年 3～6 月的价格 K 线图中，3 月底与 4 月初 K 线出现了小阳星形态，欧元兑换美元在震荡中开始上涨，如图 8-22 所示。

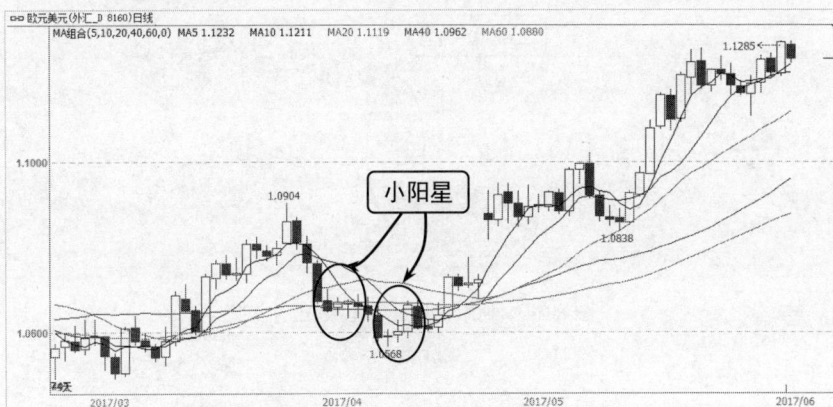

图 8-22　利用小阳星分析外汇走势

第100项 十字星分析外汇价格

前面我们介绍过了十字星的形态，而在十字星形态中，还有上影十字星和下影十字星两种区分。

（1）上影十字星

上影十字星是开盘价等于收盘价，没有实体的 K 线，但上影十字星的上影线较长，下影线较短。上影十字星表示多空双方在交战时多方稍占上风，具体形态如图 8-23 示。

图 8-23　上影十字星形态

下面通过实例来看看上影十字星的应用。

应用示例——利用上影十字星分析外汇走势

在欧元兑换美元的 2017 年 4～5 月的价格 K 线图中，4 月 20 日出现了一次较长上影线的上影十字星，后市则连续上涨，如图 8-24 所示。

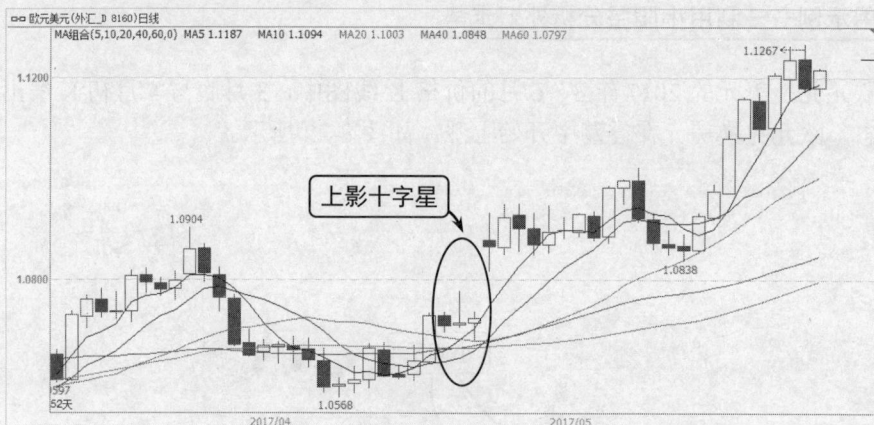

图 8-24　利用上影十字星分析外汇走势

（2）下影十字星

下影十字星与上影十字星相反，虽然同样是开盘价等于收盘价，没有实体的 K 线，但下影十字星的下影线较长，上影线较短。具体的形态如图 8-25 示。

图 8-25　下影十字星形态

当出现下影十字星的时候，表示多空双方正处于交战过程，但空方稍占上风，后市并不明朗。具体的案例如下。

应用示例——利用下影十字星分析外汇走势

在美元兑换泰铢的 2017 年 1～2 月的价格 K 线图中, 在 1 月 24 日出现了一次下影十字星形态, 随即后市开始震荡下跌, 如图 8-26 所示。

图 8-26　利用下影十字星分析外汇走势

第101项　上吊阳线分析外汇价格

上吊阳线也可以被称为吊颈线, 是一种柱体为阳线, 长度很短, 无上影线, 下影线很长, 且下影线长度必须超过实体的 K 线。具体的形态如图 8-27 所示。

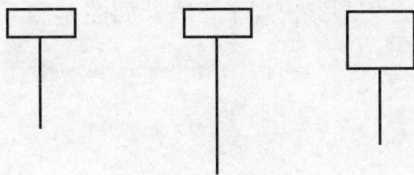

图 8-27　上吊阳线形态

上吊阳线出现在不同的价格区域中时会发出不同的涨跌信号。

(1) 上吊阳线出现在低位

上吊阳线如果出现在外汇价格的底部, 并伴随成交量的逐步上涨, 则后市是看涨的。具体的应用如下。

应用示例——低位上吊阳线分析外汇走势

在美元兑换马币的 2016 年 9～11 月的价格 K 线图中, 10 月中上旬价格短期处于震荡整理状态, 10 月 6 日时在低位出现了一次上吊阳线, 且成交量保持了一定的持续, 因此 6 日之后价格开始上涨，如图 8-28 所示。

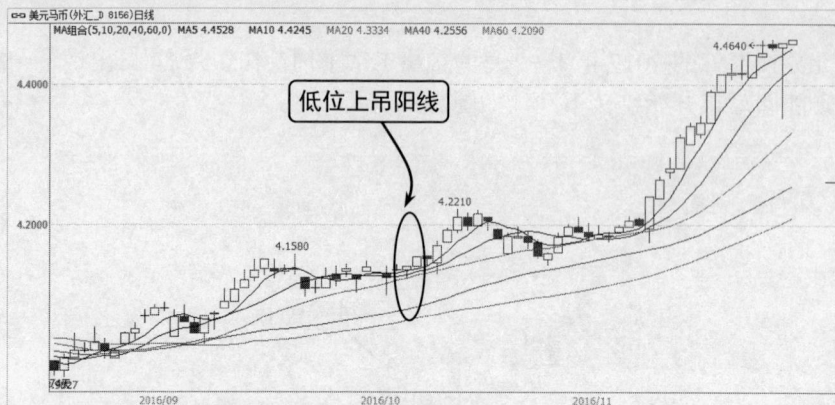

图 8-28   使用低位上吊阳线分析外汇走势

（2）上吊阳线出现在高位

如果上吊阳线出现在价格的高位区域，且成交量在增加，这种形态则很有可能是虚假拉升，后市有下跌的迹象。具体案例如下。

应用示例——高位上吊阳线分析外汇走势

在美元指数的 2017 年 2～4 月的价格 K 线图中，2 月之后开始价格开始上涨，虽然在 23 日前后开始下跌，但整体处于价格高位，2 月 24 日形成了上吊阳线，成交量扩大，因此后市虽然有上涨的迹象，但最终出现了下跌，如图 8-29 所示。

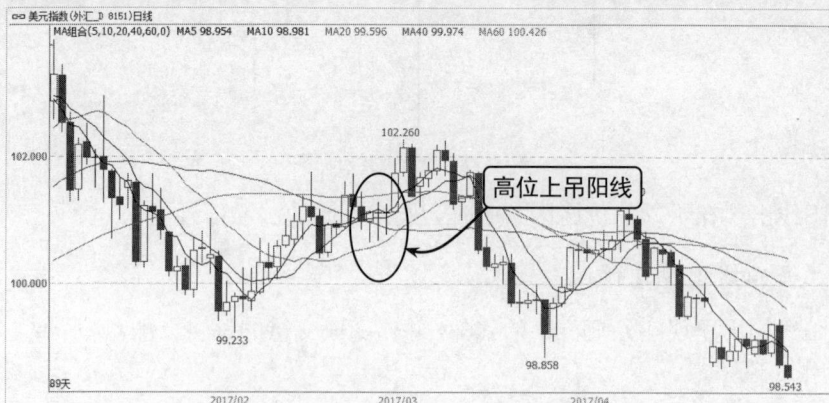

图 8-29   使用高位上吊阳线分析外汇走势

上吊阴线

上吊阴线和上吊阳线的意义是类似的，虽然在短期内后市走势可能会不同，但出现在不同价格区域的意义是相同的。

第102项 光头阳线分析外汇价格

光头阳线是指在一天之内最高价为收盘价，也就是说没有上影线的 K 线，并且其柱体为阳线。与上吊阳线不同的是，其柱体很长，而影线较短，具体形态如图 8-30 所示。

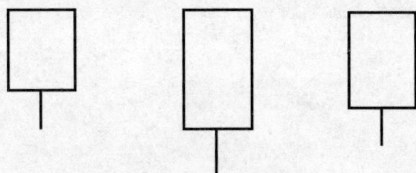

图 8-30　光头阳线形态

光头阳线同样分为高位区域与低位区域，详细的分析如下。

(1) 光头阳线出现在低位

当光头阳线出现在价格低位的时候，在当天价格虽然向下运动，但最终以较高时的收盘价收盘，预示着新的上涨趋势即将来临。

应用示例——低位光头阳线分析外汇走势

在美元兑换港币的 2017 年 1～3 月的价格 K 线图中，1 月之前价格开始下跌，并在 1 月初在底部横盘整理，1 月 6 日形成了一次低位的光头阳线，后市价格开始上涨，如图 8-31 所示。

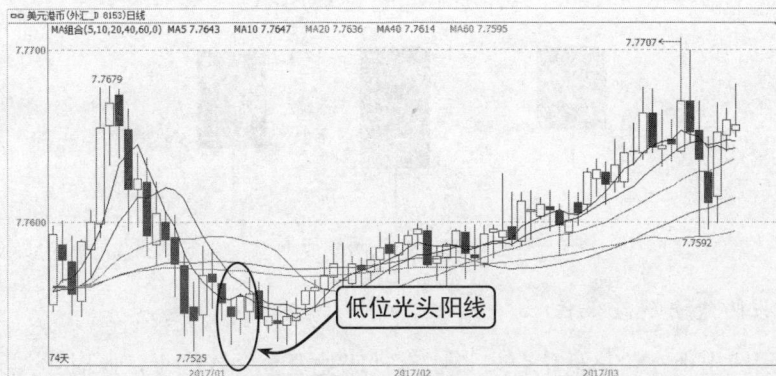

图 8-31　使用低位光头阳线分析外汇走势

（2）光头阳线出现在高位

光头阳线出现在高位的概率较少，因为当光头阳线出现时，后市会继续上涨，因此光头阳线通常被作为继续上涨的信号。具体的应用案例如下。

应用示例——高位光头阳线分析外汇走势

在美元兑换马币的 2016 年 9～12 月的价格 K 线图中，9 月之后价格一直处于上涨阶段，在 11 月 19 日前出现了横盘整理，当无法预判后市情况时，11 月 19 日出现了上涨过程中的高位光头阳线，因此后市继续上涨，如图 8-32 所示。

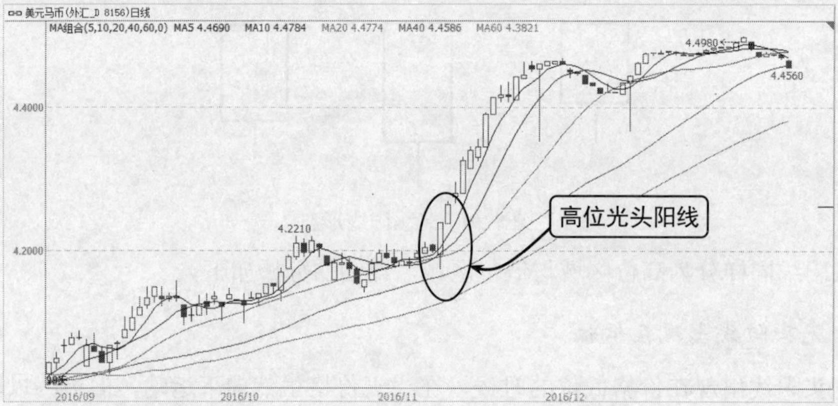

图 8-32　使用高位光头阳线分析外汇走势

第103项　光头阴线分析外汇价格

光头阴线是与光头阳线意义相反的形态，它是指当日的开盘价是最高价，开盘之后价格一路下跌，虽然后面价格有所回升，但始终低于开盘价。光头阴线的柱体为阴线，没有上影线，下影线相对较短。具体形态如图 8-33 所示。

图 8-33　光头阴线形态

（1）光头阴线出现在低位

当光头阴线出现在价格低位时，说明有抄底盘资金介入汇市，此时虽然外汇价格出现反弹，但力度不大，后市情况极不明朗。

应用示例——低位光头阴线分析外汇走势

在美元兑换韩币的 2017 年 2～6 月的价格 K 线图中，3 月下旬之前价格一直在下跌，3 月 27 日在低位区域出现了一次光头阴线，此后价格开始出现不错的震荡上涨，具体如图 8-34 所示。

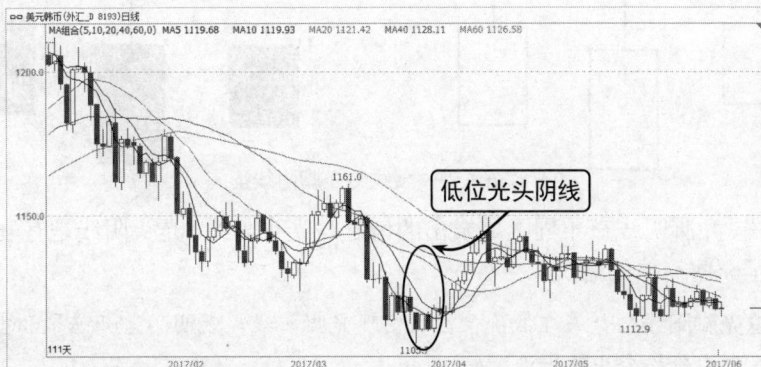

图 8-34　使用低位光头阴线分析外汇走势

（2）光头阴线出现在高位

当光头阴线出现在高位时，则是一种明显的见顶信号，在次日或未来几天价格一定出现下跌的概率是非常大的。

应用示例——高位光头阴线分析外汇走势

在美元兑换卢布的 2016 年 11 月～2017 年 1 月的价格 K 线图中，10 月 26 日开始价格出现上涨，11 月 14 日涨至高点，但在 21 日出现了一次高位的光头阴线，此后美元兑换卢布的汇率开始了一段较长的下跌趋势，如图 8-35 所示。

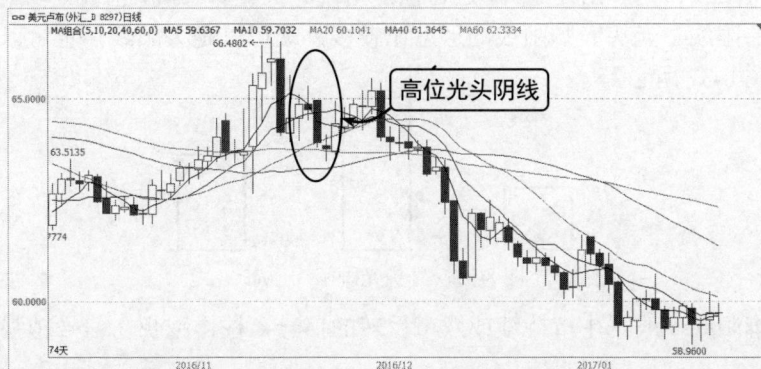

图 8-35　使用高位光头阴线分析外汇走势

第104项 光脚阳线与光脚阴线

与光头阳线、光头阴线相反的是光脚阳线与光脚阴线，它是指柱体较长，没有下影线，上影线的长度比柱体短的 K 线。具体形态如图 8-36 所示。

图 8-36 光脚阳线与光脚阴线形态

光脚阳线、光脚阴线在不同区域发出的信号与光头阳线、光头阴线是有一定规律的。下面就总结了一些简单的意义。

◆ **低位光脚阳线**：如果在低价位区域出现光脚阳线，表明买方开始聚积上攻的能量，在短期内价格会出现上涨。

◆ **高位光脚阳线**：当光脚阳线出现在价格的高位时，表明买方上攻力量减弱，卖方的能量不断增强，行情有可能在此发生逆转。

◆ **低位光脚阴线**：低价位区域或是下跌过程出现光脚阴线，表明在多空双方交战后，买方开始聚积上攻的能量，但卖方仍占有优势，后市可能继续下跌。

◆ **高位光脚阴线**：光脚阳线出现在高价区，表明买方上攻的力量已经衰退，卖方能量不断增强且占据主动地位，行情有可能在此发生逆转下跌。

第105项 光头光脚阳线分析外汇价格

除了光头阳线与光脚阳线之外，还可以能出现光头光脚阳线，也就说以最低价开盘、最高价收盘的阳线。光头光脚阳线的形态比较多，既可以是大阳线，也可以是小阳线，具体形态如图 8-37 所示。

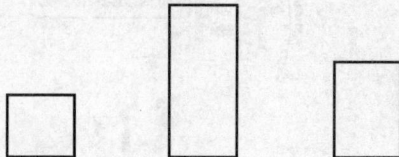

图 8-37 光头光脚阳线形态

光头光脚阳线一般是牛市持续或熊市反转的信号，柱体越长，信号越强烈。具体的案例如下。

应用示例——光头光脚阳线分析外汇走势

在瑞郎兑换澳元的 2017 年 3～5 月的价格 K 线图中，3 月之前价格一致处于下跌趋势，在 3 月 21 日出现了一次光头光脚阳线，并且柱体长度较长，在此之后，汇率价格开始反转上涨，幅度较大，如图 8-38 所示。

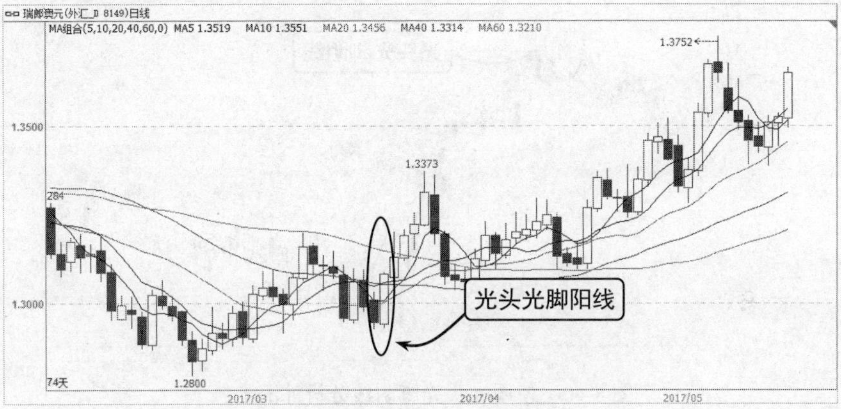

图 8-38 使用光头光脚阳线分析外汇走势

确定"光头光脚"

汇率时时刻刻都在发生着变动，因此要找到完全的"光头光脚"形态是比较困难的，如在上例中的光头光脚阳线是带有很短的上影线的。

在实际的分析过程中，这种较短的影线可以忽略不计，可以将这样的 K 线判断为光头光脚。

第106项 光头光脚阴线分析外汇价格

光头光脚阴线是 K 线的上下两头都没有影线的阴线，收盘价等于开盘价，这与光头光脚阳线相反。在实际分析中，光头光脚阴线通常成为熊市继续或牛市反转的信号。具体的形态如图 8-39 所示。

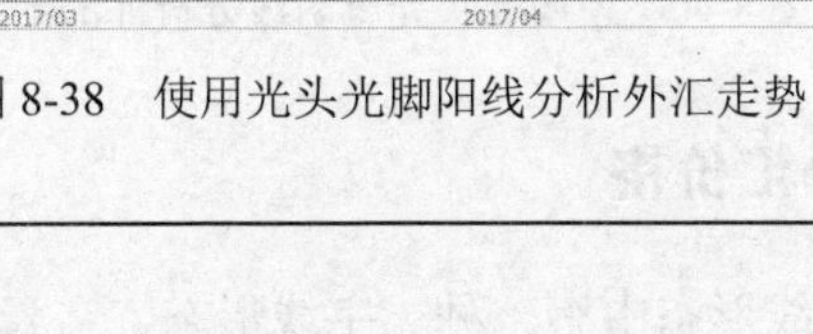

图 8-39 光头光脚阴线形态

下面通过实际的例子来看看光头光脚阴线的应用。

应用示例——光头光脚阴线分析外汇走势

在英镑兑换港币的 2016 年 8～11 月的价格 K 线图中，2016 年 9 月下旬价格一直处于上涨阶段，但在 9 月 6 日出现高点之后，7 号随即出现了一次带有极短上下影线的光头光脚阴线，此后汇率一路下跌，持续时间较长，如图 8-40 所示。

图 8-40　使用光头光脚阴线分析外汇走势

第107项　一字线分析外汇价格

前面我们介绍了在 K 线形态中有一种一字线形态，它表示开盘价与收盘价相等，且在一天之内没有任何价格变动，也就是没有上下影线。

在外汇价格中，出现一字线的情况是比较少的，但在外汇牌价的 K 线图中一般会出现一字线，投资者在分析外汇牌价价格到时候，是无法应用 K 线技巧的，只能根据简单的涨跌趋势来判断做单方式。

外汇牌价 K 线图中的一字线，具体如图 8-41 所示。

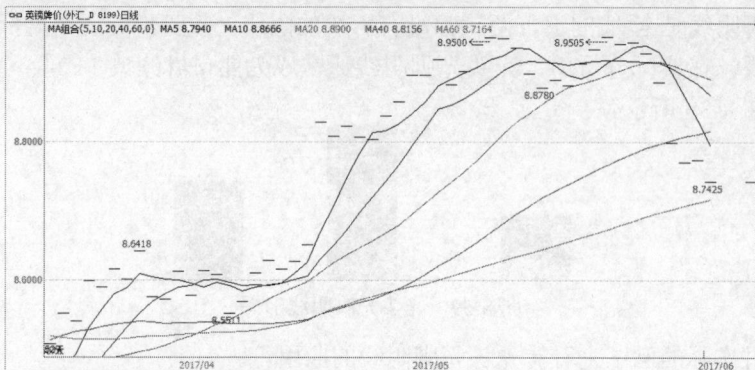

图 8-41　一字线 K 线图

第108项 穿头破脚阳线分析外汇价格

穿头破脚阳线是一种上下都带有相等长度影线的 K 线,柱体为阳线,长度可长可短,它表示在多空双方交战中,多方占优,后市可能出现上涨。具体形态如图 8-42 所示。

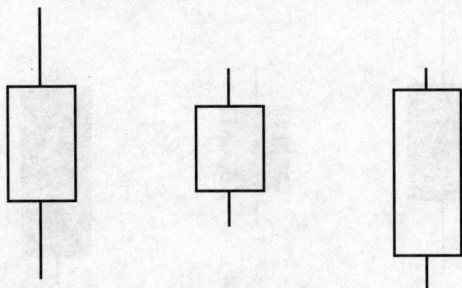

图 8-42　穿头破脚阳线

应用示例——穿头破脚阳线分析外汇走势

在欧元兑换美元的 2017 年 4~5 月的价格 K 线图中,4 月之前价格处于震荡下跌阶段,4 月 12 日出现了穿头破脚阳线,此后价格开始上涨,如图 8-43 所示。

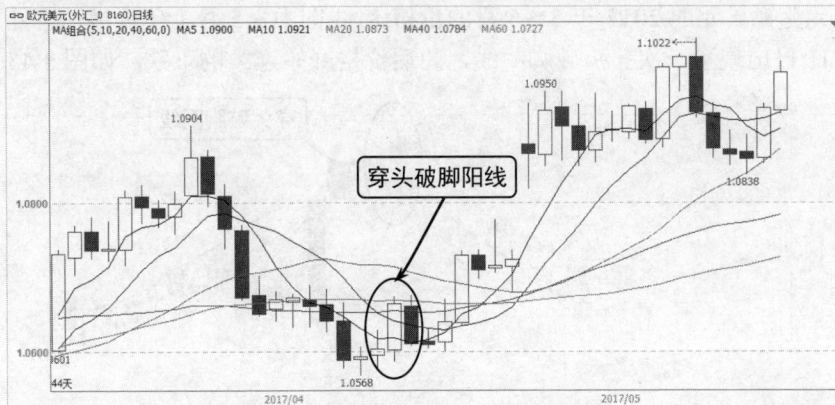

图 8-43　使用穿头破脚阳线分析外汇走势

穿头破脚阳线注意分时图

在利用穿头破脚阳线或阴线分析外汇价格的时候,最好是结合当日的分时图进行查看,如果当日的最高价出现在尾盘,则后市上涨的信号强烈;如果当日的最高价为盘初的拉升时的价格,其间一直处于震荡行情,那么后市上涨信号的可信度不强。

第109项 穿头破脚阴线分析外汇价格

穿头破脚阴线与穿头破脚阳线相反，它上下都带有相等长度影线，柱体为长短不一的阴线。具体形态如图 8-44 所示。

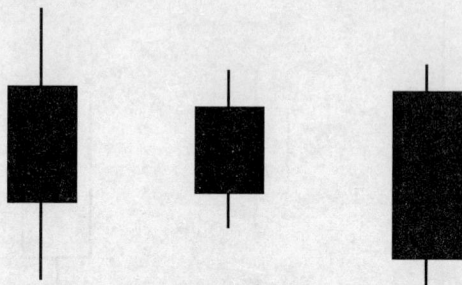

图 8-44 穿头破脚阴线

穿头破脚阴线表示多空双方交战中空方占有优势，后市价格可能会下跌。具体的案例如下。

应用示例——穿头破脚阴线分析外汇走势

在美元兑换日元的 2017 年 5～6 月的价格 K 线图中，5 月上旬价格一直处于上涨阶段，5 月 11 日出现了一次穿头破脚阴线，此后价格开始连续的下跌，如图 8-45 所示。

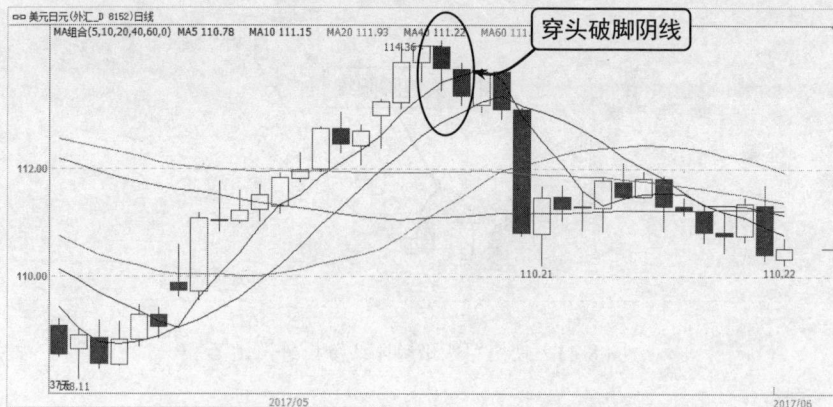

图 8-45 使用穿头破脚阴线分析外汇走势

第9章

K 线组合对外汇的分析

我们在利用 K 线分析外汇价格的时候，单根 K 线所传递的信息可能并不准确。而在实际的盘面中，多根 K 线往往会形成不同的组合，这些组合正好是再进一步分析走势的工具。

一、看涨的 K 线组合

所谓看涨的 K 线组合，是指由两根或两根以上的单根 K 线组成的 K 线组合，它预示着后市价格将持续上涨或反转上涨。

第110项　上涨两颗星分析外汇

所谓上涨两颗星组合，顾名思义就是由两根 K 线组成的组合，在外汇价格 K 线图中是非常容易出现的。

上涨两颗星有如下一些特征。

◆　一般出现在上涨势头的初期、中期。

◆　一大二小的 K 线组合，先是一根中阳线或大阳线，后面两根小阴线或小十字线或小阳线，位置在第一根 K 线的上方。

◆　上涨两颗星是强烈的看涨信号，可继续做多。

上涨两颗星具体的形态如图 9-1 所示。

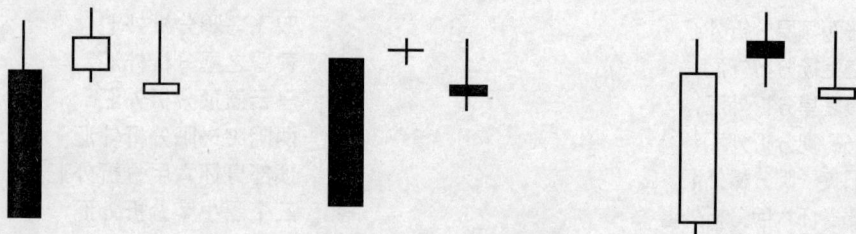

图 9-1　上涨两颗星 K 线组合

什么是上涨三颗星

在 K 线组合中，有上涨两颗星，还有上涨三颗星。

上涨三颗星是指在盘面上涨过程中，先是一根中阳线或大阳线，后面三根小阴线、小十字线、小阳线或是小阴线、小阳线。上涨三颗星比两颗星传递的信号更强烈。

应用示例——上涨两颗星分析外汇市场

在美元兑换日元的 2017 年 5～6 月的价格 K 线图中，4 月 17 日价格在到达低点之后开始反转上涨，在上涨的初期，4 月 25 日出现一个大阳线，之后出现两根向上的小阳线与小阴线，形成了上涨两颗星组合，后市价格继续上涨，如图 9-2 所示。

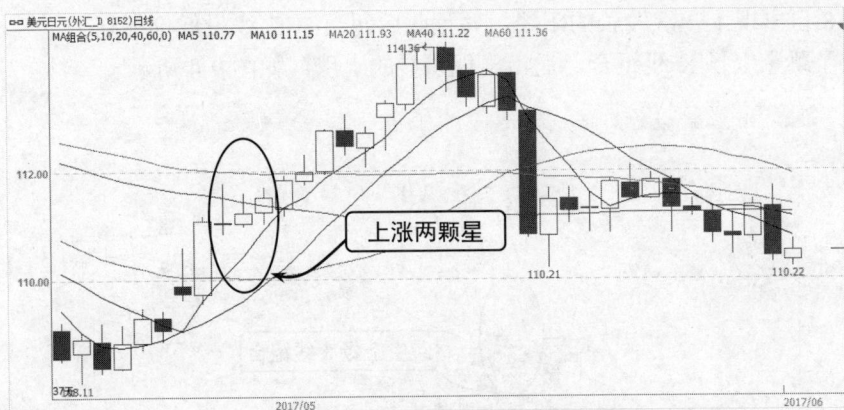

图 9-2 使用上涨两颗星分析外汇市场

第111项 跳空上扬分析外汇

K 线组合中有一种和上涨两颗星类似，但信号更为强烈的组合——跳空上扬，它出现的概率不多，但一旦出现，一般上涨的信号非常准确。

跳空上扬 K 线组合有如下的特征。

◆ 跳空上扬 K 线形态出现在涨势初期或中期。

◆ 由三根 K 线组成，先一根大阳线，第二根和第三根为小阳线或小阴线。

◆ 第二根、第三根 K 线的最低价与第一根 K 线的最高价有个缺口，这是跳空上扬 K 线的关键。

◆ 这是一种续涨信号，可继续做多。

跳空上扬 K 线组合的具体形态如图 9-3 所示。

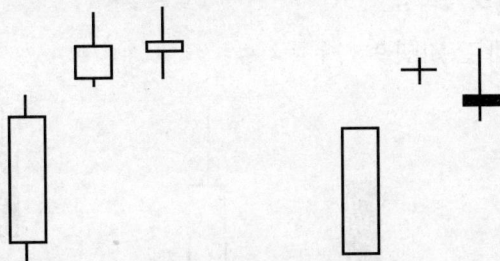

图 9-3 跳空上扬 K 线组合

📈 应用示例——跳空上扬 K 线组合分析外汇市场

在美元兑换马币的 2016 年 9～10 月的价格 K 线图中，8 月中旬价格处于震荡上涨阶段，9 月 8 日出现了一次较长的阳线，并且此后两天的 K 线最低价都高于了 8 日的最高价，形成了跳空上扬 K 线组合，后市出现明显的上涨，如图 9-4 所示。

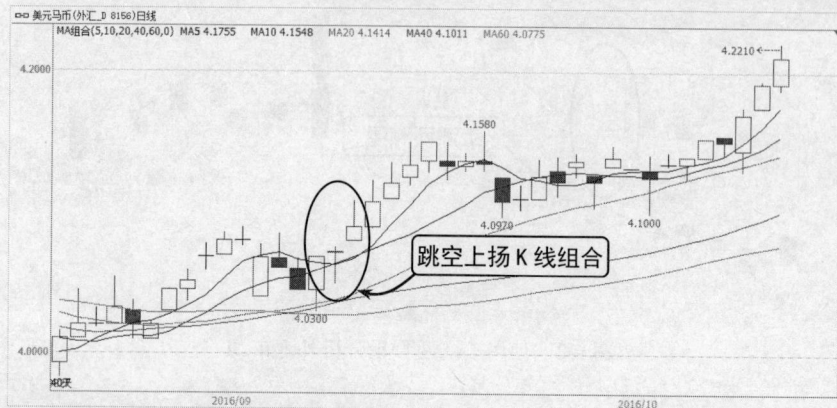

图 9-4 使用跳空上扬 K 线组合分析外汇市场

第112项 早晨之星分析外汇

早晨之星 K 线组合是出现频率非常高的，也是最稳定的信号之一，顾名思义，早晨之星预示着汇率走出黑夜即将开始上涨。具体有如下的特征。

◆ 一般是由三根 K 线组成，第一根 K 线是外汇价格下跌，出现一根较长的阴线；第二根 K 线出现跳空下行，但实体部分较短，这是形成早晨之星的主体，可以是阴线也可以是阳线；最后一根长阳线出现，且收盘价必须大于第一根阴线的收盘价。

◆ 早晨之星是一种反转上涨的信号。

◆ 如果早晨之星的第二根 K 线换做十字星，这就形成了早晨十字星，早晨十字星是比早晨之星更具可信度的上升信号。

早晨之星 K 线组合的形态如图 9-5 所示。

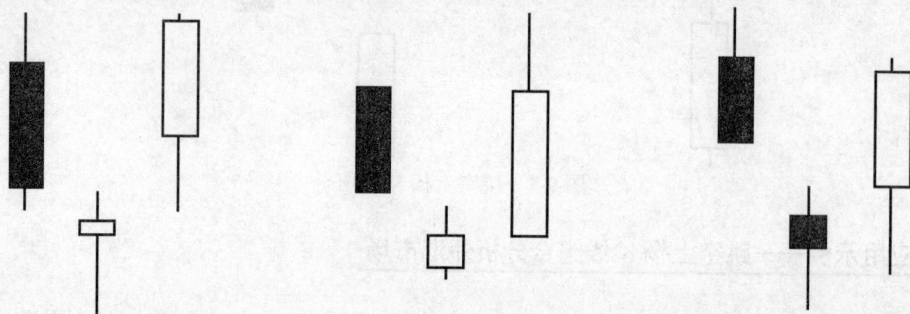

图 9-5 早晨之星 K 线组合形态

应用示例——早晨之星 K 线组合分析外汇市场

在美元兑换英镑的 2017 年 5～6 月的价格 K 线图中，4 月底与 5 月上旬价格一直处于下跌和横盘震荡趋势中，但在 5 月 9 日，价格出现一根大阴线，随后继续下跌，形成了一根在下方的小阳线，但在 11 日又出现一根大阳线，形成了早晨之星组合，随后汇率便开始上涨，如图 9-6 所示。

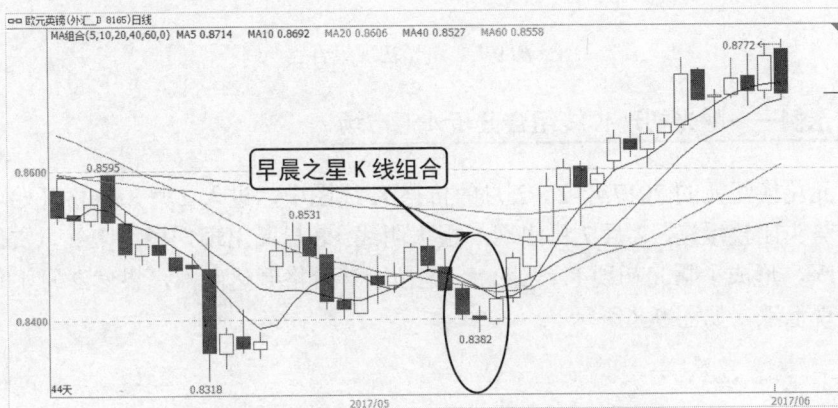

图 9-6　使用早晨之星 K 线组合分析外汇市场

早晨之星的信号强弱

前面讲到，当第二根 K 线形成十字星的时候，早晨之星的信号更强。除此之外，如果第一根 K 线与第三根 K 线的柱体越长，离第二根 K 线的距离越远，看涨的信号则越强。

第113项　曙光初现分析外汇

曙光初现组合和早晨之星组合的意义是相同的，都是反转上涨的信号，但在具体的特点上却有所不同。曙光初现组合的特点具体如下。

◆　一般是出现在一次较为强烈的下跌趋势中。

◆　由两根 K 线组成，第一根 K 线为大阴线或中阴线，第二根 K 线为低开高走的大阳线或中阳线，阳线的实体超越到第一根阴线实体的50%以上。

◆　价格所处的位置对曙光初现的判断很重要，如果涨幅过大时出现曙光初现形态，则有骗线的可能性。

图 9-7 列举了几种曙光初现组合的具体形态。

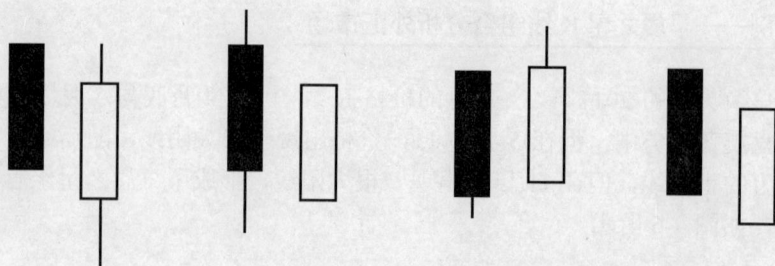

图 9-7　曙光初现组合

📈 应用示例——曙光初现 K 线组合分析外汇市场

在欧元兑换纽元的 2017 年 2～3 月的价格 K 线图中，进入 2 月，价格开始下跌，并且下跌的势头比较缓慢，2 月 7 日出现一根大阴线，8 日又出现一根大阳线，实体超越了阴线的 50%，形成了曙光初现 K 线组合。这预示着价格到达底部，果然 2 月下旬汇率价格开始出现上涨，如图 9-8 所示。

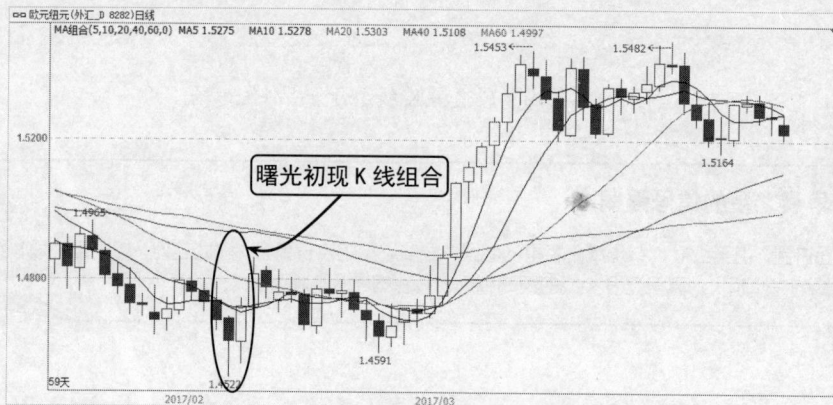

图 9-8　使用曙光初现 K 线组合分析外汇市场

第114项　两阳夹一阴分析外汇

除了反转上涨信号，K 线组合还有继涨信号。如果在一段上涨行情中出现两阳夹一阴的 K 线组合，那么外汇的价格通常会继续上涨。两阳夹一阴组合的特点如下。

- ◆ 一般由三根不同 K 线组成。左右两边是阳线，中间是阴线，阳线实体较长，阴线实体较短。

- ◆ 两阳夹一阴 K 线组合一般出现在上升途中，预示继续上涨。而如果在底部出现，则适合中长线的看涨。

具体形态如图 9-9 所示。

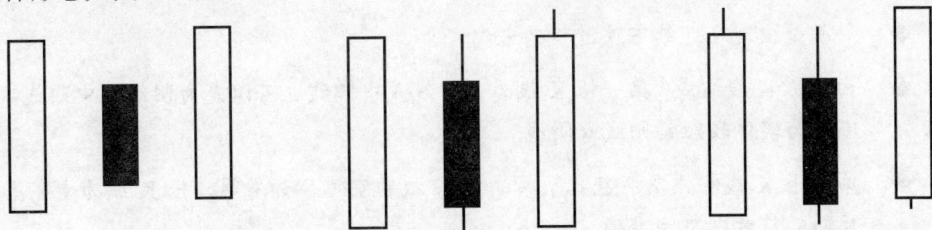

图 9-9　两阳夹一阴组合

两阳夹一阴的信号强弱

在两阳夹一阴 K 线组合中，如果阳线覆盖了阴线，并且长度远远大于阴线，则上涨的信号较为强烈；如果阳线成交量也大于阴线，可靠性则更高。

应用示例——两阳夹一阴 K 线组合分析外汇市场

在英镑兑换加元的 2017 年 4～6 月的价格 K 线图中，3 月 10 日价格开始上涨，3 月 21～23 日形成了一次两阳夹一阴组合，因此价格继续上涨；在 4 月 11～13 日再次形成了两阳夹一阴组合，价格继续上涨；4 月 21～25 日再次形成两阳夹一阴组合，因此判断此次涨势势头是非常强烈且持续时间很长的，如图 9-10 所示。

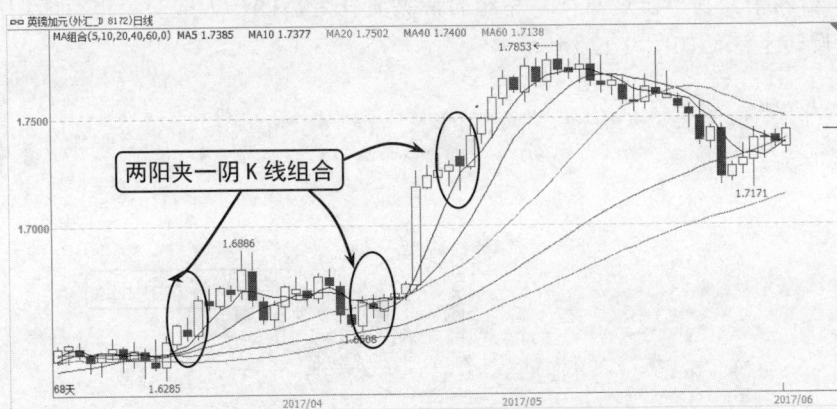

图 9-10　使用两阳夹一阴 K 线组合分析外汇市场

第115项　底部身怀六甲分析外汇

在 K 线组合中，有一些是需要辅助成交量进行分析的，如下面要介绍的底部身怀六甲组合是一种反转信号，具有如下的特征。

◆ 一般是出现在连续下跌过程的末端。

◆ 由两根 K 线组成，第一根 K 线为大阳线或中阳线也可以是大阴线或中阴线，第二根 K 线为实体较短的阳线或阴线。

◆ 第一根 K 线实体实例包容了第二根 K 线的实体，如果第二根 K 线为十字星，那么反转的信号则更为准确。

◆ 出现底部身怀六甲组合，不要急于下单，需要量仓增加时再买入。

底部身怀六甲组合的具体形态如图 9-11 所示。

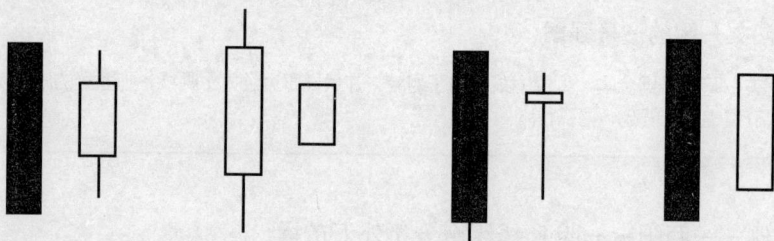

图 9-11　底部身怀六甲组合

应用示例——底部身怀六甲组合分析外汇市场

在英镑兑换港币的 2017 年 4 月的价格 K 线图中，3 月底价格处于下跌阶段，4 月 7 日、10 日两个交易日出现身怀六甲组合，并且在之后的一天成交量也有所增加，因此判断后市反转上涨，如图 9-12 所示。

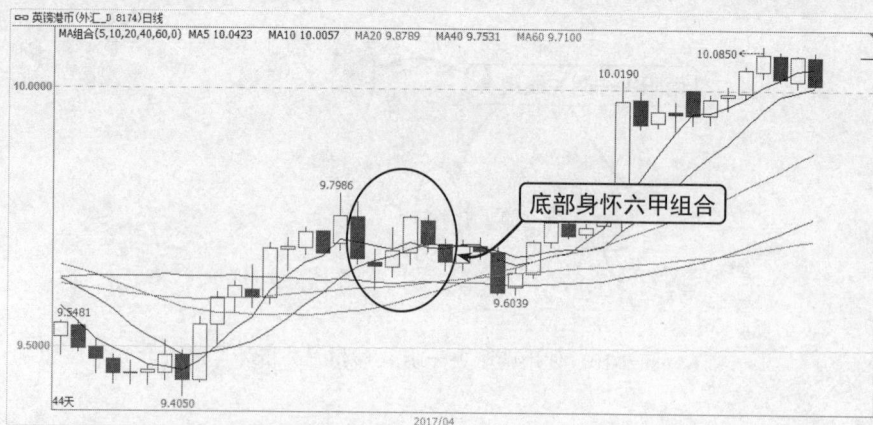

图 9-12　使用底部身怀六甲组合分析外汇市场

第116项 三个白小兵分析外汇

三个白小兵组合是外汇价格 K 线中经常出现的一种，它的反转信号并不是太强，常常作为抛开横盘整理开始上涨或续涨信号，具体有如下的特征。

◆ 在外汇价格运行过程中，出现连续的三根阳线，每天的收盘价高于前一天的收盘价，但整体的柱体都不长。

◆ 每天的开盘价在前一天阳线的实体之内。

◆ 每天的收盘价在当天的最高点或接近最高点。

◆ 一般出现在横盘末端或是上涨过程中。

具体的形态如图 9-13 所示。

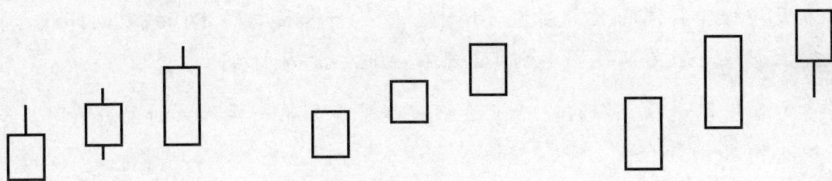

图 9-13 三个白小兵组合

应用示例——三个白小兵组合分析外汇市场

在英镑兑换美元的 2017 年 4 月的价格 K 线图中，3 月中上旬价格一直处于横盘整理阶段，3 月 15~17 日 3 个交易日出现了一次三个白小兵组合，于是汇率结束横盘开始上涨；而在上涨过程中，4 月 10~12 日 3 个交易日中又出现了一次三个白小兵组合，因此汇率继续上涨，如图 9-14 所示。

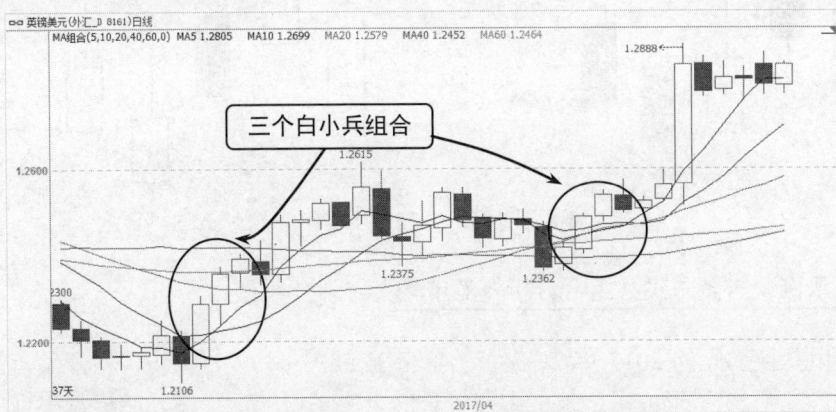

图 9-14 使用三个白小兵组合分析外汇市场

在利用三个白小兵组合分析外汇价格的时候，要注意有如下的两种变化形式。

◆ 如果三根阳线逐渐缩短，其中最后一根阳线的上影线特别长，出现这种形态时外汇价格将不会上涨，被称为升势受阻。

◆ 如果三根阳线也是逐渐缩小，特别是第三根阳线实体比前二根小得多，出现这种形态时外汇价格将会呈下跌走势，被称为升势停顿。

第117项 多方尖兵分析外汇

在多空双方对垒交战过程中，如果是买方主力在发动全面进攻前的一次试探性的进攻，则在 K 线图上会留下了一根较长的上影线，犹如深入空方腹地的尖兵，这就形成了多方尖兵。其形成的多方尖兵组合有如下的特点。

◆ 多方尖兵组合具体的 K 线数量不限制，但第一根 K 线为中阳线或大阳线，带有上影线，上影线一般为阳线实体的 1/3 左右，随后价格开始回落整理。

◆ 当多方在发动进攻上涨时，外汇价格超越了前面第一根阳线的上影线时，就形成多方尖兵的 K 线组合。

◆ 在上升途中出现，特别是在上升初期出现更有实战意义，是预示继续上涨的信号。

◆ 在第一根 K 线之后，调整的时间越短越好。

多方尖兵组合的常见形态如图 9-15 所示。

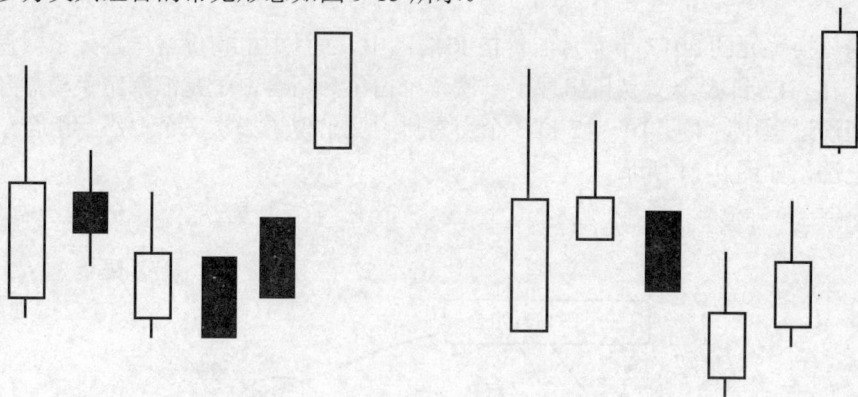

图 9-15　多方尖兵组合

应用示例——多方尖兵组合分析外汇市场

在港币兑换加元的 2017 年 2～3 月的价格 K 线图中，2 月中旬价格开始上涨，在上涨过程中，2 月 20 日形成了一根上影线较长的十字星，随后价格开始横盘整理并略微下跌，但在 24 日突然上涨，收盘价超过了 20 日的上影线，形成了多方尖兵组合，因此后市汇率继续上涨，如图 9-16 所示。

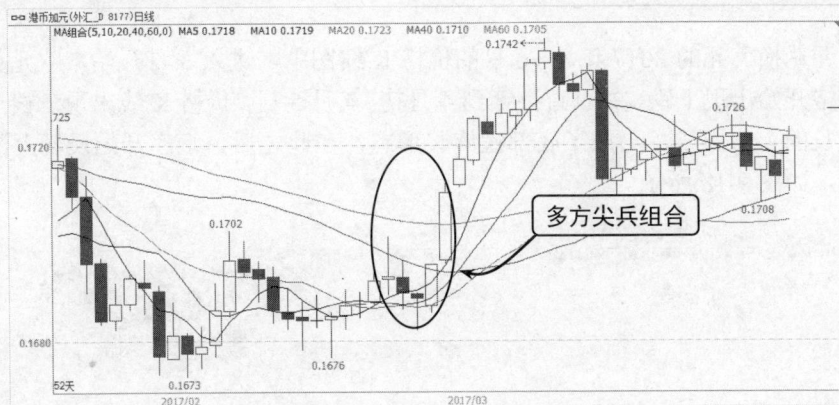

图 9-16　使用多方尖兵组合分析外汇市场

如何判断多方尖兵组合

多方尖兵组合在实际盘面中出现的频率是比较少的，那在判断时有什么要点呢?

首先，在出现第一根阳线之后，价格一定要开始横盘整理或下跌，才能形成多方尖兵;另外，最后一根阳线不能是已经上涨一段之后的 K 线。

第118项　底部螺旋桨分析外汇

底部螺旋桨组合是一种较为典型也非常准确的反转上涨信号，其外形犹如飞机的螺旋桨。具体的特征如下。

◆ 底部螺旋桨一般出现在连续下跌的末端，是反转上涨信号。如在下跌途中出现，则在短期内继续看跌。

◆ 只有一根 K 线，可阴可阳，K 线实体很小，上下影线较长，但需要和前后 K 线配合。

底部螺旋桨的形态如图 9-17 所示。

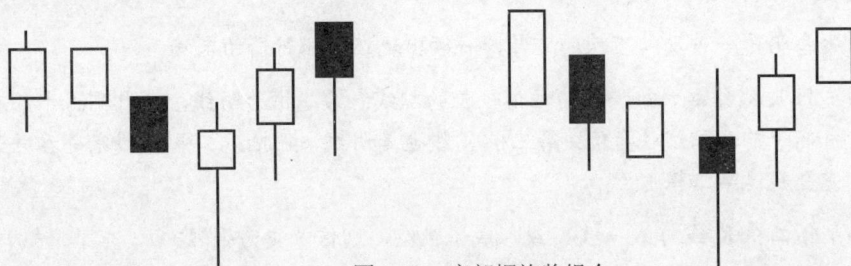

图 9-17　底部螺旋桨组合

应用示例——底部螺旋桨分析外汇市场

在欧元兑换美元的 2017 年 4～6 月的价格 K 线图中，进入 3 月开始，欧元兑换美元的汇率价格开始出现下跌，并一直持续到 4 月初。4 月 5 日，价格 K 线出现一根十字星，并带有较长的上下影线，形成了底部螺旋桨形态，在此之后，汇率开始反转上涨，势头较为强烈，如图 9-18 所示。

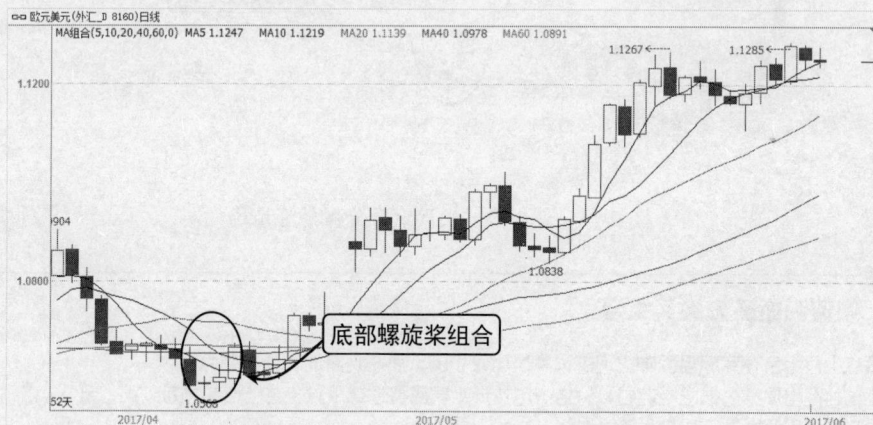

图 9-18　使用底部螺旋桨分析外汇市场

二、看跌的 K 线组合

有看涨的 K 线组合就有看跌的 K 线组合，在外汇分析中，把握价格的下跌同样是减少损失并且获利的重要手段。下面我们就来认识看跌的 K 线组合。

第119项　双飞乌鸦分析外汇

在下跌 K 线形态中，双飞乌鸦组合是比较容易出现的，它的形态像两只并排的乌鸦，具体的特征如下。

◆　双飞乌鸦是一种反转下跌的信号，一般出现在上涨行情的末端。

◆　由三根 K 线组成，第一根为柱体较长的阳线；第二根为阴线，且出现高开低走，收盘价高于前面阳线收盘价；第三根 K 线也是阴线，且把第二根 K 线完全吞并了，实体完全超过第二根 K 线。

◆　如果第二根 K 线与第一根 K 线形成了跳空，则信号更为强烈。

双飞乌鸦的具体形态如图 9-19 所示。

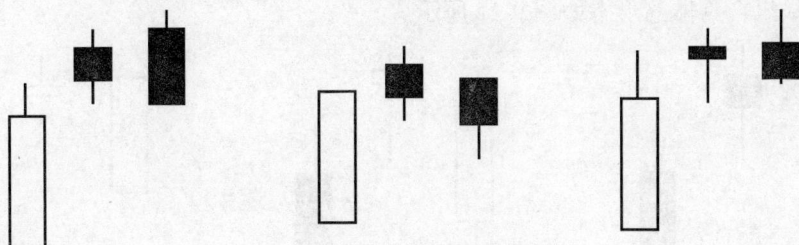

图 9-19 双飞乌鸦组合

应用示例——双飞乌鸦组合分析外汇市场

在美元兑换星元的 2017 年 5～6 月的价格 K 线图中，4 月中下旬价格处于上涨阶段，5 月 8 日形成了一根大阳线，但在 9 日与 10 日两个交易日却出现了小阴线，形成了双飞乌鸦组合，在此之后价格便开始下跌，如图 9-20 所示。

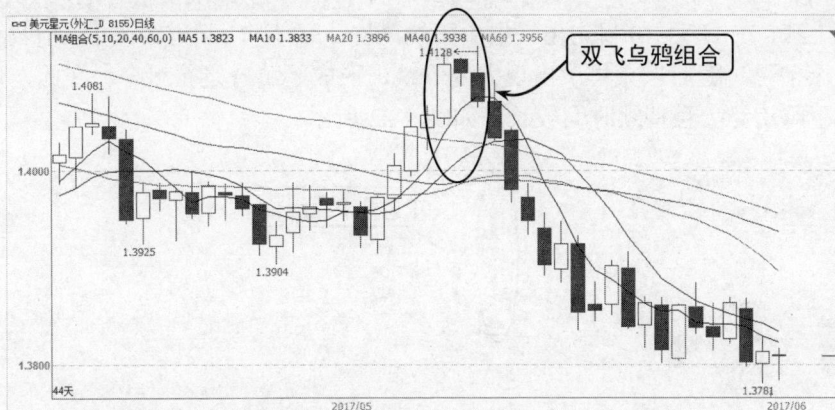

图 9-20 使用双飞乌鸦组合分析外汇市场

第120项 黄昏之星分析外汇

与早晨之星组合相反的看跌 K 线组合是黄昏之星，它就像是太阳落山，汇率即将下跌，具体的特点如下。

◆ 黄昏之星是一种价格反转的信号，一般出现在价格高位。

◆ 第一天，市场在一片狂欢之中会继续之前的涨势，并且拉出一根长阳线。

◆ 第二天，价格继续冲高，但尾盘回落，形成了较长的影线，柱体部分很短，可以是阴线也可以是阳线。

◆ 第三天，价格结束了挣扎，开始下跌，其走势拉出了柱体较长的阴线，抹去了前两天大部分的上涨走势。

黄昏之星组合具体的形态如图 9-21 所示。

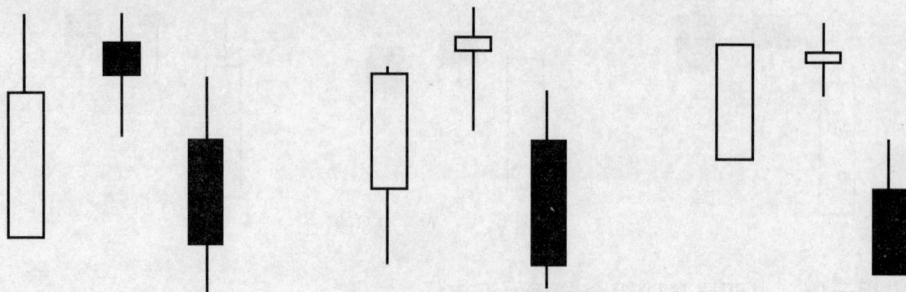

图 9-21　黄昏之星组合

应用示例——黄昏之星组合分析外汇市场

在美元兑换卢布的 2016 年 10 月～2017 年 1 月的价格 K 线图中，进入 10 月开始，汇率持续上涨，在 11 月 10 日走出一根中阳线，之后 10 月 11 日继续向上，但收盘疲软，出现一根十字星，随后一天再次出现大幅下跌，形成了黄昏之星组合。在此之后，汇率开始呈现下跌趋势，且持续时间较长，如图 9-22 所示。

图 9-22　使用黄昏之星组合分析外汇市场

黄昏之星的陷阱

在利用黄昏之星分析外汇时，需要注意如下的陷阱。

反弹行情中的黄昏星要高度重视，如果是庄家的震仓行为，可以不必理会。

如果第一个根 K 线上影线较长并且带较大成交量，应采取减仓观望的保护性措施。

第121项 乌云盖顶分析外汇

在看跌的 K 线组合中，有一种非常常见且形态简单的组合，它和曙光初现组合是相反的形态，这就是乌云盖顶组合。它具有如下特征。

◆ 出现的位置是上升趋势顶部，也可能出现在水平调整区间末端。

◆ 由两根 K 线组成，第一根为阳线，第二根为阴线。

◆ 第一天外汇价格形成一根坚挺的阳线实体，第二天阴线的开盘价超过第一天的最高价，并且其柱体已经超过了第一根阳线实体的 1/2。

常见的乌云盖顶组合形态如图 9-23 所示。

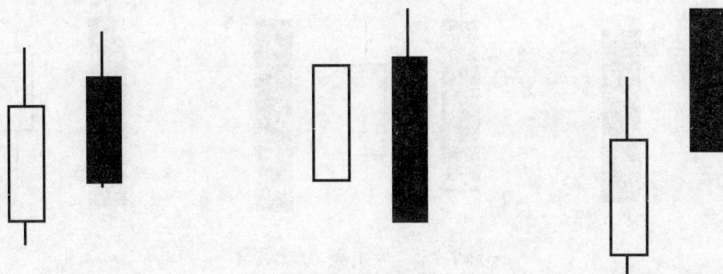

图 9-23　乌云盖顶组合

应用示例——乌云盖顶组合分析外汇市场

在加元兑换澳元的 2017 年 1～3 月的价格 K 线图中，1 月之前价格一直处于上涨阶段，1 月 2 日出现一根中阳线，之后出现一根高开低走的阴线，形成了乌云盖顶组合，此后价格便开始反转下跌，如图 9-24 所示。

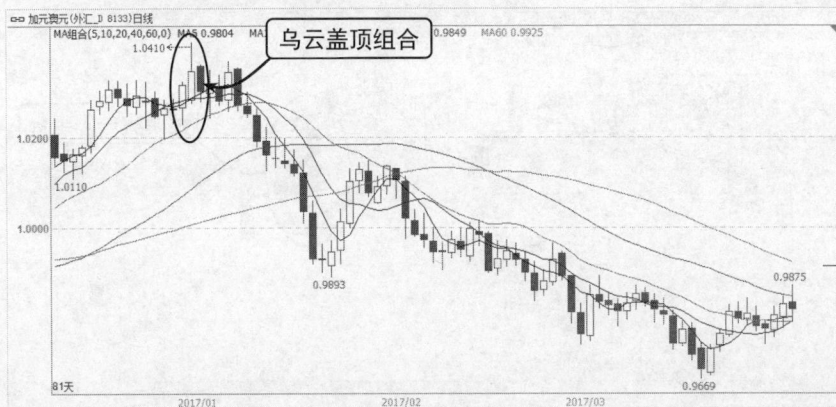

图 9-24　使用乌云盖顶组合分析外汇市场

第122项 两阴夹一阳分析外汇

在看涨的组合中有两阳夹一阴，那么在看跌的组合中自然也有两阴夹一阳。它具有如下的特征。

◆ 一般出现在跌势的途中，预示着汇率继续下跌。如果出现在涨势的末端，则适合长线看跌。

◆ 两阴夹一阳由三根不同K线组成，两边是阴线，中间为阳线。其中两根阴线实体较长，中间阳线实体较短。

常见的两阴夹一阳K线组合如图9-25所示。

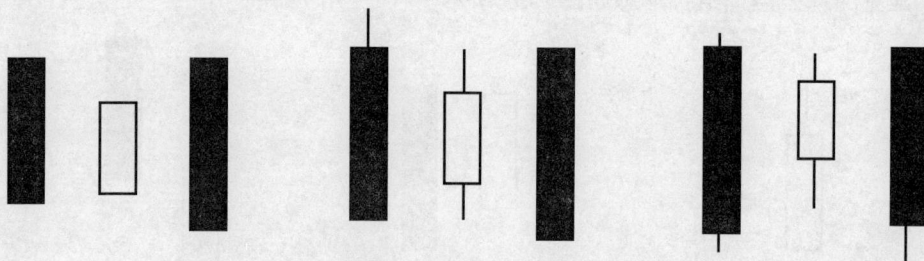

图 9-25 两阴夹一阳组合

应用示例——两阴夹一阳组合分析外汇市场

在加元兑换港币的2017年4～5月的价格K线图中，其汇率从4月底开始就下跌，并且在4月中下旬持续了下跌趋势。当无法判断进入5月价格如何变化时，4月19日与4月21日出现了一根大阴线，将4月20日出现的阳线完全覆盖，形成了两阴夹一阳组合，因此判断后市将继续下跌，如图9-26所示。

图 9-26 使用两阴夹一阳组合分析外汇市场

第123项 顶部身怀六甲分析外汇

前面介绍了底部身怀六甲组合是上涨的信号，而顶部身怀六甲则是一种下跌的信号，具体有如下的特征。

◆ 出现的位置一般是上涨行情的结尾。

◆ 身怀六甲组合由两根 K 线组成，第一根 K 线为阴线或阳线，柱体较长；第二根 K 线为实体较短的阳线或阴线。

◆ 第一根 K 线实体需包容第二根 K 线的实体，如果第二根 K 线为十字星，那么反转的信号则更为准确。

◆ 出现顶部身怀六甲组合，不要急于下单，需要量仓增加时再买入。

◆ 顶部身怀六甲组合也可能出现在下跌行情中，则在短期内会继续下跌。

无论是顶部身怀六甲还是底部身怀六甲，具体的形态都是类似的，这里不再列举，下面通过案例来进行分析。

应用示例——顶部身怀六甲组合分析外汇市场

在日元兑换英镑 2016 年 10~11 月的价格 K 线图中，从 9 月中旬开始，汇率价格开始上涨，到了 10 月 11 日出现一根大阳线，12 日出现一根小阴线，两根 K 线形成了身怀六甲组合，而此时成交量逐渐放大，因此后市开始下跌，如图 9-27 所示。

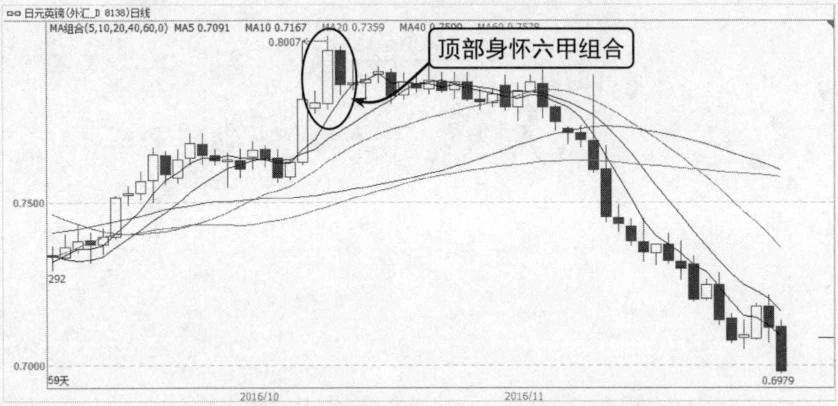

图 9-27 使用顶部身怀六甲组合分析外汇市场

第124项 三个黑小卒分析外汇

三根连续的小阳线组成了三个白小兵组合，那么由三根小阴线组成的 K 线组合就叫作三个黑小卒，它具体有如下的特征。

◆ 三个黑小卒是由三根 K 线组成，但需要结合其他 K 线辅助判断。如果前一天为一根较长的阳线，则信号更为准确。

◆ 在上升趋势中连续三天出现阴线，且柱体都比较短。每根阴线的收盘价低于前一天的最低价。

◆ 每天的开盘价在前一天的实体之内，每天的收盘价等于或接近当天的最低价。

三个黑小卒的具体形态如图 9-28 所示。

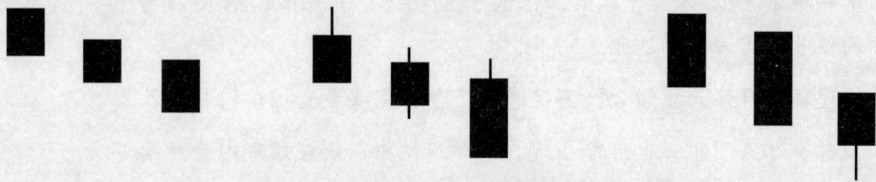

图 9-28　三个黑小卒组合

⚡ 应用示例——三个黑小卒组合分析外汇市场

在日元兑换加元的 2016 年 10～11 月的价格 K 线图中，从 9 月底开始，其汇率一直处于上涨阶段，到了 9 月 29 日，出现一个小阳线，之后连续三个交易日中出现了三根逐渐向下的小阴线，形成了三个黑小卒组合。在此之后，汇率极速下跌，如图 9-29 所示。

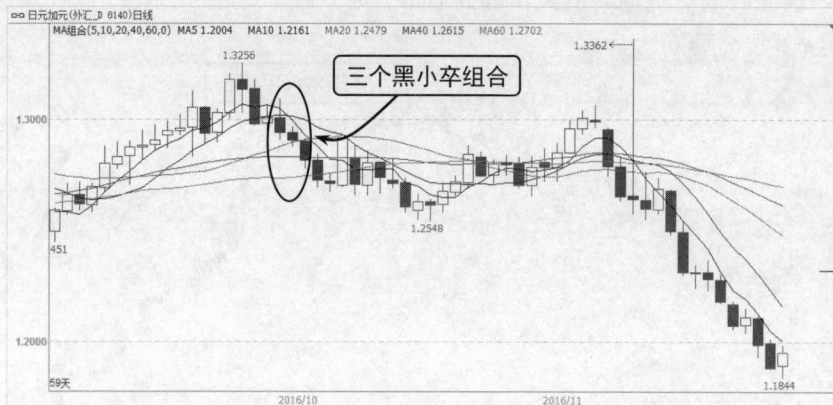

图 9-29　使用三个黑小卒组合分析外汇市场

第125项　顶部螺旋桨分析外汇

顶部螺旋桨组合是指螺旋桨形态的 K 线出现在顶部，它和底部螺旋桨组合有完全相反的意义，具体有如下的特征。

◆ 顶部螺旋桨一般出现在连续上涨的过程的顶端，如在下跌途中出现，继续看跌；在加速下跌行情中出现，则有见底回升的意义。

◆ 只有一根K线，可阴可阳，K线实体很小，上下影线较长。

◆ 顶部螺旋桨与长十字线相比，转势信号更强。

常见的顶部螺旋桨形态如图9-30所示。

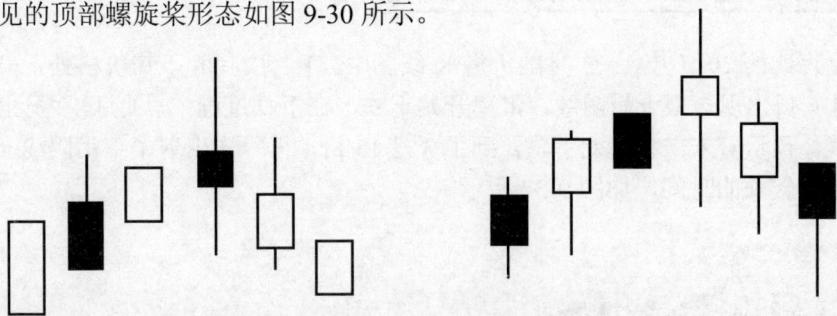

图9-30 顶部螺旋桨组合

应用示例——顶部螺旋桨组合分析外汇市场

在日元兑换加元的2016年9～11月的价格K线图中，进入9月之后汇率处于震荡上涨趋势中，9月27日在价格顶部区域出现了一根柱体较短，上下影线较长的阴线，与前后K线形成了顶部螺旋桨组合。此后价格开始反转下跌，如图9-31所示。

图9-31 使用顶部螺旋桨组合分析外汇市场

第126项 连续上吊阴阳线分析外汇

在上一章中，我们知道上吊阴阳线是汇率下跌的信号之一，因此在整体盘面中，如果连续出现上吊阴阳线，则是持续下跌的信号，具体有如下的特征。

◆ 一般出现在一段连续的下跌过程中,也可能出现在横盘整理或短暂上升势头的末端。

◆ 需要由两根或两根以上的 K 线组成。

◆ 形态并非完全是上吊阴阳线,只要是下影线较长的 K 线都可以。

应用示例——连续上吊阴阳线分析外汇市场

在印度卢比的 2017 年 1~3 月的价格 K 线图中,1 月中旬和下旬价格处于横盘整理阶段,1 月 6 日出现一根下吊阴线,汇率开始下跌,在下跌过程中,1 月 10 日出现了一根下吊阳线,预示着未来将可能下跌,到了 3 月 15 日,再一次出现了下吊阴线,因此此次下跌持续了较长的时间,如图 9-32 所示。

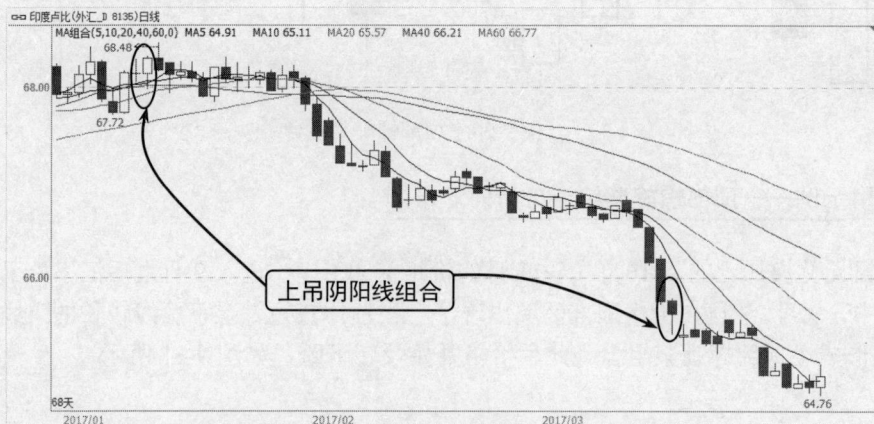

图 9-32　使用连续上吊阴阳线分析外汇市场

第127项　空方尖兵分析外汇

在 K 线组合中,空方尖兵组合和多方尖兵是完全相反的,它是非常准确的续跌信号,具体有如下的特征。

◆ 空方尖兵组合 K 线的数量不限。一般是刚开始卖方攻势强烈,出现一根较长的下影线的阴线,之后出现反弹的迹象,但卖方随之发动新一轮攻势,价格下跌到第一根阴线的影线之下。

◆ 空方尖兵组合出现的位置一般是在下跌过程中,如果是在下跌初期出现则信号最为明显。

◆ 在出现第一根 K 线之后,调整的时间越短越好。另外,如果在中间出现了明显的跌势,则空方尖兵不成立。

空方尖兵组合的常见形态如图 9-33 所示。

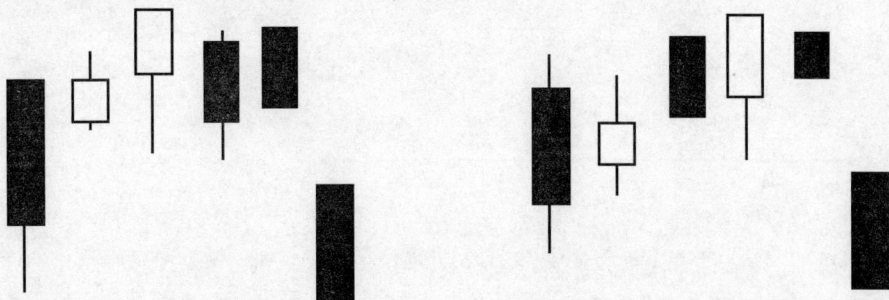

图 9-33　空方尖兵组合

应用示例——空方尖兵组合分析外汇市场

在丹麦克朗的 2017 年 5 月的价格 K 线图中，5 月之前价格一直处于横盘整理并略微下行，4 月 25 日出现一根大阴线，随后价格略微回升，5 月 4 日再次出现一根向下的阴线，形成了空方尖兵组合，因此后市汇率继续下跌，如图 9-34 所示。

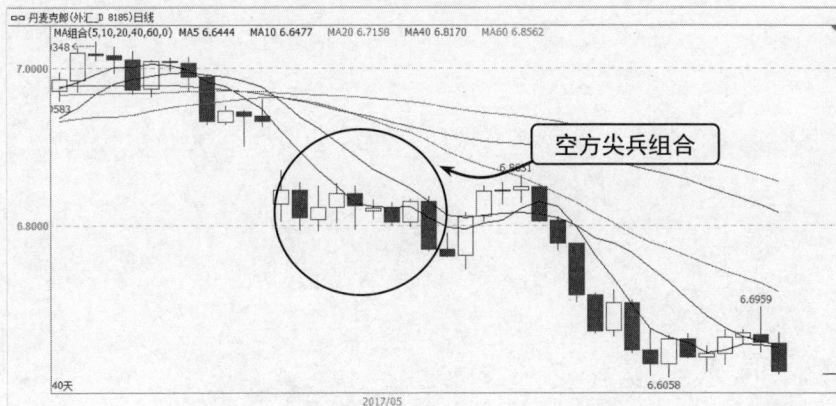

图 9-34　使用空方尖兵组合分析外汇市场

第10章

整理、反转形态分析外汇

各类 K 线除了可以形成组合之外，还会形成一定的
趋势。我们将这些趋势分为整理形态与反转形态两
种。在外汇价格分析过程中，正确应用这些形态对中
长线操作是非常有帮助的。

◇　对称三角形分析外汇
◇　上升与下降三角形分析外汇
◇　矩形形态分析外汇
◇　上升旗形形态分析外汇
◇　下降旗形形态分析外汇
◇　上升楔形形态分析外汇

◇　下降楔形形态分析外汇
◇　圆弧顶与圆弧底分析外汇
◇　V形底与V形顶分析外汇
◇　双重底与双重顶分析外汇
◇　头肩底与头肩顶分析外汇
◇　喇叭形反转分析外汇

一、K线整理形态

K线的形态多种多样，它分为：整理形态与反转形态两种。它们之间有什么区别呢？具体如图 10-1 所示。

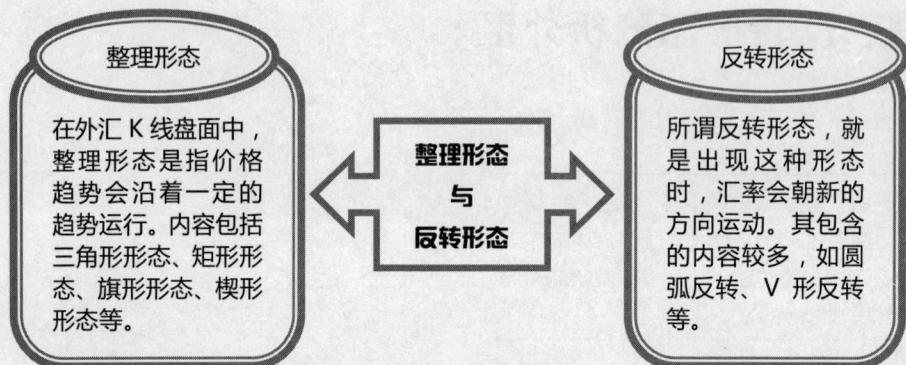

整理形态

在外汇 K 线盘面中，整理形态是指价格趋势会沿着一定的趋势运行。内容包括三角形形态、矩形形态、旗形形态、楔形形态等。

整理形态
与
反转形态

反转形态

所谓反转形态，就是出现这种形态时，汇率会朝新的方向运动。其包含的内容较多，如圆弧反转、V 形反转等。

图 10-1　两种 K 线整理形态

首先，我们来详细认识 K 线整理形态的内容。

第128项　对称三角形分析外汇

三角形整理形态是 K 线图中最常见的整理形态之一，它是指外汇的价格在一个对称的三角形形态中运行，价格沿着上边逐渐向下运动，沿着下边逐渐向上运动，最后将高点和低点连接起来即可。

一个对称三角形的形成，至少要有两个明显的短期高点和短期低点，具体的形态如图 10-2 所示。

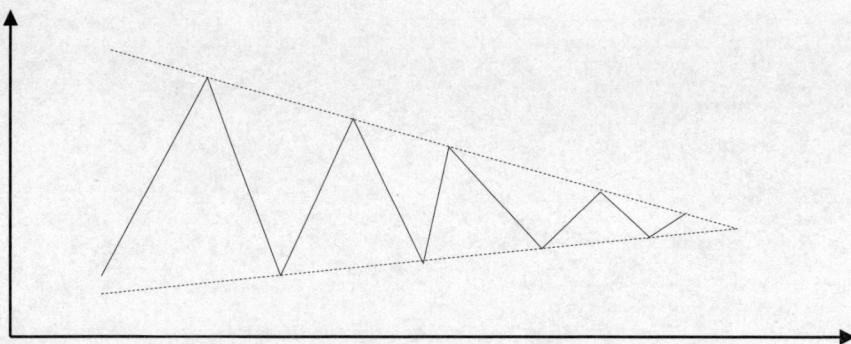

图 10-2　对称三角形形态

对称三角形形态要对外汇的价格起作用，一般是从价格的突破上来分析的。具体分为向上突破和向下跌破。

(1) 向上突破对称三角形

外汇价格向上突破对称三角形，指汇市从突破点开始出现涨势，具体形态如图 10-3 所示。

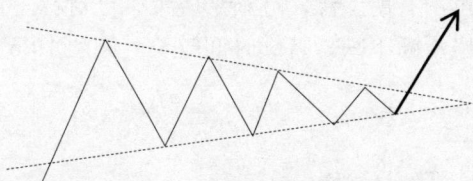

图 10-3　向上突破对称三角形

具体的应用，我们来看一个案例。

应用示例——突破对称三角形的应用

在日元兑换加元的 2016 年 11 月～2017 年 3 月的价格 K 线图中，从 2016 年 11 月开始价格出现下跌，随后又回升，此后不断地震荡形成了对称三角形形态，2 月 14 日，价格突破三角形上边线，开始向上运动，上涨势头较为强烈，如图 10-4 所示。

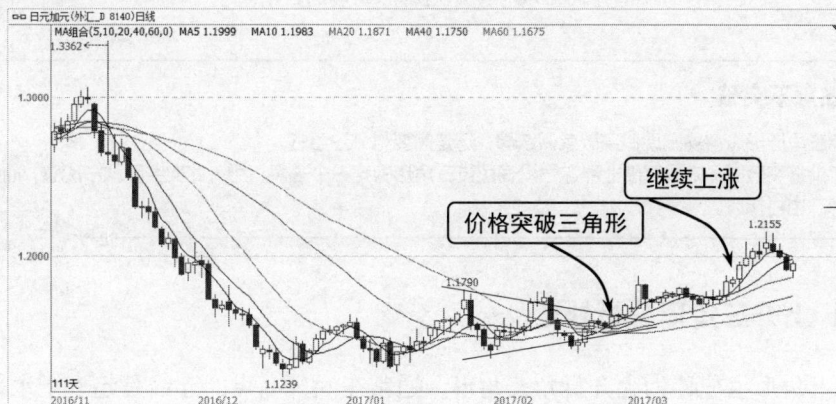

图 10-4　突破对称三角形的应用

(2) 向下跌破对称三角形

外汇价格向下跌破三角形下边线，汇市下跌，具体形态如图 10-5 所示。

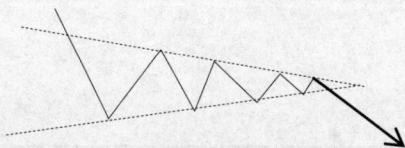

图 10-5　向下跌破对称三角形

📈 应用示例——跌破对称三角形的应用

在加元兑换日元的 2017 年 1～4 月的价格 K 线图中，1 月之前价格仍在上涨，进入 1 月之后开始回落，随后再次有所上涨，逐渐形成了一个对称三角形，2 月 28 日一根大阴线跌破下边线，随后价格不断下跌，持续时间较长，如图 10-6 所示。

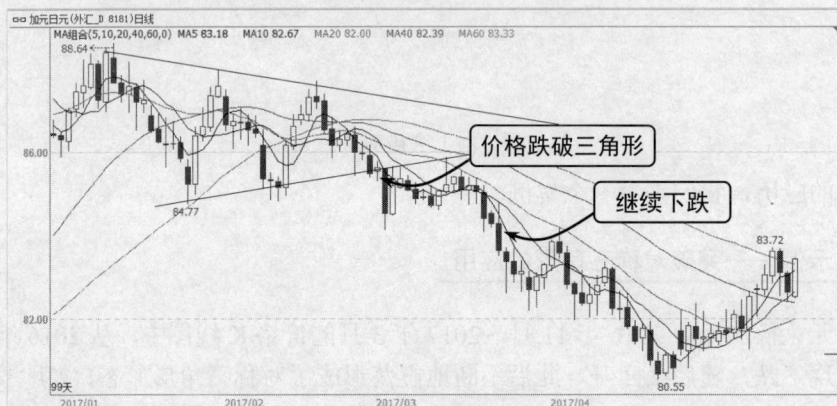

图 10-6　跌破对称三角形的应用

注意下突破

对称三角形形态容易出现假突破或假跌破，这是需要格外注意的。

如在价格突破时，如果突破上涨之后没有超过三角形的第一个高点，那么此次突破就不成立，而整个三角形形态也将作废。

第129项　上升三角形分析外汇

上升三角形也被称为上升直角三角形，通常在回升高点的连线是趋近于水平的，而连线的低点却不断升高，形成往上倾斜的上升斜线。具体形态如图 10-7 所示。

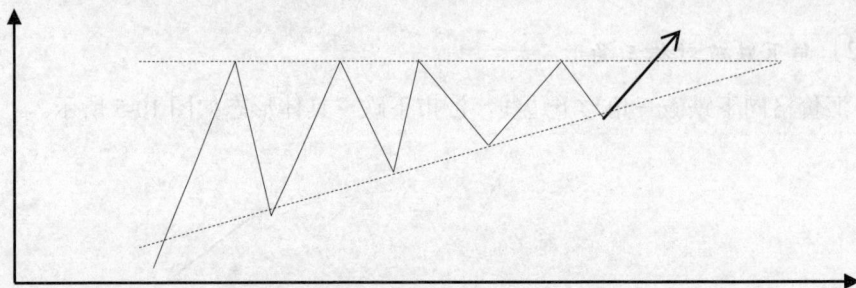

图 10-7　上升三角形

如上图中所展示的一样，在上升三角形整理形态的末端，如果有成交量的保证，一般往上突破的机会较大。

应用示例——上升三角形的应用

在澳元兑换瑞郎的 2016 年 7～9 月的价格 K 线图中，从 6 月开始，价格开始微幅下跌，6 月 16 日到达低点，之后逐渐回升。整个过程形成了一个向上的三角形整理形态。9 月 27 日价格突破上边线，开始剧烈上涨，如图 10-8 所示。

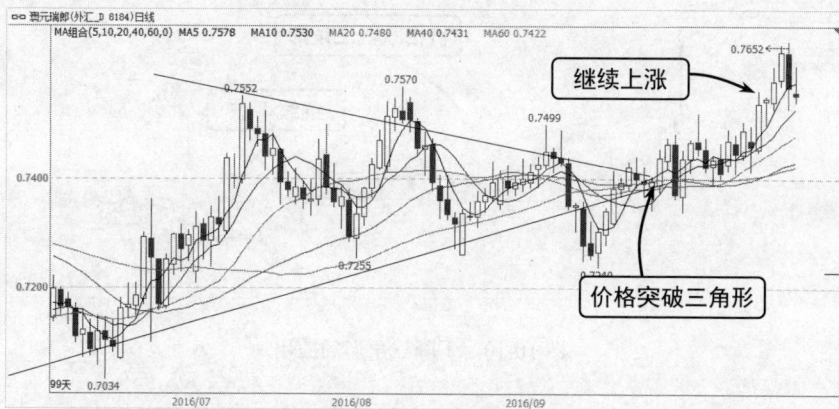

图 10-8　上升三角形的应用

第130项　下降三角形分析外汇

下降三角形和上升三角形是完全相反的整理形态，外汇价格的下跌不会太强烈，在下方形成一条水平的需求线，而上方的力量却不断减少，形成一个向下的三角形。具体的形态如图 10-9 所示。

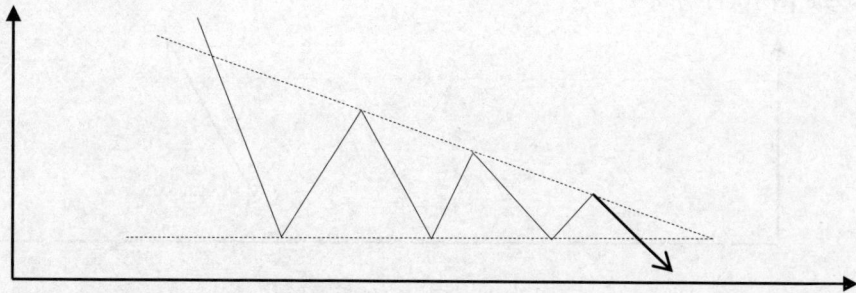

图 10-9　下降三角形

下降三角形形态是对空双方对垒时出现的情况，在整理的末端，如果有成交量的配合，价格往下跌破的机会较大。

📉 应用示例——下降三角形的应用

在英镑兑换纽元的 2016 年 6～11 月的价格 K 线图中，汇率从 6 月开始下跌，7 月到达低点，此后开始回升，之后再次下跌，8 月 25 日再次到达低点形成了一个下降三角形。9 月 25 日价格跌破下边线，汇率开始持续下跌，如图 10-10 所示。

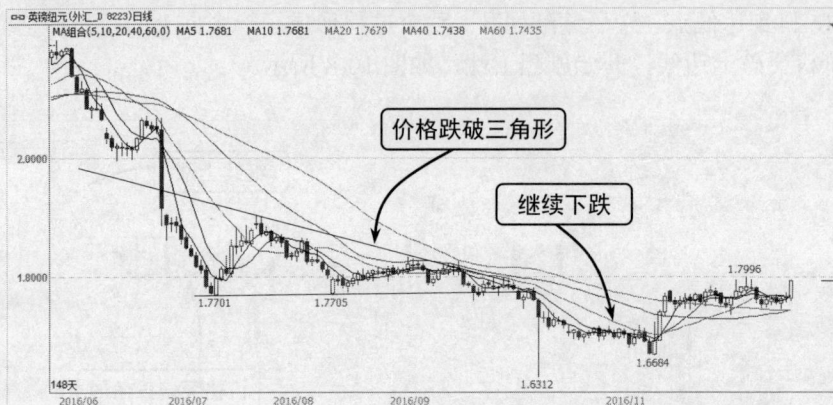

图 10-10　下降三角形的应用

第131项　矩形形态分析外汇

矩形是 K 线整理形态中比较简单的一种，它的外形是一个矩形，上边线和下边线都形成了水平平行。在具体应用上，矩形形态分为向上突破和向下跌破。

(1) 向上突破矩形形态

在形成矩形形态时，如果价格向上突破上边线，那么就会沿着该趋势继续运动，具体的形态如图 10-11 所示。

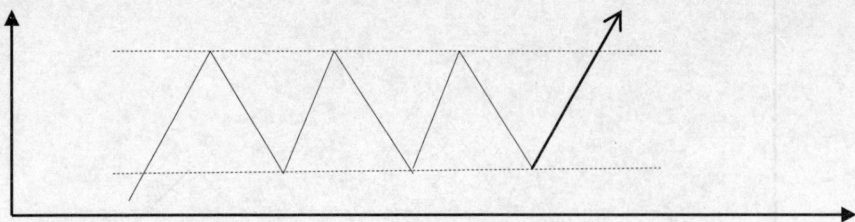

图 10-11　向上突破矩形形态

📉 应用示例——向上突破矩形形态的应用

在英镑兑换港币的 2016 年 8 月～2017 年 4 月的价格 K 线图中，2016 年 10 月开始价格一直处于横盘整理的阶段，并且高点与高点、低点与低点之间的位置几乎一样，形成了矩形整理。4月18日价格突破矩形上边线，此后出现剧烈上涨，如图10-12所示。

图10-12 向上突破矩形形态的应用

如何奇妙应用矩形形态

在矩形形态形成的初期，一般只受到基本面因素的影响，不会出现较大幅度的波动。当汇率向上突破时，如果有巨大的成交量配合，则为一种买入的信号，那么买入的信号更为准确。矩形形态在突/跌破后，后市的第3个交易日至一周时间之内会发生微幅反弹现象。

（2）向下跌破矩形形态

在形成了矩形形态之后，价格也可能向下跌破下边线，并沿着该趋势继续下跌。具体形态如图10-13所示。

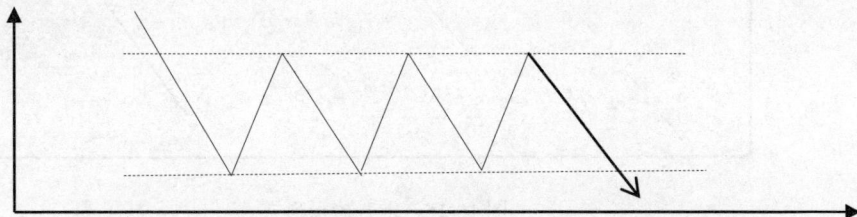

图10-13 向下跌破矩形形态

应用示例——向下跌破矩形形态的应用

在美元兑换马币的2017年2~6月的价格K线图中，从1月开始，价格一直处于横盘整理阶段，并且高点与高点、低点与低点之间相近，形成了矩形形态。但是在4月中旬，价格突然向下跌破矩形下边线，随后立刻出现了剧烈的跌幅，如图10-14所示。

图 10-14 向下跌破矩形形态的应用

第132项 上升旗形形态分析外汇

所谓旗形形态，就像一面挂在旗杆上的旗帜，一般会出现在急速且幅度较大的市场中，是一种非常有效的整理形态。

从外形上来说，旗形形态是价格在两条平行线之间的形态。不同于矩形形态，旗形形态的两条平行线并不是水平方向，而是呈现一定的倾斜。

旗形形态分为上升旗形与下降旗形。上升旗形是指价格的高点与低点都呈平行状倾斜向下，具体如图 10-15 所示。

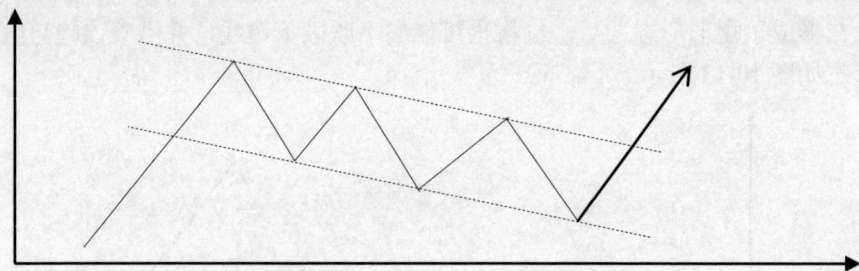

图 10-15 上升旗形形态

📈 应用示例——上升旗形形态的应用

在美元兑换加元的 2017 年 2～4 月的价格 K 线图中，从 2 月底开始，汇率一直处于上涨阶段，3 月 7 日开始出现了震荡下跌，高点与低点都保持在平行区间内，形成了上升旗形，4 月 12 日价格突破上边线继续上涨，如图 10-16 所示。

图 10-16　上升旗形形态的应用

旗形形态分析技巧

　　旗形形态最好是出现在极速上涨或下跌行情之后，如果走势较为平缓，发出的信号不是特别准确。在旗形形态期间，成交量一般会相应的减少，如成交量增加，则可能是价格反转。旗形形态持续的时间很短，最长不会超过 3 周，最短只有 3～4 个交易日。

第133项　下降旗形形态分析外汇

　　下降旗形和上升旗形是完全相反的，它是指价格的高点与低点都呈平行状倾斜向上，具体形态如图 10-17 所示。

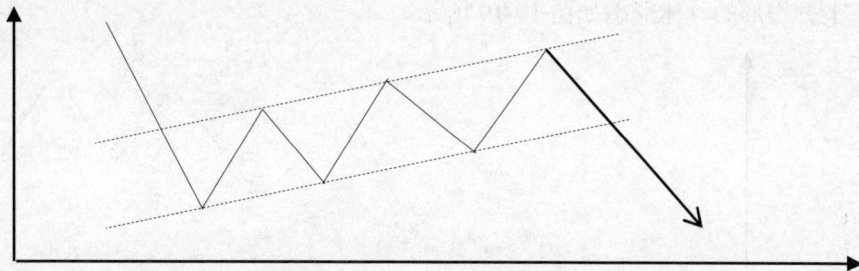

图 10-17　下降旗形形态

应用示例——下降旗形形态的应用

　　在美元兑换瑞郎的 2016 年 12 月～2017 年 4 月的价格 K 线图中，2 月之前价格一直在震荡下跌，中间虽然价格有所回升，但并不构成旗形。2 月之后开始，汇率开始上涨，高点与低点维持在一个平行区间，形成了下降旗形。3 月上旬，价格跌破下边线，开始继续维持下跌的趋势，如图 10-18 所示。

图 10-18　下降旗形形态的应用

第134项　上升楔形形态分析外汇

楔形形态是 K 线整理形态中比较特殊的一种，它既像三角形形态，也像旗形形态。一般来说，当外汇价格运行于两条趋势线之间，并逐渐向中间靠拢时，就形成了楔形形态，而趋势通道角度迅速变小，转折随即到来。

楔形形态同样分为上升楔形与下降楔形。上升楔形形态是发生在一段持续时间较长、势头较猛的下跌趋势中，在形态中虽然价格在不断上涨，但每一次上涨波动都比较弱，最终出现跌破。

上升楔形的具体形态如图 10-19 所示。

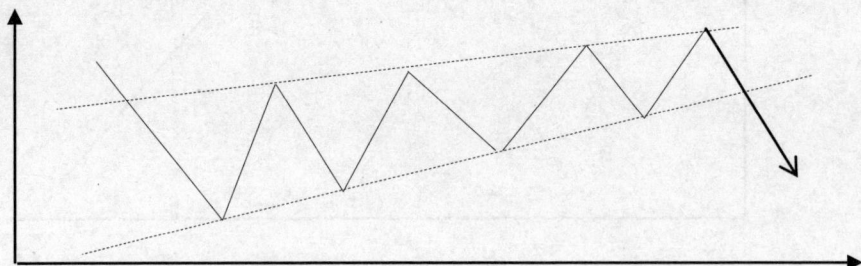

图 10-19　上升楔形形态

📈 应用示例——上升楔形形态的应用

在英镑兑换美元的 2015 年 12 月～2016 年 6 月的价格 K 线图中，2016 年 2 月之前其汇率价格一直处于下跌阶段，2 月之后价格开始回升，在回升过程中高点与低点缓慢靠拢，形成了上升楔形形态，6月上旬价格跌破楔形下边形，开始继续下跌，如图 10-20 所示。

图 10-20　上升楔形形态的应用

如何区别楔形与其他形态

楔形形态是整理形态中比较难判断的，应该如何区别它与其他的整理形态呢？

首先，楔形形态的两条线并非平行，延长之后肯定会相交成三角形形态，一般来说如果两条线倾斜的角度不大，在趋势内很难靠拢，就可以判断为楔形形态。

另外，楔形形态必须呈一定的倾斜角度，否则就和矩形形态类似。

旗形形态上升下降与楔形形态是相反的。

第135项　下降楔形形态分析外汇

下降楔形与上升楔形形态正好相反，它是指在外汇价格上涨一段时间后，上涨的能量开始减弱，价格逐渐向高点和低点的中间靠拢，形成下降趋势，在楔形结束后，往往会突破上边线。具体如图 10-21 所示。

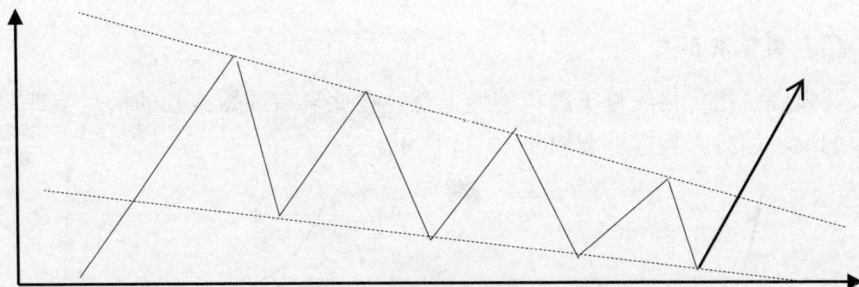

图 10-21　下降楔形形态

应用示例——下降楔形形态的应用

在欧元兑换纽元的 2017 年 2～5 月的价格 K 线图中，从 2 月底开始价格呈现涨势，一直涨到 3 月 14 日出现一次高点，此后价格开始回落，在回落过程中高点与低点逐渐靠拢，形成了下降楔形。4 月 22 日出现了一根大阳线之后，价格突破了楔形的上边线，开始了新一轮的剧烈涨势，如图 10-22 所示。

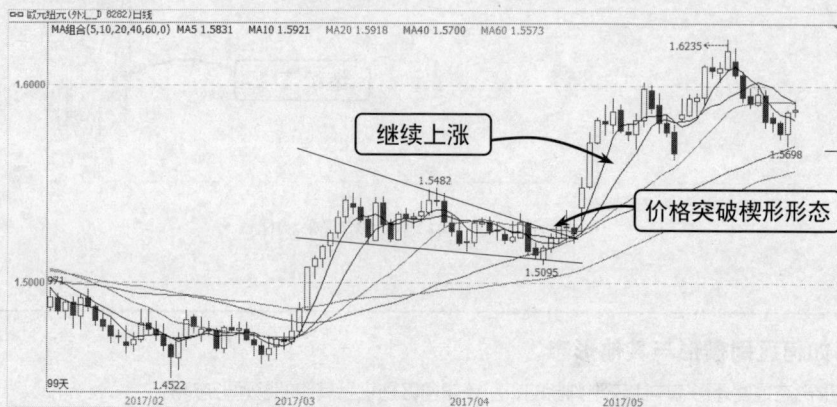

图 10-22　下降楔形形态的应用

二、K 线反转形态

K 线的反转形态出现的频率要比整理形态多，在实战中也更为重要，一旦投资者掌握了外汇的价格反转规律，就可轻松应对价格风险，实现快速获利。

第136项　圆弧顶与圆弧底分析外汇

在反转形态中最常见的就是圆弧顶与圆弧底，具体内容如下。

（1）圆弧底形态

圆弧底是指价格缓慢下跌再缓慢上涨，在底部有或短或长的横盘整理，形成一个圆弧形的反转趋势。具体形态如图 10-23 所示。

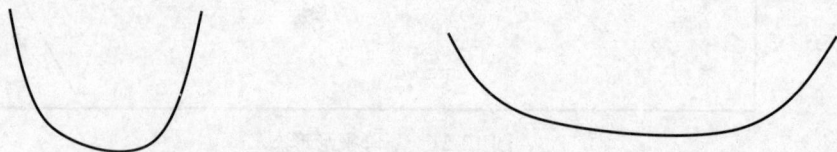

图 10-23　圆弧底形态

究竟圆弧底是如何指导汇市的呢？下面通过实例来说明。

应用示例——圆弧底形态的应用

在欧元兑换港币的 2017 年 2～6 月的价格 K 线图中，价格在 2 月前期一直处于下跌趋势中，在 2 月 22 日下跌到了第一次低点，此后在底部开始了一段横盘整理趋势，3 月 3 日再次出现一次低点，在此之后价格逐步缓慢上涨，与前期形成了圆弧底反转形态。后市上涨，且幅度较大，如图 10-24 所示。

图 10-24　圆弧底形态

（2）圆弧顶形态

与圆弧底相反的是圆弧顶反转形态，它是指价格在经过上涨之后，在顶部形成横盘整理之后出现下跌，具体形态如图 10-25 所示。

图 10-25　圆弧顶形态

应用示例——圆弧顶形态的应用

在美元兑换泰铢的 2017 年 1～3 月的价格 K 线图中，从 2016 年 12 月开始了一段较为剧烈的上涨趋势，进入 1 月，价格已经到达了高位，1 月 3 日到达了高点，在顶部形成了短暂的横盘整理，1 月 11 日出现了一根较长柱体的阴线，此后价格开始下跌，并且和之前的趋势形成了圆弧顶反转形态。下跌的幅度和上涨的幅度相近，如图 10-26 所示。

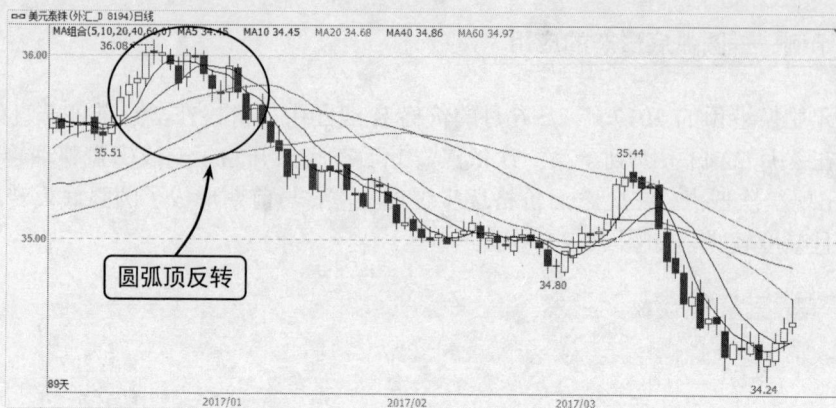

图 10-26　圆弧顶形态的应用

第137项　V 形底与 V 形顶分析外汇

当价格到达底部或顶部不出现横盘整理时，就形成了 V 形底或 V 形顶。

V 形反转的应用要点

V 形反转在应用时最好注意如下的细节。

在转势点必须有成交量配合，如果缺少了成交量，趋势可能不会反转或形成圆弧反转。

如果价格已经形成了 V 形反转，但之后出现了跌破或突破，则 V 形后半段的趋势无效。

(1) V 形底形态

V 形底反转指的是外汇价格快速下跌之后又立刻上涨，并且在反转期间没有横盘整理，只留下一个低点，具体的形态如图 10-27 所示。

图 10-27　V 形底反转

应用示例——V 形底反转的应用

在欧元兑换日元的 2017 年 2～6 月的价格 K 线图中，进入 3 月之后，汇率开始下跌，下跌的趋势比较缓慢，4 月之后突然加速向下，4 月 21 日到达低点，之后迅速上涨，涨幅剧烈，形成了 V 形底反转，此后价格继续上涨，如图 10-28 所示。

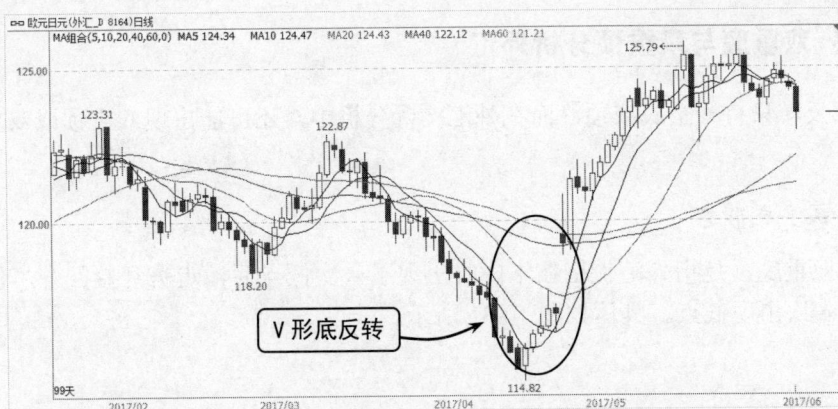

图 10-28　V 形底反转的应用

（2）V 形顶形态

V 形顶和 V 形底是相反的，它是指外汇价格在快速上涨之后出现快速下跌，形成倒 V 形状，如图 10-29 所示，

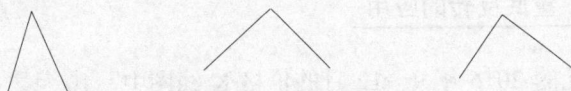

图 10-29　V 形顶反转

应用示例——V 形顶反转的应用

在英镑兑换瑞郎的 2017 年 3～6 月的价格 K 线图中，从 3 月份开始，汇率就开始出现较为剧烈的上涨，进入 4 月之后上涨速更快，5 月 18 日到达高点，之后立刻出现了下跌，形成了 V 形顶反转，下跌的势头强劲，如图 10-30 所示。

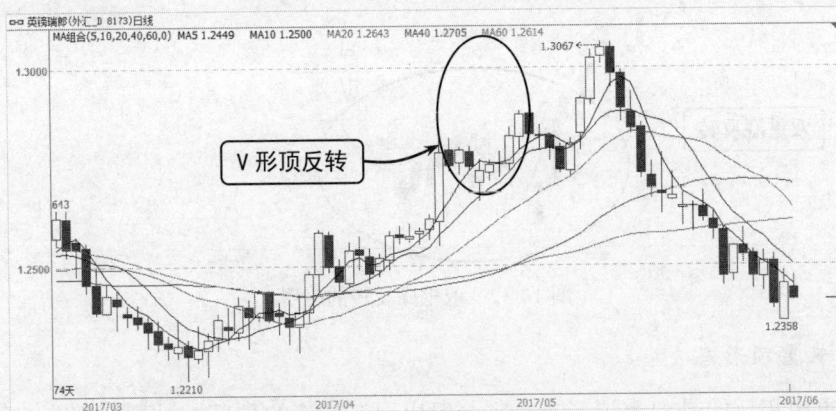

图 10-30　V 形顶反转的应用

第138项 双重底与双重顶分析外汇

V 形反转只有一个底或顶，而在外汇实际分析中，还可能出现双重顶或双重底，形成"W"形态。

(1) 双重底形态

所谓双重底，是指外汇价格在下降时出现了一次低点后，走势开始回升，但之后再次回落又一次出现低点。具体如图 10-31 所示。

图 10-31　双重底形态

应用示例——双重底反转的应用

在英镑兑换欧元的 2016 年 9～12 月的价格 K 线图中，10 月之前价格一直处于下跌的趋势，在 10 月 12 日出现了一次价格低点后出现回升，但之后继续下跌，11 月 3 日又出现了一次低点，形成了双重底反转。在此之后，汇率价格走出跌势开始上涨，如图 10-32 所示。

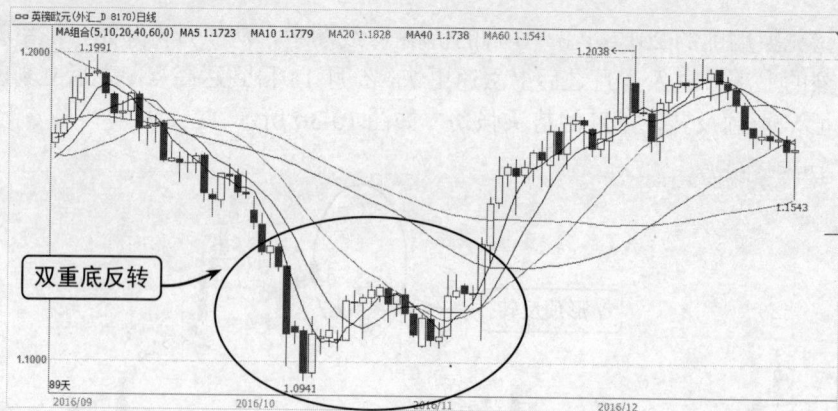

图 10-32　双重底反转的应用

(2) 双重顶形态

与双重底相反的是双重顶形态，它一般出现在价格的顶部，是指汇率在一段上涨之后出现回落，但之后再次冲高形成了两次高点。具体的形态如图 10-33 所示。

图 10-33　双重顶形态

📉 应用示例——双重顶反转的应用

在瑞郎兑换英镑的 2016 年 9～12 月的价格 K 线图中，从 9 月开始价格一致处于上涨趋势，10 月 8 日达到高点后出现回落，此后在 10 月 29 日再次达到高点，形成双重顶反转形态。此后价格开始反转下跌，如图 10-34 所示。

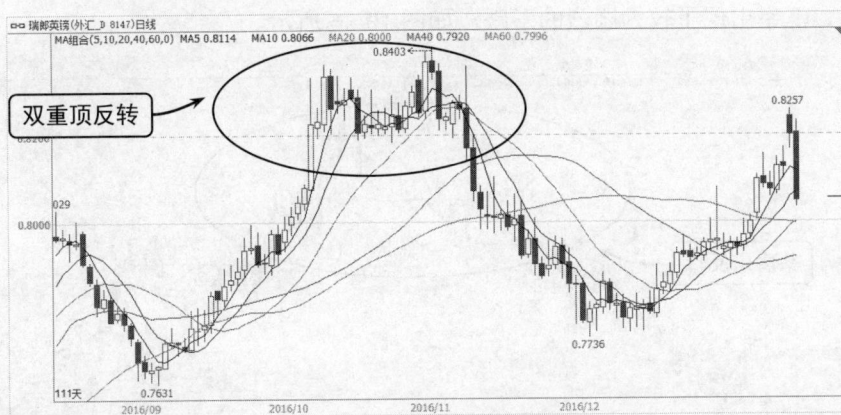

图 10-34　双重顶反转的应用

三重顶与三重底

外汇价格会形成 V 形反转、双重顶/底反转，自然也会形成三重顶/底反转。

三重顶与三重底是指在价格涨跌之后，出现 3 个高点或低点，反转信号更为强烈，三重顶、三重底和圆弧反转的区分就在于它的顶点非常明显。

第139项　头肩底与头肩顶分析外汇

在反转形态中，还有一种较为特殊的形态——头肩形反转。

(1) 头肩顶形态

头肩顶顾名思义就是像人的头部和肩部，有一个高点与两个副高点。具体指价格在上涨中先回落，然后再升到最高点，之后再次下跌，然后再次上升到一个高点，之后出现下跌趋势，具体如图 10-35 所示。

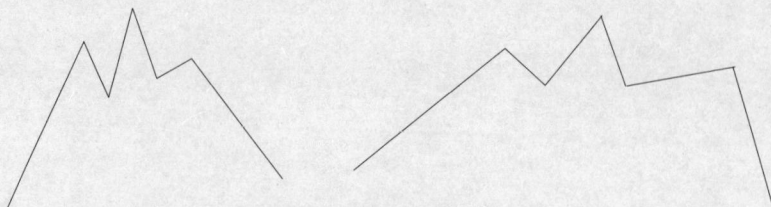

图 10-35　头肩顶形态

应用示例——头肩顶反转的应用

在美元兑换韩币的 2016 年 11 月至 2017 年 3 月的价格 K 线图中，价格从 2016 年 10 月开始上涨，于 2016 年 11 月底到达高点之后出现回落，同时在 1 月下旬涨至最高点后再次下跌，同时在此之后于 3 月初再次冲至一次副高点，与前面形成头肩顶反转形态。在此之后，汇率出现了较为剧烈的下跌，如图 10-36 所示。

图 10-36　头肩顶反转的应用

（2）头肩底形态

如果外汇价格在下跌过程中出现回落，再次下跌后又反转上涨，总共出现了两次副低点一次低点，那么就形成了与头肩顶相反的反转形态——头肩底，具体的形态如图 10-37 所示。

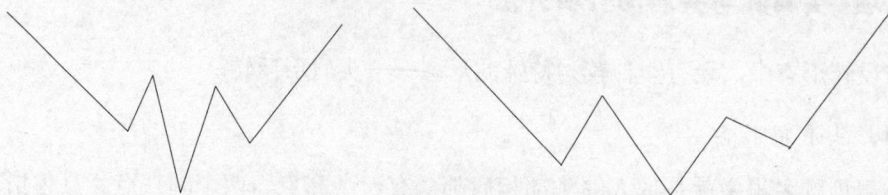

图 10-37　头肩底形态

应用示例——头肩底反转的应用

在美元兑换澳元的2017年1月～2017年4月的价格K线图中,从2017年1月开始,价格呈现下跌趋势,2月下旬跌至了一次低点,之后出现反转回升,然后再次下跌至比上一次更低的位置后又开始回升,2017年3月之后再次跌落至一次低点,形成了头肩底形态,此后价格开始反转上涨,如图10-38所示。

图10-38 头肩底形态

第140项 喇叭形反转分析外汇

在反转形态中,还有一种比较特殊的形态,它没有顶部和底部之分,且一般是出现在高价区域,这就是喇叭形反转。

喇叭形反转指外汇价格在连续冲高之后出现小幅回落,然后再次回升,之后再次跌落。在这个过程中,高点越来越高,而低点越来越低,类似于一个喇叭形态。具体的形态如图10-39所示。

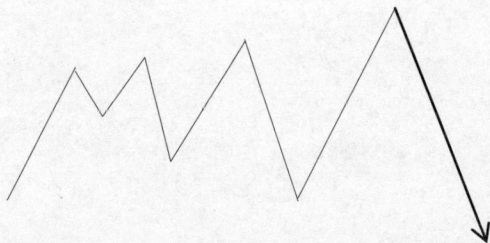

图10-39 喇叭形反转形态

下面通过实例来分析喇叭形反转的特点。

应用示例——喇叭形反转的应用

在澳元兑换欧元的 2016 年 12 月～2017 年 4 月的价格 K 线图中，从 2016 年 12 月开始，汇率开始震荡上涨，2017 年 2 月 26 日到达高点，回落之后继续冲高，在这个过程中出现了 3 次高点与 3 次低点，4 月 16 日出现最后一次高点之后形成了喇叭形反转形态。在此之后，价格开始极速下跌，幅度非常剧烈，如图 10-40 所示。

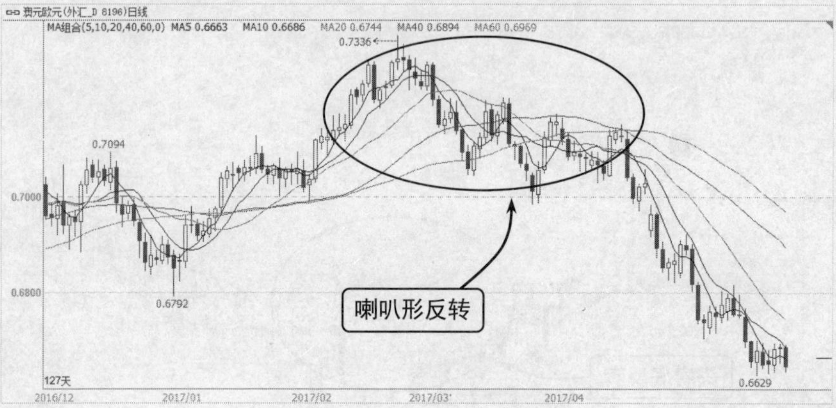

图 10-40 喇叭形反转的应用

第11章

认识外汇的分析理论

人们为了更好地投资理财，在分析 K 线图的时候研制了许多非常有效且专业的分析理论，如波浪理论、缺口理论等都是 K 线分析的好帮手。本章我们将用这些理论来分析外汇市场。

一、波浪理论分析外汇

外汇价格起起伏伏，我们可以将其看作大海中的波浪而在有规律地运行。为此，美国证券分析家拉尔夫·纳尔逊·艾略特就利用这种规律研制出了一套价格趋势分析工具——波浪理论，也可以将其称为艾略特波段理论。

第141项 什么是波浪理论

简单来说，波浪理论是指外汇价格在不断地重复周期运行，每一个周期由 5 个上升浪和 3 个下跌浪组成。具体的形态如图 11-1 所示。

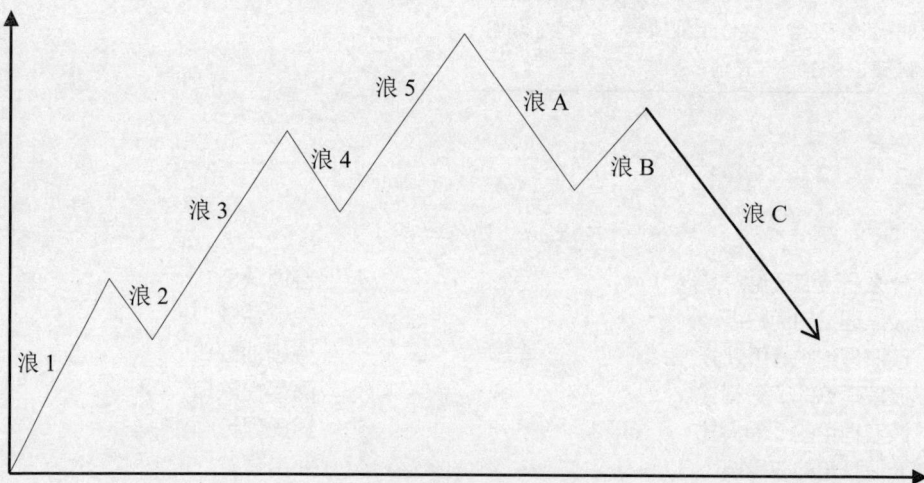

图 11-1　波浪理论形态

要形成一个波浪理论，如果只看上图的形态是不够的，还需要满足图 11-2 所示的要求，如果不能满足，则会造成分析结果的偏差。

1	一次完整的波浪循环包括 8 个波浪，5 次上涨与 3 次下跌。
2	波浪可合并为高一级的浪，也可以再分割为低一级的小浪。
3	一般来说，跟随主流趋势的波浪可以分割为低一级的 5 个小浪。
4	在浪 1、浪 3、浪 5 波浪中，第 3 浪不可以是最短的一个波浪。

图 11-2　波浪形成的要点

5	第 4 浪的底不可以低于第 1 浪的顶部。
6	时间的长短不会改变波浪的形态，因为市场仍会依照其基本型态发展。
7	8 个波浪完毕之后，一个循环即告完成，走势将进入下一个 8 次波浪循环中。

图 11-2　波浪形成的要点（续）

第142项　波浪理论的优缺点

任何一种理论都有其优劣，波浪理论最大的优势就在于它可以帮助掌握外汇的大势，通过 8 条波浪来判断未来的持续与转折。

除此优势之外，我们必须要明确波浪理论的缺陷，这样才能在实战中避免出现预测偏离。波浪理论具体的缺陷如图 11-3 所示。

1 确认开始 → 波浪理论最困难也是到目前为止都没能很好地加以解决的问题，就是无法判断第一浪的位置。当我们进入汇市时看到的趋势可能是第一浪也可能是第三浪，稍有偏离就会带来巨大的损失。

2 浪中有浪 → 波浪理论是浪中有浪，可以无限伸延，在一次上升浪中，可以包含无数的上升小浪与下跌小浪，持续时间可长达几年甚至几十年。同时下跌浪也可以包含无数小浪。

3 难以断顶 → 波浪理论的持续时间非常长，许多时候是无法判断是否出现顶部或者底部，这就很难预测是否开始了新一级的波浪。

4 主观性强 → 波浪理论是一套主观分析工具，毫无客观准则。因此它在变化万千的汇市中会十分危险，出错机会也比较大。

5 局限性 → 波浪理论，最早用于股市分析，但不能应用于个股。在汇市中，汇率没有这种限制，但偶尔也会出现微幅偏离。

图 11-3　波浪理论的缺点

第143项　波浪理论的等级划分

图 11-1 所展示的波浪理论只是一种理想状态，实战中是很难出现的。正如前文所言，每一股大波浪中都会隐藏着无数的小波浪，而多个小波浪也可能组成一次新的大波浪，如图 11-4 所示。

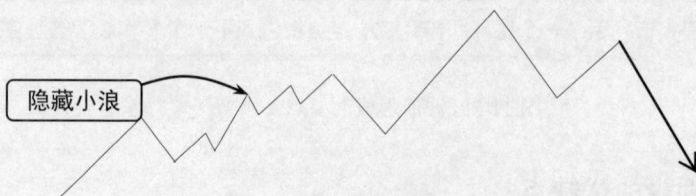

隐藏小浪

图 11-4　浪中有浪

在整个过程中，会出现非常多的小浪，具体的级别如图 11-5 所示。

特大超级循环级	超级循环级	循环级
基本级	中型级	小型级
细级	微级	次微级

图 11-5　波浪理论等级的具体划分

应用不同的标记方法

不是所有的波浪等级都会有一定的运动趋势，要研究波浪理论，就需要将各个不同级别的趋势分别命名，采用不同的符号将其区分开，这样才能避免出现预判错误的情况。

第144项　波浪理论的 5 浪模式

在认识了波浪理论的基本形态之后，接下来我们来分别详细了解每一条波浪的意义。

所谓波浪的 5 浪模式，是指一次完整波浪中的前 5 浪，包含 3 条上升浪与 2 条下跌浪。具体如图 11-6 所示。

图 11-6　上升 5 浪模式

在上升 5 浪过程中，其中浪 1 为启动浪；浪 2 为首次调整浪；浪 3 为发展浪；浪 4 为二次调整浪；浪 5 为冲高浪。其中每一浪的意义如图 11-7 所示。

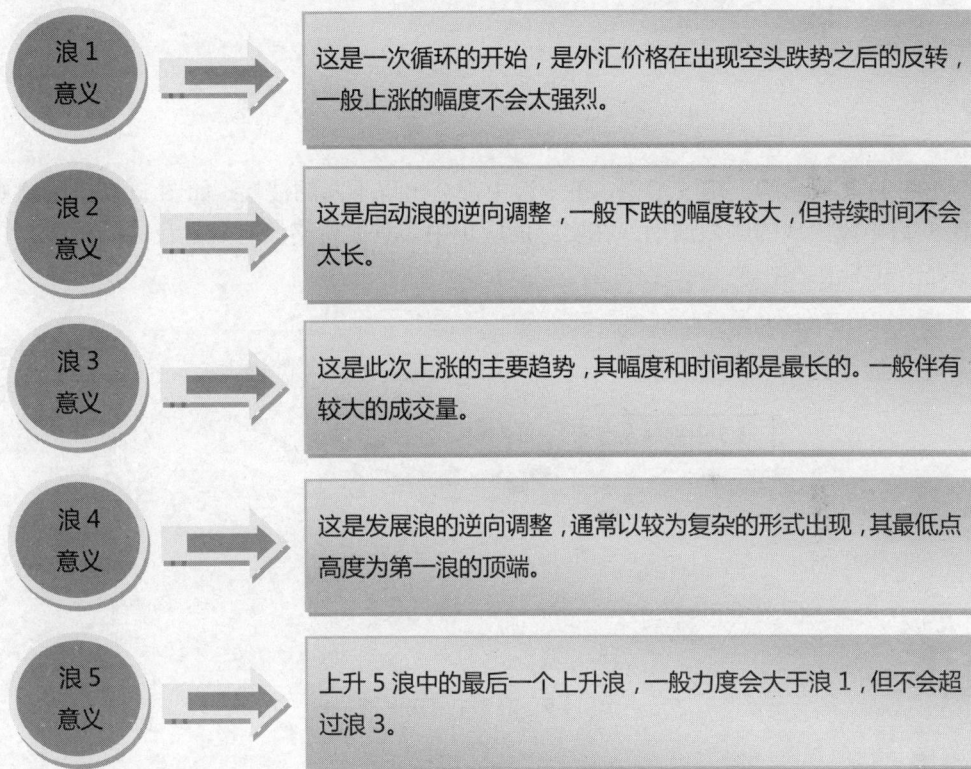

浪 1 意义	这是一次循环的开始，是外汇价格在出现空头跌势之后的反转，一般上涨的幅度不会太强烈。
浪 2 意义	这是启动浪的逆向调整，一般下跌的幅度较大，但持续时间不会太长。
浪 3 意义	这是此次上涨的主要趋势，其幅度和时间都是最长的。一般伴有较大的成交量。
浪 4 意义	这是发展浪的逆向调整，通常以较为复杂的形式出现，其最低点高度为第一浪的顶端。
浪 5 意义	上升 5 浪中的最后一个上升浪，一般力度会大于浪 1，但不会超过浪 3。

图 11-7　上升 5 浪的意义

在实际的外汇走势中，上升 5 浪有如下的应用。

应用示例——上升 5 浪的应用

在美元兑换日元的 2016 年 11 月开始，汇率开始上涨，形成了浪 1，之后出现了时间较短的回落，形成了浪 2，2016 年 11 月，汇率再次上涨，幅度与时间都非常剧烈，形成了浪 3，2016 年 12 月到达高点之后价格开始回落，形成了浪 4，在经过一段时间的下跌之后，价格再次上涨，形成了浪 5，如图 11-8 所示。

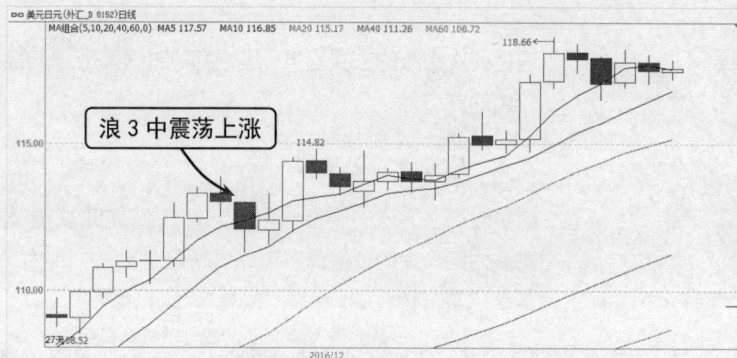

图 11-8　上升 5 浪的应用

在图 11-8 所示的上涨 5 浪中，每一浪中都会出现不同的波幅，如图 11-9 所示的就是在浪 3 后半段出现的剧烈波动，在实际的应用中，只要价格没有到达反转的位置，它就仍然处于基本浪之中。

图 11-9　浪 3 中震荡上涨

倾斜三角形

在上升 5 浪中，可能会出现一种倾斜三角形形态，该如何应用呢？

倾斜三角形通常出现在一段非常迅速的暴涨或暴跌后，成交量逐渐萎缩，波动的幅度逐渐减缓，趋势线逐渐变为一个倾斜的三角形。多头倾斜三角形出现在头部，暗示趋势将向下反转；空头倾斜三角形出现在下降末端，暗示趋势将向上反转。

第145项 波浪理论的 3 浪模式

除了上涨 3 浪之外，一次完整的波浪还有下跌 3 浪，这其中包括两次下跌浪和一次上涨浪。

在下跌 3 浪中，第一次下跌的波浪被称为首次下跌浪，随后反弹的波浪被称为反弹浪，最后一次下跌波浪被称为二次下跌浪。

具体的形态如图 11-10 所示。

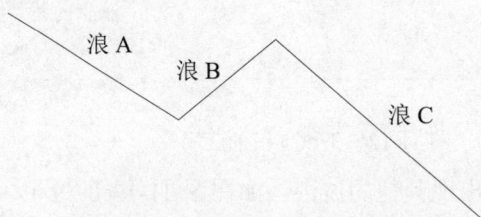

图 11-10 下跌 3 浪模式

在这 3 浪中，每 1 浪的具体意义如图 11-11 所示。

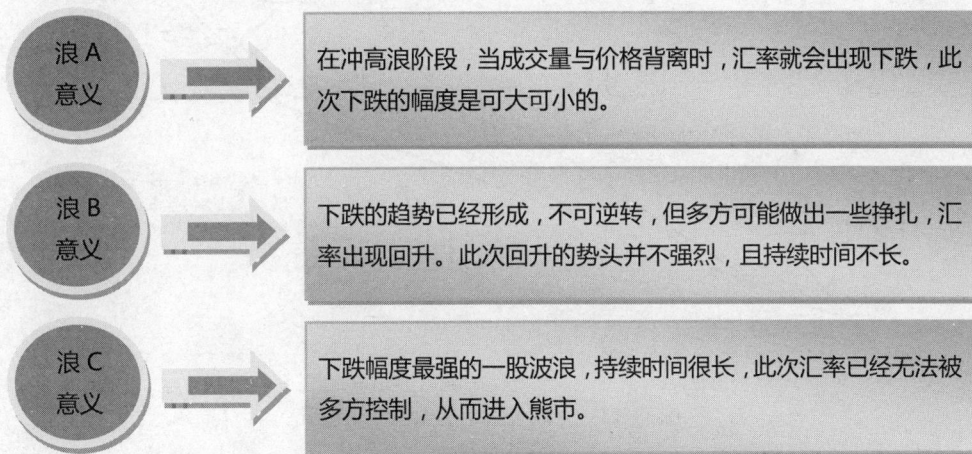

浪 A 意义	在冲高浪阶段，当成交量与价格背离时，汇率就会出现下跌，此次下跌的幅度是可大可小的。
浪 B 意义	下跌的趋势已经形成，不可逆转，但多方可能做出一些挣扎，汇率出现回升。此次回升的势头并不强烈，且持续时间不长。
浪 C 意义	下跌幅度最强的一股波浪，持续时间很长，此次汇率已经无法被多方控制，从而进入熊市。

图 11-11 下跌 3 浪的意义

应用示例——下跌 5 浪的应用

在澳元兑换加元 K 线图中，从 2016 年 11 月开始，价格就一直处于下跌形态之中，2016 年 11 月 22 日下降到一次低点，形成了浪 A，之后出现价格回升，形成浪 B，再经过短暂上涨之后无法阻挡下跌的趋势，出现了剧烈的下跌，形成了浪 C，如图 11-12 所示。

图 11-12　下跌 5 浪的应用

　　牌价在下跌过程中，也会出现其他的波浪，如在图 11-13 的浪 B 中，卢布牌价就形成了一次上涨 5 浪模式，如图 11-13 所示。

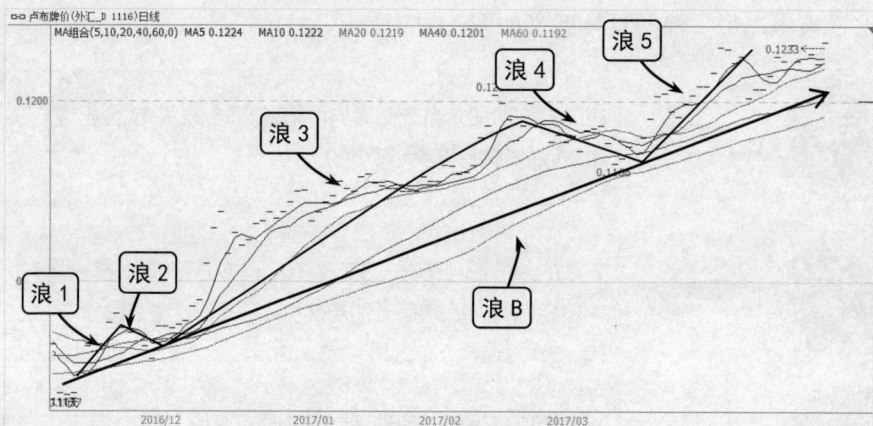

图 11-13　下跌过程中的上涨 5 浪模式

第146项　波浪理论的应用技巧

　　在使用波浪理论分析外汇市场的时候，如果掌握了如下的一些技巧，会使其发挥更大作用，也更有利于快速找到汇市规律。

(1) 波浪的组成

　　一次完成的波浪必定是由 5 个次一级的波浪组成的；而调整浪必定是由 3 个次一级的波浪组成的。

如在一次波浪 1、2、3、4、5、A、B、C 中，1、3、5、A、C 是推动浪，这其中一定存次一级的小浪，同时，在这其中小的调整浪也会存在，但影响不大。

（2）波浪的延长

在波浪理论中，如果推动浪中的某一个浪的幅度和持续时间比其他浪延伸了许多，那么将其称为延伸浪。

如果出现了延伸浪，这说明行情在某个方向的力度会加强，投资者可根据相应的幅度做出多空操作。

需要注意的是，在 5 浪模式中，如浪 1、3、5 的其中一个浪出现了延伸，那么另外两个浪的幅度就很难再出现延伸。3 浪模式也是同样如此。

（3）波浪与新闻消息

发明波浪理论的艾略特指出，市场的变化与新闻消息是没有直接联系的。这一点需要投资者格外注意。

一般来说，市场放出利空、利多消息时，波浪已经形成，而一旦波浪形成，任何消息都很难转变其走势。因此如果要深入利用波浪理论分析汇市，一定要在波浪走势与新闻消息、心理作用等方面找到平衡。

二、缺口理论分析外汇

缺口也被称为跳空，是指外汇价格在快速大幅变动中有一段价格没有任何交易，显示在股价趋势图上是一个真空区域，我们在前面已经对缺口有了简单的介绍，如跳空上扬 K 线组合形态等。这里我们再详细地来认识下 K 线缺口理论。

第147项 什么是缺口理论

缺口一般有两种表现形式，一种是跳空高开，另一种是跳空低开。外汇交易市场一般在周末不进行交易，因此出现跳空的机会非常大。

不寄希望于缺口

任何人都希望汇率出现跳空形态，在外汇实战中出现跳空的概率也比较多，但这是可遇而不可求的。

一般来说，跳空的情况是因为出现了极为利多或利空的消息，在休市期间汇率基本面情况严重偏移，这往往是投资者无法及时把握的，因此不要过分地揣测缺口出现的位置。

(1) 跳空高开

跳空高开是汇率在上涨过程中出现开盘价高于上一交易日的最高价的情况，具体形态如图 11-14 所示。

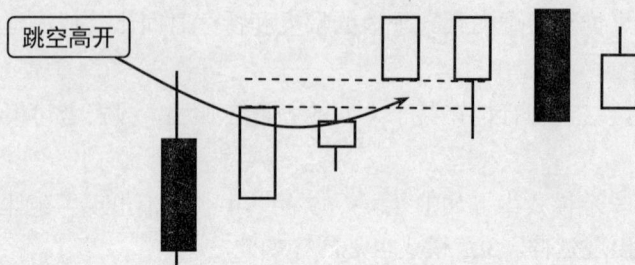

图 11-14　跳空高开

(2) 跳空低开

跳空低开和跳空高开是完全相反的形态，指在汇率下跌过程中出现开盘价低于上一交易日的最低价的情况，具体形态如图 11-15 所示。

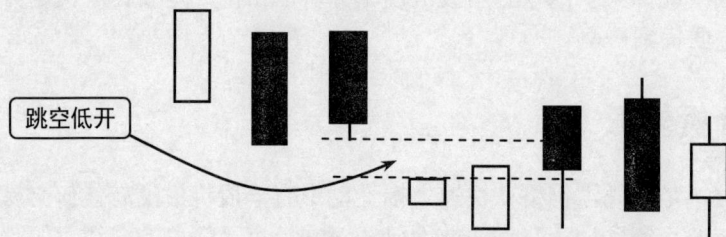

图 11-15　跳空低开

(3) 补空

出现了缺口，自然就需要将缺口填补上。在缺口理论中，将填补缺口称为补空，是指价格出现了反转，回到了原来的空缺位置。具体如图 11-16 所示。

图 11-16　补空

第148项 普通缺口

普通缺口在外汇市场上是非常容易出现的，它就是上面列举的两种跳空高开和跳空低开形态，这种形态一般不会影响汇率的趋势。

应用示例——普通缺口的应用

在欧元兑换英镑的 2017 年 5～6 月的价格 K 线图中，5 月开始，价格一致处于上涨阶段，5 月中旬连续出现了两根柱体较长的阳线，并形成了跳空高开，此后价格并没有改变，继续上涨，如图 11-17 所示。

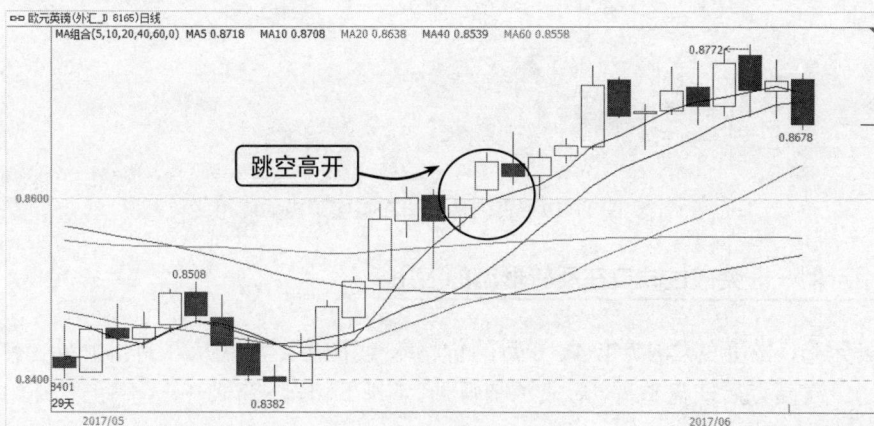

图 11-17 普通缺口的应用

第149项 突破性缺口

突破性缺口是当一个密集的整理形态或反转形态完成后价格突破时产生的缺口。在整理反转形态中，价格可能超出边缘线，此时并不能判断是否是跌破或突破，而一旦出现缺口，表示突破/跌破已经形成。具体如图 11-18 所示。

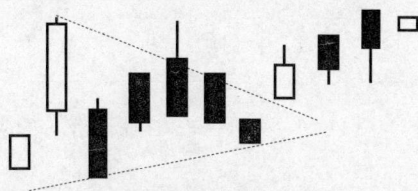

图 11-18 突破性缺口

下面通过实例来看看突破性缺口的应用。

📊 应用示例——突破性缺口在持续形态的应用

在欧元兑换瑞郎的 2017 年 4～6 月的价格 K 线图中，价格经过了前期的上涨，在 4 月份形成了一次箱体震荡形态。5 月 8 日，汇率跳空上涨，正式突破了箱体上边线，开始持续上涨，如图 10-19 所示。

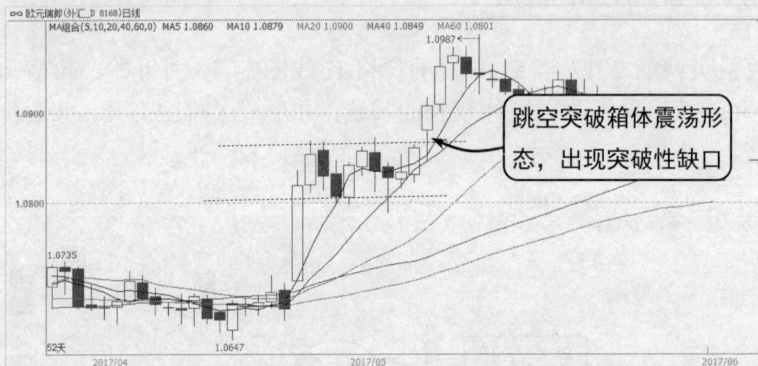

图 11-19　突破性缺口在持续形态的应用

📊 应用示例——突破性缺口在反转形态的应用

在美元兑换欧元的 2017 年 4～6 月的价格 K 线图中，汇率从 3 月份开始上涨，4 月中旬到达一次高点后横盘整理，形成了圆弧顶。4 月下旬，跳空低开，汇率正式开始下跌，如图 11-20 所示。

图 11-20　突破性缺口在反转形态的应用

第150项　持续性缺口

持续性缺口，是指在 K 线中一个整理反转形态到另一个形态之间出现的缺口，其作用是加大升跌的力度。具体形态如图 11-21 所示。

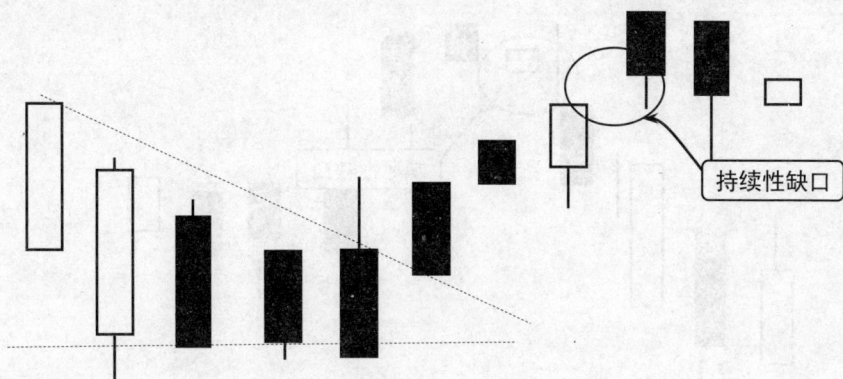

图 11-21　持续性缺口

应用示例——持续性缺口的应用

在欧元兑换澳元的 2017 年 5～6 月的价格 K 线图中，从 4 月开始，价格一直处于上涨趋势中，4 月中旬开始调整，并持续到了 4 月下旬。此后价格完成调整后开始继续上涨，到了 4 月 24 日形成了一次跳空高开，因此汇率上涨的幅度增加，直到 6 月前后才开始调整，如图 11-22 所示。

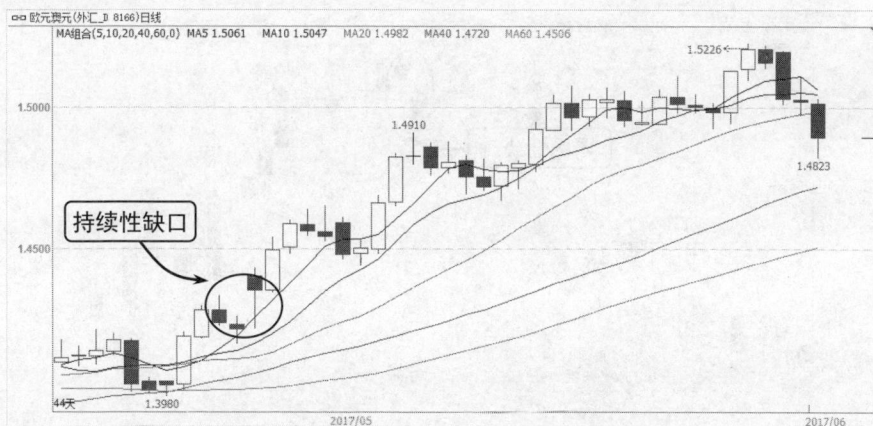

图 11-22　持续性缺口的应用

第151项　竭尽性缺口

竭尽性缺口也被称为消耗性缺口，它通常出现在一段极速上涨或下跌阶段的末期，表示趋势将告一段落，即将进入反转或整理阶段。这里需要注意的是，竭尽性缺口在出现之后很快就会被补空。竭尽性缺口的具体形态如图 11-23 所示。

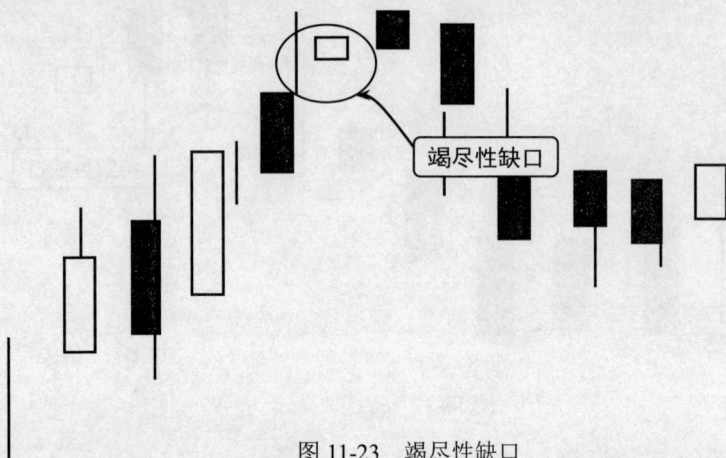

图 11-23　竭尽性缺口

应用示例——竭尽性缺口的应用

在英镑兑换纽元的 2017 年 5～6 月的价格 K 线图中，5 月中旬之前，价格一直处于上涨阶段，5 月 10 日出现一根中阴线之后，价格出现了竭尽性跳空，形成一根小阴线，之后汇率便开始下跌，如图 11-24 所示。

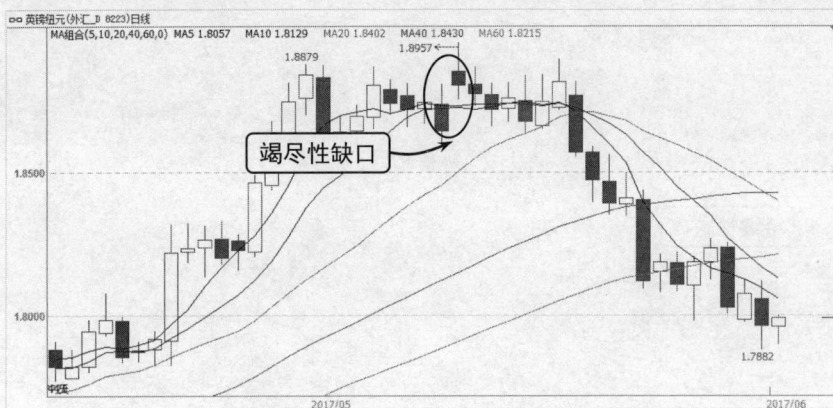

图 11-24　竭尽性缺口的应用

当出现了一个突破性缺口的时候，后方所接的可能是持续性缺口，也可能是竭尽性缺口，那么在实战中应该如何判断呢？

◆　在上升行情中，如果缺口发生在当日或下一个交易日，成交量突然大量增加，并在一段时间内不可能出现更大的成交量时，说明汇率将在未来一段时间内出现下跌，也就是会出现竭尽性缺口。

◆ 如果缺口出现后，在下一个交易日有反转的行情，且收盘价停在缺口的边缘，则缺口是竭尽性缺口。

◆ 在下跌的趋势中，如果出现缺口，且成交量急剧萎缩，则缺口可能为竭尽性缺口。

三、其他外汇分析理论

除了波浪理论与缺口理论之外，在外汇市场中还有很多盘面分析理论，巧妙地应用这些理论，可以提升外汇投资技巧，快速掌握获利方法。

第152项 道氏理论

道氏理论是人们对市场盘面研究的鼻祖，最早是由查尔斯·道所提出的，它是一种反映市场总体趋势的技术手段。

道氏理论最重要的内涵就是认为汇率会随市场的趋势同向变化，同时反映市场趋势和状况。汇率的变化表现为 3 种趋势：主要趋势、中期趋势及短期趋势。这 3 种趋势在图形中的反映如图 11-25 所示。

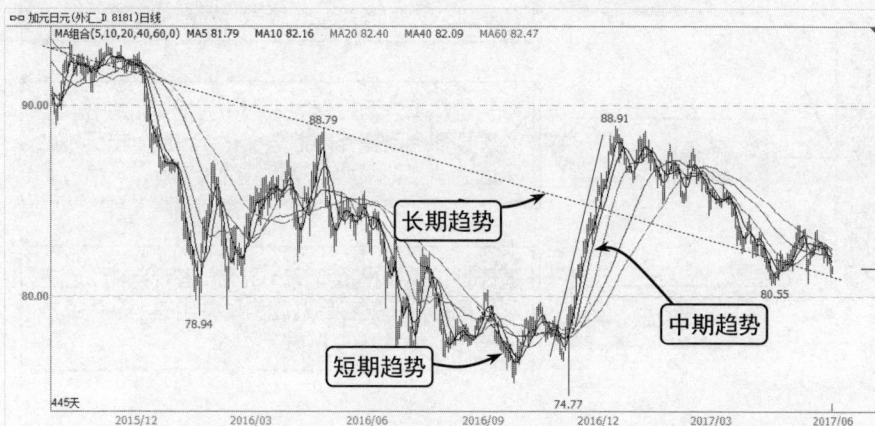

图 11-25　道氏理论的 3 种趋势

判断图 11-25 所示的 3 种趋势，要满足图 11-26 所示的条件。

长期趋势

要判断一段趋势是否是长期，需要保证它的持续时间在 1 年以上，且汇率上涨幅度一般超过 20%。另外，在主要趋势中可以不包括中期趋势或短期趋势。

图 11-26　道氏理论 3 种趋势的条件

中期趋势 ➤ 中期趋势必须出现在长期趋势之中，且与主要趋势的方向完全相反，一般判断中期趋势的标准是持续时间超过 3 个星期，幅度为主要趋势的 1/3 ~ 2/3。

短期趋势 ➤ 短期趋势可以直接存在于长期趋势中，也可能存在于中期趋势中，一般来说，它会与上一级趋势的方向完全相反。短期趋势的持续时间一般在 1 周左右。

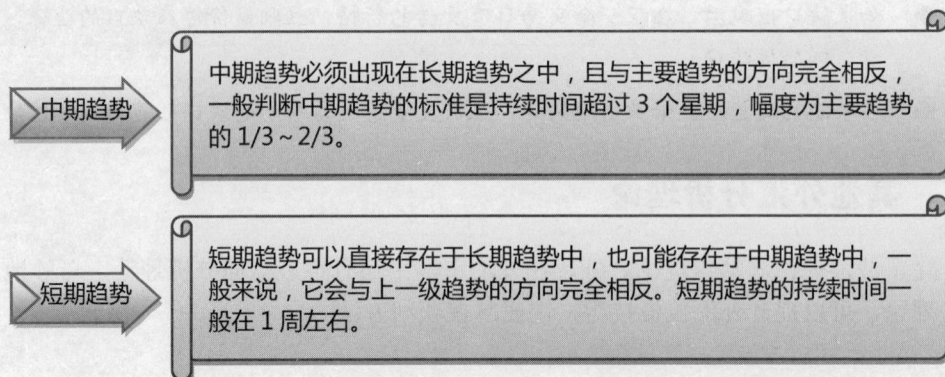

图 11-26　道氏理论 3 种趋势的条件（续）

　　除了上述的 3 种趋势之外，道氏理论主要的内容还包括 3 种假设，这是在 3 种趋势之上衍生的理论。具体如图 11-27 所示。

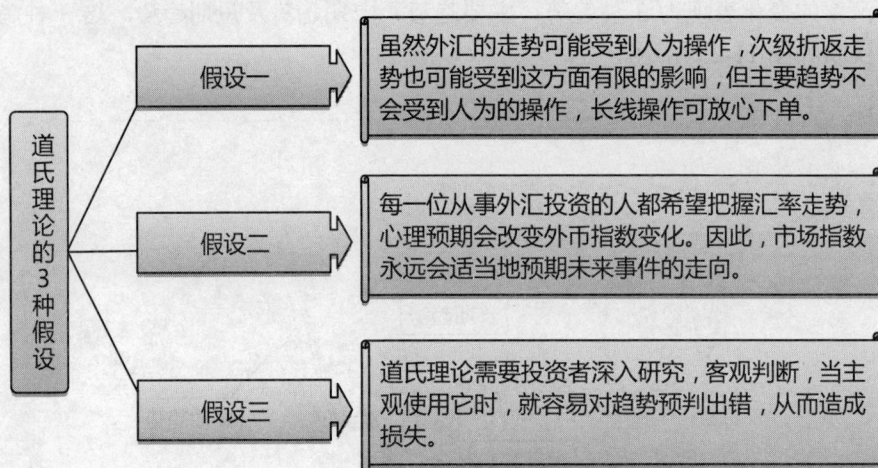

道氏理论的 3 种假设

假设一 ➤ 虽然外汇的走势可能受到人为操作，次级折返走势也可能受到这方面有限的影响，但主要趋势不会受到人为的操作，长线操作可放心下单。

假设二 ➤ 每一位从事外汇投资的人都希望把握汇率走势，心理预期会改变外币指数变化。因此，市场指数永远会适当地预期未来事件的走向。

假设三 ➤ 道氏理论需要投资者深入研究，客观判断，当主观使用它时，就容易对趋势预判出错，从而造成损失。

图 11-27　道氏理论的 3 种假设

第153项　亚当理论

　　亚当理论是由美国经济学家威尔德所创立的投资理论，是一种技术理论。它是指运用各类指数数据指引投资者用特殊的方式观察汇市，并且指引投资者用特别的方法进行外汇操作的理论。

　　亚当理论最大的特点就是简单与直接，它不用通过复杂的技术手段，而是使用简单的一个理论就为投资者指引方向，其主要内容包括图 11-28 所示的 5 项。

保留资金

不要将所有的资金都用于一次下单中，持仓量不能过满。保留一定的资金，对追加与止损都有着非常重要的作用。

慎用技术指标

亚当理论认为技术指标只是投资过程中的辅助功能，最主要的还是技术分析，如果过分依赖 RSI、SAR 等技术指标，往往会造成最终的失败。

拒绝马后炮

在外汇市场中投资，必须彻底摈弃马后炮行为，切记不能当一段行情过了之后，还一直认为会出现新的信号组合。

及时认清错误

及时认清投资中的错误，对挽回损失、转损为盈是非常重要的。在这个过程中，最重要的是总结经验与整理资金，个人决不能和市场较劲。

理论有缺陷

亚当理论认为，投资市场上的任何一种理论与技术手段都有缺陷，没有一种方法可以准确预测汇率的变化。

图 11-28　亚当理论的主要内容

亚当理论在总结了如上这些理论后，人们在其基础上继续深入发展，总结出了如下所示的外汇投资理论。

◆　如果在短期内出现了亏损，不要企图通过长期扭转，要及时撤离市场。

◆　除非出现和趋势相同的操作方向，否则要有损失准备或进行止损。

◆　亚当理论的观点是，任何一天，不要让自己亏掉操作资金的 10% 以上。

◆　如果盘面出现了爆炸性的发展，切记不要预测反转，也不要逆市操作。

◆　在为投资加码时，也不能停止损，这和套期保值是类似的。

◆　合理损失是投资过程中所应当的，但不能让其演变成不可收拾的大损失。

◆　最好不要主观预测走势的顶部或底部，而应该让市场自己显现出来。

◆　当出现连续的多空操作之后，一定要保持操作弹性，不可持续不变。

第154项 江恩理论

江恩理论是由经济学家威廉·江恩所提出的一种技术理论。江恩理论明确指出，市场的价格运行趋势不是混乱无序的，可以通过数学的方法进行预测。

江恩理论是一项非常系统的理论，包括图形与理论。在 MT4 软件中，一般都包含江恩图形，具体如图 11-29 所示。

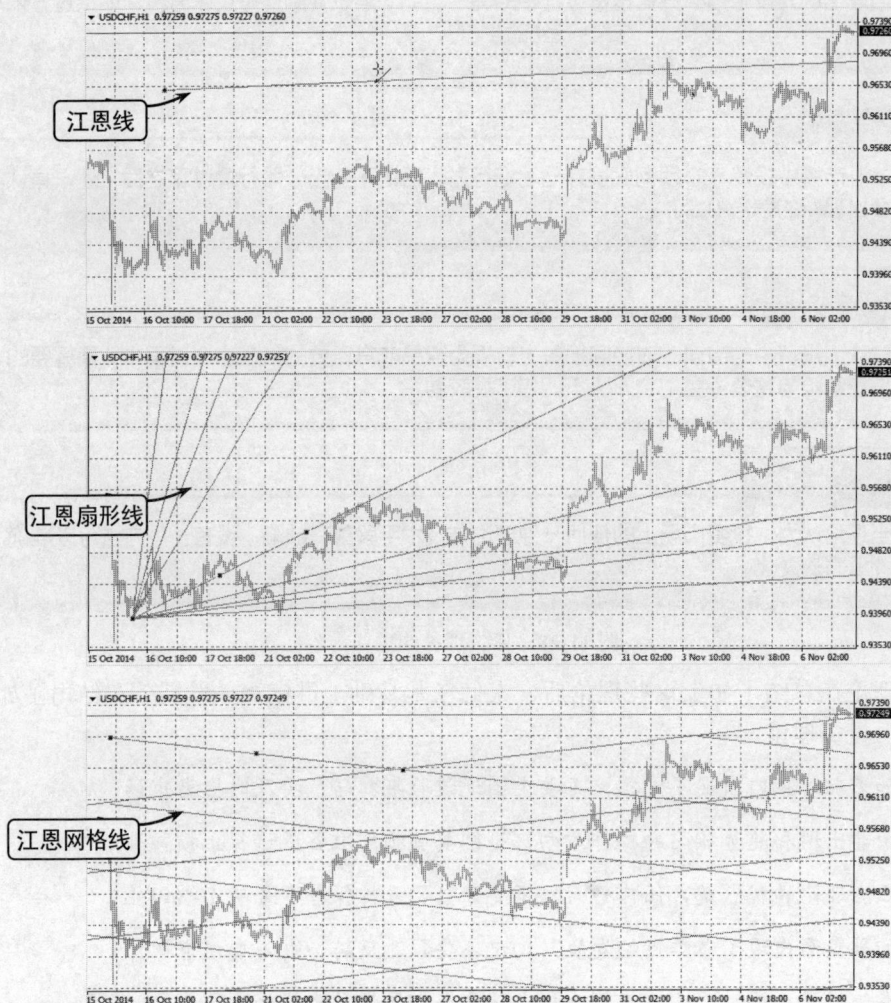

图 11-29　江恩理论图形

除了图形之外，江恩理论还有一种回调理论，它是江恩价格理论中最重要的一部分，是指价格在主运动形式中暂时的反转运动。

根据价格水平线的概念，将 50%、68%、100%作为回调位置是价格运动趋势的强大的支持或阻力所在。不论价格上升或下降，在江恩价位中，50%、63%、100%最为重要，它们分别与几何角度45°、63°和90°相对应，这些价位通常用来决定建立50%回调带。

对此，可从如下的一个简单例子来分析。

某外汇牌价价格从40元最高点下降到20元最低点后开始反转，价格带的空间为20元（40元－20元）。这一趋势的50%为10元，即上升到30元时将回调。

而30元与20元的价格带的50%为5元，即回调到25元时再继续上升。升势一直到40元与20元的75%，即35元时再进行50%的回调，最后上升到40元后完成对前一个熊市的100%回调。

而针对上面所说的3个角度，有图11-30所示的分析要点。

1	如果价格穿过了50%回调价位，下一个回调将会出现在63%的价位。
2	如果价格穿过了63%回调价位，下一个回调将会出现在75%的价位。
3	如果价格穿过了75%回调价位，下一个回调将会出现在100%的价位。
4	当价格出现在50%回调位时，出现反转的可能是非常大的。
5	在某些特别的时候，无论上涨或下跌，价格都可能会突破100%回调价位。

图11-30　江恩理论回调的应用

第12章

利用成交量与移动平均线分析外汇

当我们打开外汇 K 线图时，在图中会看到许多不同颜色的线段将 K 线连接起来，另外还可能在 K 线图下方看到不同长短的柱体。这两项内容正是在价格分析中非常重要的成交量与移动平均线。

一、成交量分析外汇

在本书前面的内容中经常提及成交量这个词，那么成交量究竟是什么，它有什么特殊的意义，与价格之间又存在什么关系呢？下面就来详细了解它。

第155项 什么是成交量指标

所谓成交量，是指一个时间单位内对某项交易成交的数量。一般情况下，成交量指的是成交金额的数量而不是手数。

在图形分析中，一般应用的是成交量指标，具体形态如图 12-1 所示。

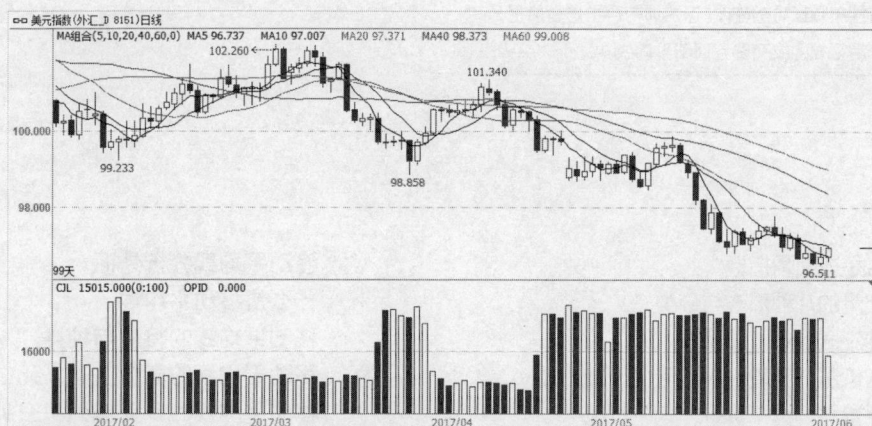

图 12-1　成交量指标

在成交量指标中，一般会包含如下所示的内容。

◆ **横坐标**：横坐标是时间坐标，一般与 K 线图的使用同一坐标。

◆ **纵坐标**：成交量数额坐标，要特别注意数量单位。

◆ **成交量柱体**：表示当日成交量的数据，K 线为阳线为空心柱体，K 线为阴线是实心柱体。

◆ **成交量平均线**：某些投资软件的成交量指标和移动平均线，是连接一定统计周期内成交量数平均数的线段。

第156项 成交量的几种形态

成交量数量在不断变化，而在变化过程中又会产生许多特殊的形态，这些形态也是直接分析价格走势的工作之一。

(1) 缩量

缩量是指市场中成交量极为清淡，大部分投资者对后市都不太看好，具体分为如下的两种情况。

◆ **看淡后市**：只有人卖，少有人买。

◆ **看跌后市**：只有人买，少有人卖。

缩量一般发生在下跌趋势的末期，此时最好紧急出局，而等到缩量到达一定程度时再进行买卖操作。

(2) 放量

放量一般是发生在市场趋势发生转折的位置，多空双方对后市的看法不一，形成了巨大的成交量，但这些成交量可能是虚假的，有主力洗盘的嫌疑。

再出现放量的时候，短期内适合买卖，中长线操作则应该观察后市具体走势而定。

(3) 堆量

堆量是由连续的成交量组成的形态，一般来说，如果主力连续拉升价格，成交量就会连续出现较高的情况。

如图 12-2 所示，成交量逐步增加的就是堆量。

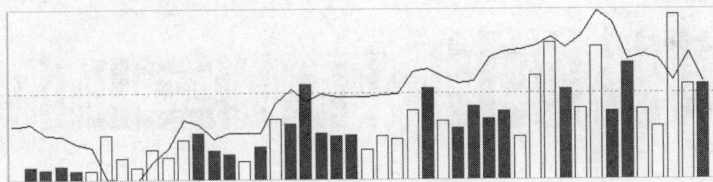

图 12-2　堆量形态

第157项　成交量的分类

按照不同的标准，我们可以将成交量分为不同的类型。最直接的就是利用成交量的大小来进行分类。

天量和地量是最常见的成交量分类方式，也是成交量分析的工具之一。

所谓天量，就是指价格在持续上涨或下跌时，后市的走势非常明朗，人们都先后进入外汇市场，使得成交量逐渐放大。

在成交量增加的过程中，某日大量回吐利润，这就会使成交量突然增加，形成天量。具体如图 12-3 所示。

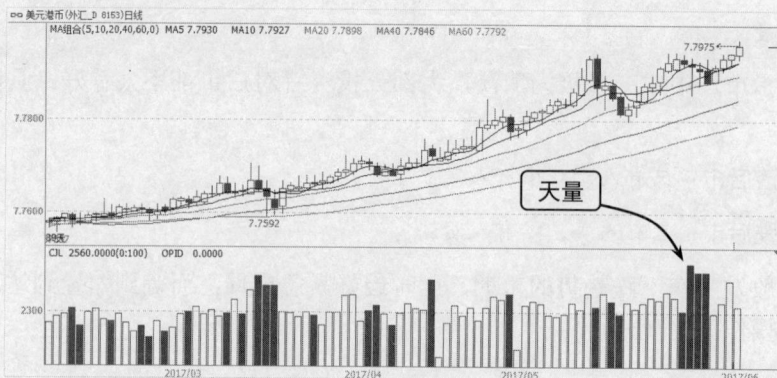

图 12-3　成交量天量

地量是指市场表现清淡，人气涣散，投资者将持有的头寸抛出，成交量萎靡。另外地量的出现一般会持续一段时间，具体如图 12-4 所示。

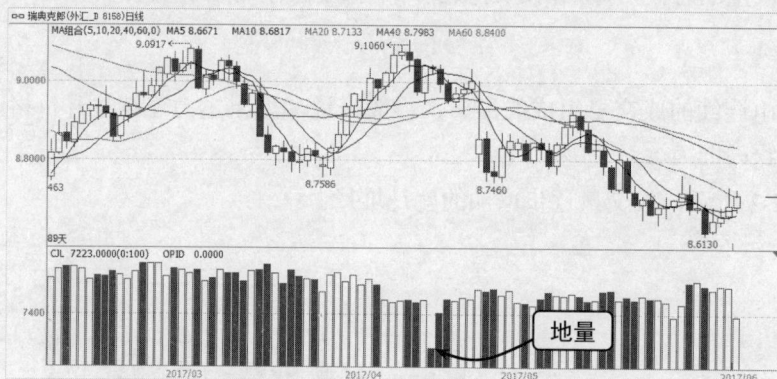

图 12-4　成交量地量

天量和地量的判断方法

　　天量和地量可以通俗地理解为很大的成交量和很小的成交量。一般来说，换手率超过 20% 时可以形成天量，低于 1% 时则形成地量

　　但需要特别注意的是，相对于股票，成交量在外汇市场的作用并不会特别大，它一般只统计某一交易平台或某交易市场的情况，因此受众范围有局限性。

二、几种不同的量价关系

　　成交量和价格之间有非常微妙的变动关系，价格改变成交量，成交量又影响价格，因此分析清楚不同情况下的量价关系是非常有必要的。

第158项 量增价涨

所谓量增价涨就是指成交量上涨的同时，价格也在持续上涨，具体形态如图 12-5 所示。

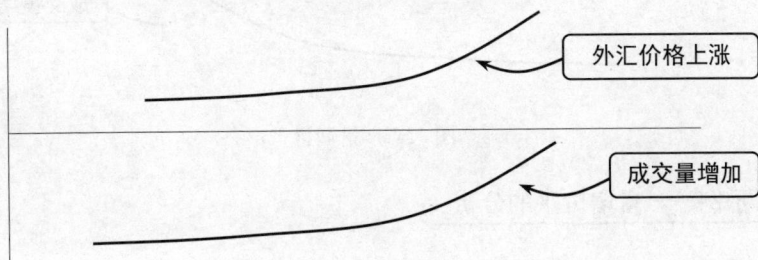

图 12-5 量增价涨形态

应用示例——量增价涨的分析

在美元兑换港币汇率的 2017 年 1～6 月的价格 K 线图中，价格从 1 月出开始上涨且不断上涨，此时成交量也开始放大，在这样的情况下，后市价格会继续上涨，投资者可放心做多操作，如图 12-6 所示。

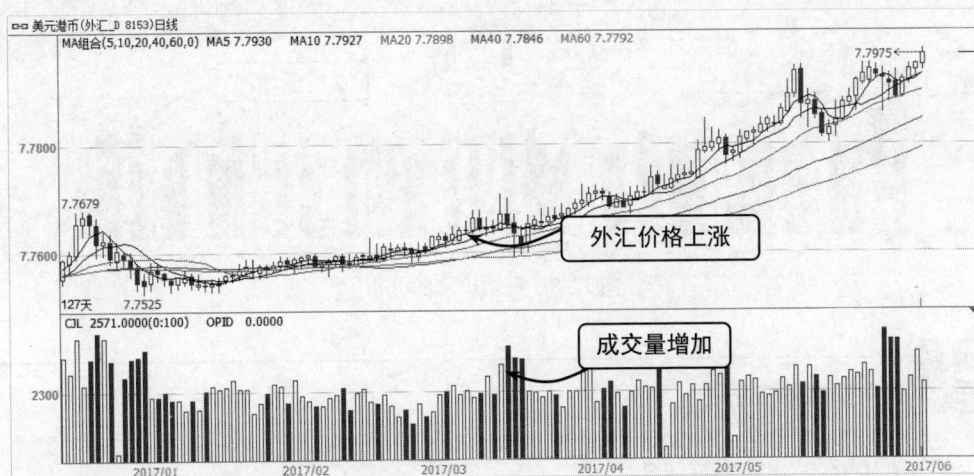

图 12-6 量增价涨的分析

第159项 量增价平

量增价平也是外汇走势中比较容易出现的量价关系，指是的是成交量增加，而价格却没有太大变化。在这样的情况下，后市有可能会上涨。具体形态如图 12-7 所示。

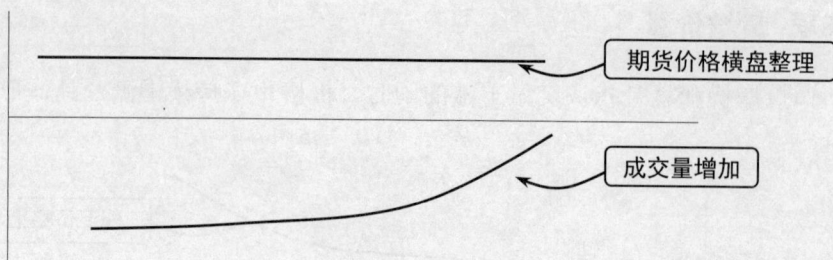

图 12-7　量增价平形态

应用示例——量增价平的分析

在美元兑换卢布的 2017 年 3～6 月的价格 K 线图中，从 5 月开始成交量不断放大，但是外汇价格却没有出现太大的改变，而是出现水平趋势。如图 12-8 所示。

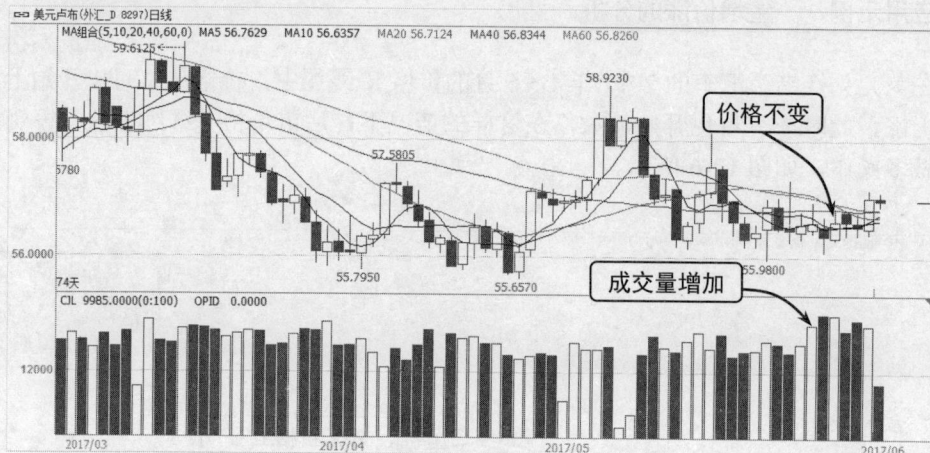

图 12-8　量增价涨的分析

价平形态的应用

在成交量变化而价格也变化的量价关系中，一般还会在成交量持续变化一段时间或成交量结束当前趋势的时候，价格才会出现相应的改变。

第160项　量增价减

量增价减是指外汇价格出现下跌，而成交量逐步增加，这种情况一般预示着价格可能结束下跌或将继续增加下跌的幅度。具体形态如图 12-9 所示。

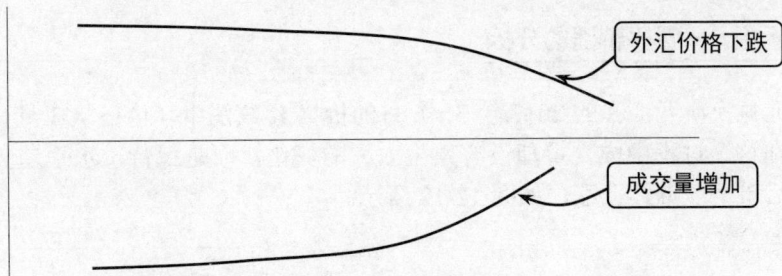

图 12-9　量增价减形态

应用示例——量增价减的分析

在美元兑换台币的 2016 年 12 月～2017 年 6 月的价格 K 线图中，从 2017 年 1 月份开始，成交量逐步放大，但是价格却在下跌，此时市场聚集了太多能量，3 月之后成交量突然放大，价格也开始加速下跌，如图 12-10 所示。

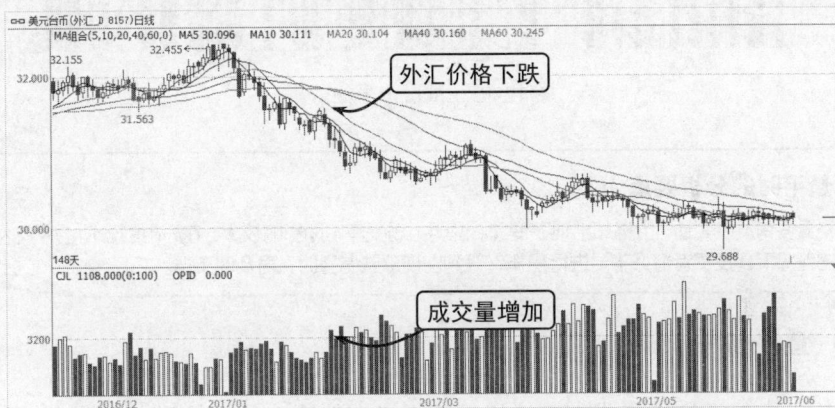

图 12-10　量增价减的分析

第161项　量平价涨

量价关系中还有成交量不变的情况。量平价涨是指外汇价格出现上涨，而成交量保持一定的水平趋势，具体形态如图 12-11 所示。

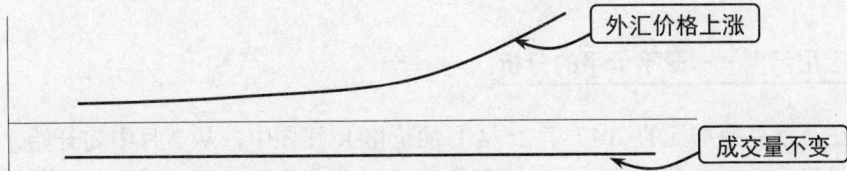

图 12-11　量平价涨形态

应用示例——量平价涨的分析

在美元兑换澳元汇率的 2017 年 3～6 月的价格 K 线图中，价格从 3 月开始逐渐震荡上涨，而在这个过程中成交量却没有发生太大的变化，而是保持了水平趋势。在这样的情况下，后市一般继续上涨，如图 12-12 所示。

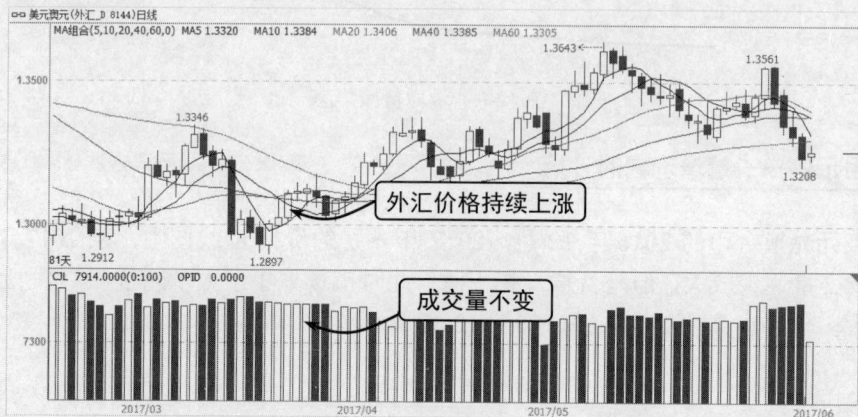

图 12-12　量增价平的分析

量平时的分析要点

成交量没有发生变动，价格却出现了变动，说明市场受基本面影响较大，在后市的波动也会较为剧烈。在这样的情况下，投资者最好不要进行操作，等到出现涨跌信号时，再及时下单。

第162项　量平价平

量平价平指外汇价格和成交量价格都处于横向趋势，具体的形态如图 12-13 所示。

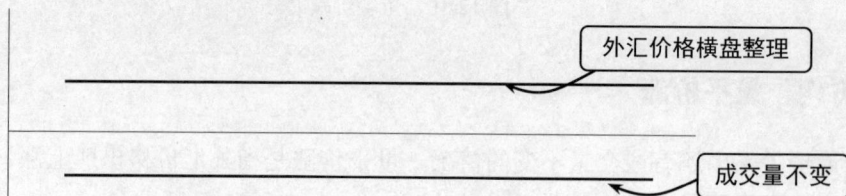

图 12-13　量平价平形态

应用示例——量平价平的分析

在英镑兑换加元的 2017 年 2～4 月的价格 K 线图中，从 2 月中旬开始，汇率便稳定在横盘趋势，成交量也没有太大的变化。进入 4 月之后，汇率受到基本面的影响开始上涨，如图 12-14 所示。

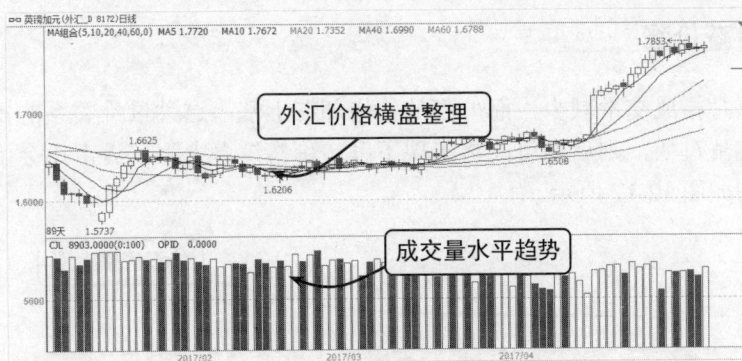

图 12-14　量平价平的分析

第163项　量平价减

量平价减指外汇价格走势出现下跌趋势，而成交量却并未发生改变。出现这种量价关系，表示后市下跌的可能性较大。具体形态如图 12-15 所示。

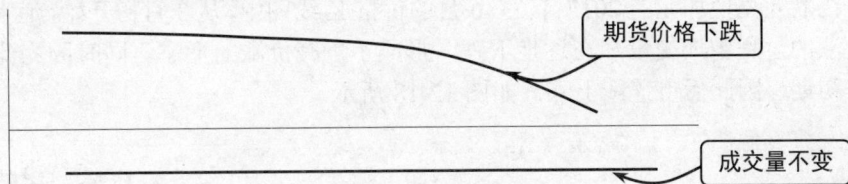

图 12-15　量平价减形态

应用示例——量平价减的分析

在美元兑换英镑的 2017 年 3～6 月的价格 K 线图中，从 4 月开始价格和成交量都保持一定的横向趋势，进入 4 月后，成交量继续保持不变，而汇率价格下跌，如图 12-16 所示。

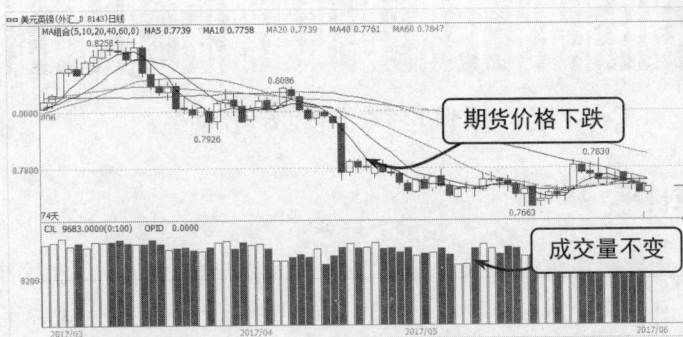

图 12-16　量平价减的分析

第164项 量减价涨

量减价涨是指成交量减少，而外汇的价格却在上涨，这种量价关系的操作分为两种情况：价格上涨过快，则后期可能将出现下跌；价格缓慢上涨，后市还会持续上涨。量减价涨的形态如图 12-17 所示。

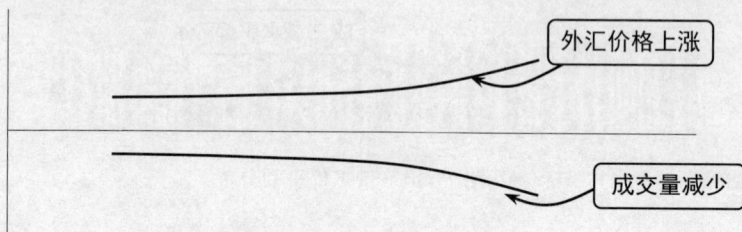

图 12-17　量减价涨形态

应用示例——量减价涨的分析

在欧元兑换加元的 2017 年 3～6 月的价格 K 线图中，从 3 月初开始，汇率开始上涨，在上涨的过程中成交量却在逐步下跌，形成了量减价涨的形态。同时因为此时价格处于上涨初期，因此后市继续上涨，如图 12-18 所示。

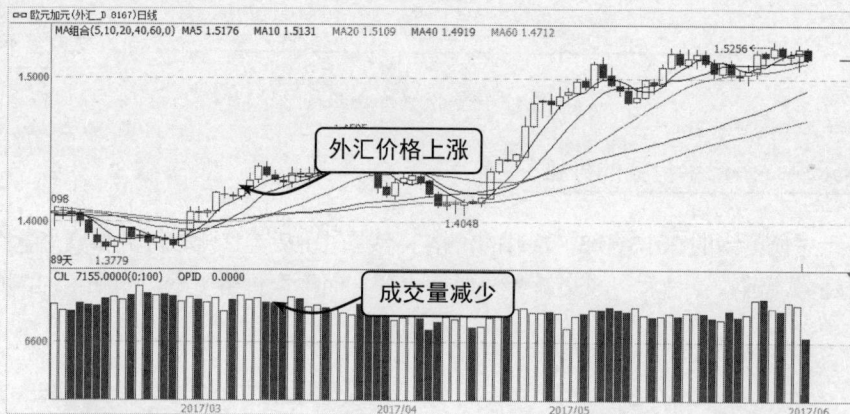

图 12-18　量减价涨的分析

第165项 量减价平

外汇价格在经过一段涨跌趋势之后，开始进入横盘整理阶段。在这个过程中成交量却在不断减少，出现这种情况应该引起警惕，后市将极有可能发生大幅下跌。

量减价平的具体形态如图 12-19 所示。

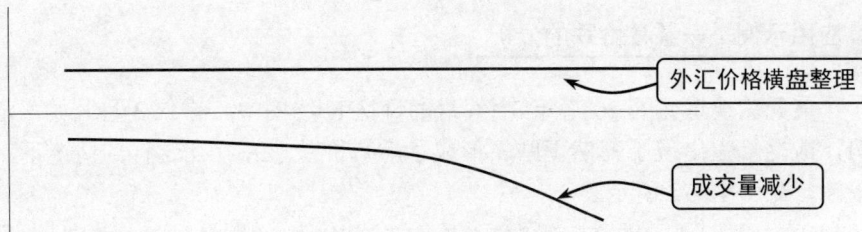

图 12-19　量减价平形态

应用示例——量减价平的分析

在美元兑换港币的 2016 年 10 月～2017 年 1 月的价格 K 线图中，从 10 月开始，汇率保持了一定的横向整理趋势，而成交量却在减少。从 12 月下旬开始，成交量有逐步增加的趋势，大量卖单出现，价格出现大幅下跌，如图 12-20 所示。

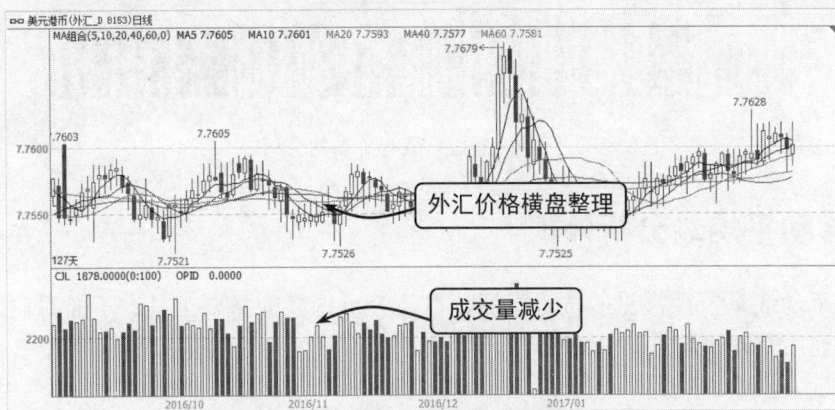

图 12-20　量减价平的分析

第166项　量减价跌

量减价跌指的是外汇价格和成交量同时下降，是一种非常强的下跌卖出信号。具体形态如图 12-21 所示。

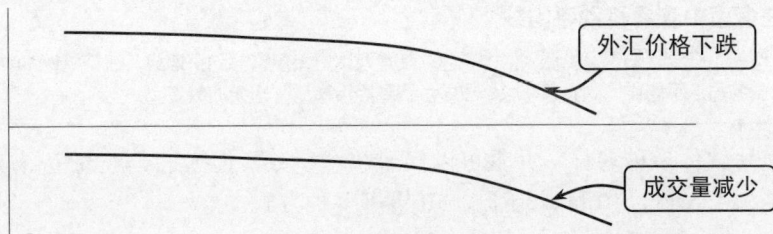

图 12-21　量减价跌形态

应用示例——量减价跌的分析

在美元兑换星元的 2017 年 3～6 月的价格 K 线图中，进入 3 月开始，汇率有下跌的趋势，成交量也出现了突然下跌，形成了量减价跌形态。在这样的情况下，后市价格继续下跌，如图 12-22 所示。

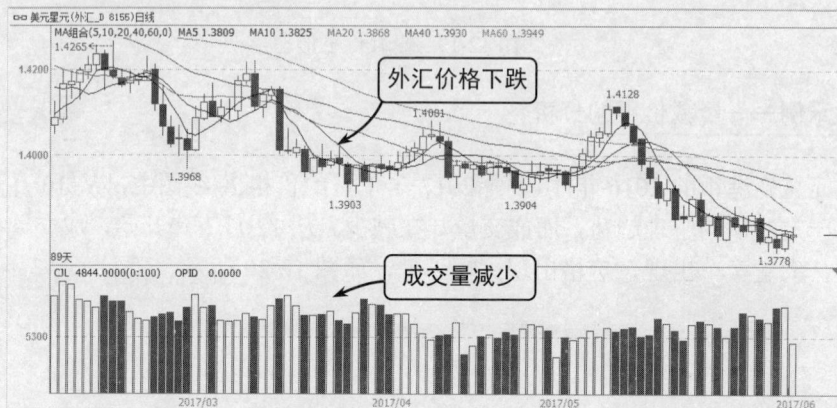

图 12-22 量减价跌的分析

三、移动平均线分析外汇

移动平均线是一种常见的技术指标，也是分析价格的重要工具。下面我们就详细来了解如何使用移动平均线分析汇市。

第167项 什么是移动平均线

移动平均线简称 MA，原本的意思是移动平均，由于一般将其制作成线形，所以一般称之为移动平均线，简称均线。具体的制作方法是将某一段时间的收盘价之和除以周期，如日线 MA5 就是将 5 个交易日内的收盘价之和除以 5。

在盘面中查看移动平均线

在任何一个交易网站或是投资软件中看盘，都是可以直接查看移动平均线。在交易软件中，我们可以设置显示或不显示平均线，同时还可以修改显示的周期与移动平均线的数量。

尽管交易软件多种多样，并且可以修改统计参数，但人们一般约定俗成，将投资移动平均线分为了 5 日、10 日、15 日、60 日等多种方式。

图 12-23 展示了一幅常见的移动平均线图。

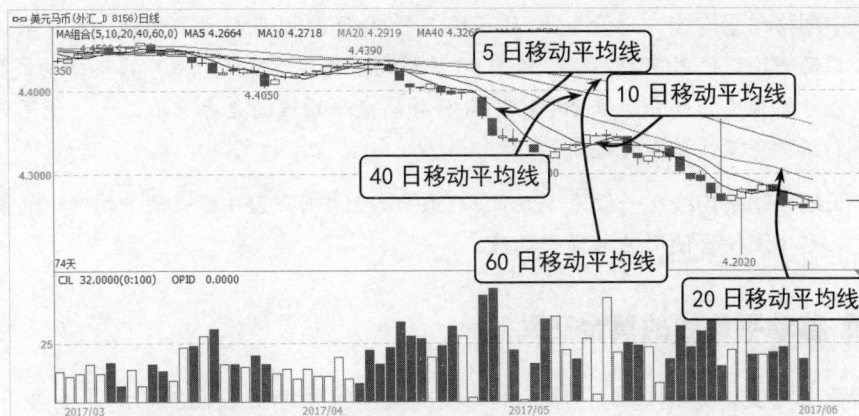

图 12-23　移动平均线图

第168项　移动平均线的特点与种类

在利用移动平均线分析汇率的时候，要注意移动平均线的特点，具体如图 12-24 所示。

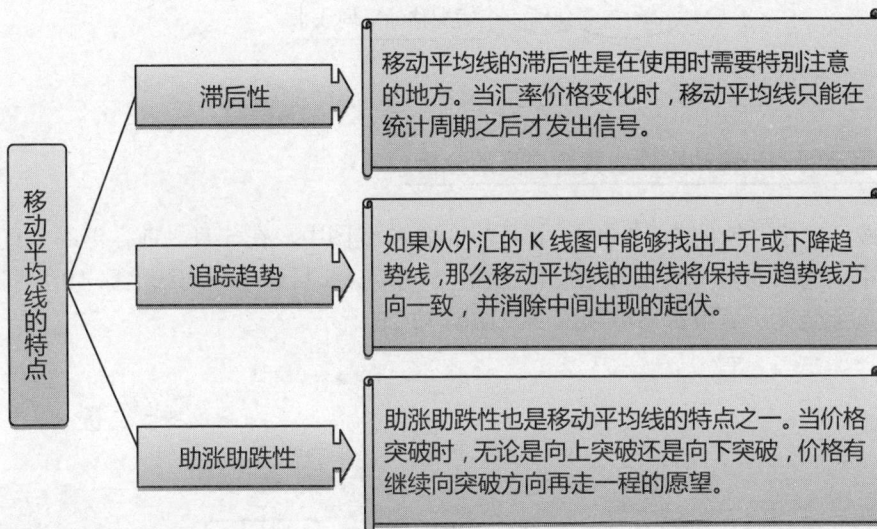

图 12-24　移动平均线的特点

除了以上的特点之外，如果对移动平均线进行分类，还可以从中找到其他的交易技巧。具体的分类如下所示。

◆　**短期移动平均线：** 一般为 5 日、10 日移动平均线。短期移动平均线可作为短期买卖外汇的依据。但短期移动平均线的信号一般是很难把握的。

◆ **中期移动平均线**：一般为 20 日、30 日、40 日、60 日移动平均线。相对来说，中期移动平均线使用率最高，特别是 30 日移动平均线。在使用中期移动平均线时，要注意时间长度的区分，如 20 日与 30 日移动盘平均线的差异并不太大，使用这两条线判断时会使结果出现偏离。

◆ **长期移动平均线**：一般为 120 日、150 日、200 日、250 日移动平均线，这是适合超长期外汇投资使用的移动平均线。

第169项 移动平均线的黄金交叉

所谓黄金交叉，是指短期的移动平均线向上穿越中期或长期的移动平均线。当出现黄金交叉的时候，表示后市将发生涨势。黄金交叉的具体形态如图 12-25 所示。

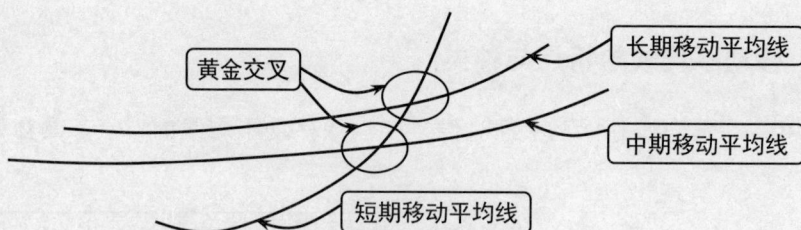

图 12-25 移动平均线的黄金交叉

应用示例——移动平均线黄金交叉的分析

在欧元兑换英镑的 2017 年 5～6 月的价格 K 线图中，在 5 月之前，汇率一直处于下跌趋势中，进入 5 月，价格开始反转上涨，5 月初，5 日移动平均线上穿 10 日移动平均线形成黄金交叉，后市价格继续上涨，如图 12-26 所示。

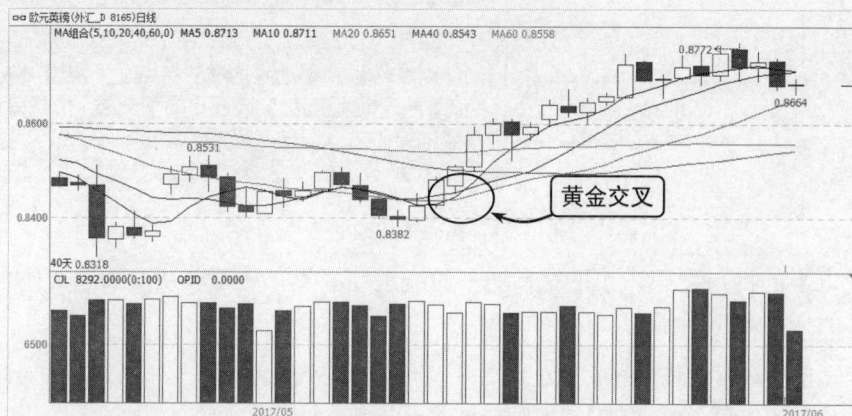

图 12-26 移动平均线黄金交叉的分析

第170项 移动平均线的死亡交叉

死亡交叉是和黄金交叉相反的移动平均线形态，它是指在汇率价格下降过程中，短期移动平均线由上而下穿过下降的中期或长期移动平均线，是典型的做空卖出信号。具体形态如图 12-27 所示。

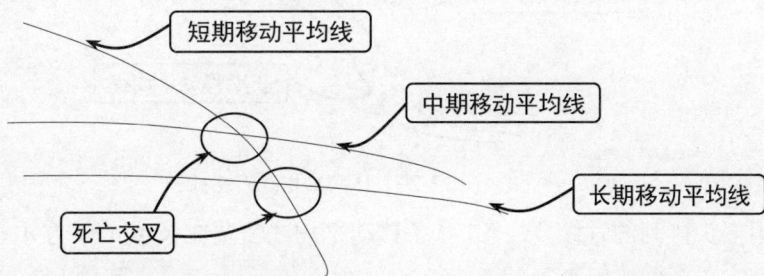

图 12-27　移动平均线的死亡交叉

应用示例——移动平均线死亡交叉的分析

在美元兑换泰铢的 2017 年 5～6 月的价格 K 线图中，价格在 5 月 9 日涨到最高点后开始下跌，5 日移动平均线在 5 月 16 日下穿 10 日移动平均线形成死亡交叉，并在后面继续下穿其他中长期移动平均线。此后价格继续下跌趋势，如图 12-28 所示。

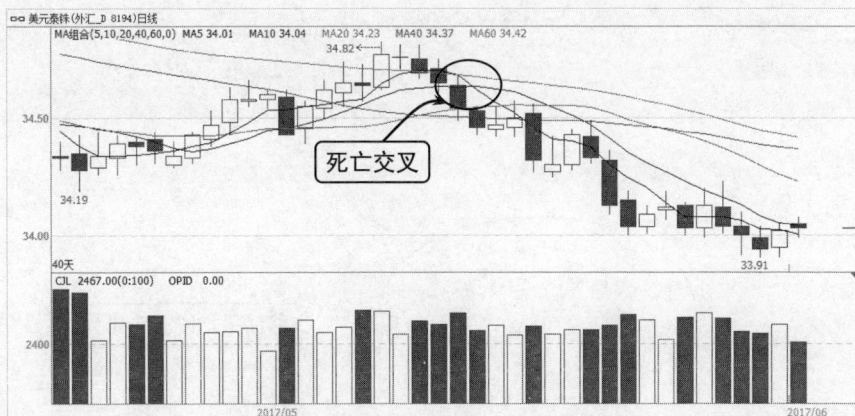

图 12-28　移动平均线死亡交叉的分析

第171项 移动平均线的多头排列

除了交叉之外，移动平均线还会形成一定的规律排列，这些规律也是我们预判价格涨跌的工具之一。

多头排列是指外汇价格在上涨行情中，由 3 根或 3 根以上的移动平均线组成的排列形态，且最上面的一根为短期移动平均线，中间为中期均线，下面为长期均线。具体的形态如图 12-29 所示。

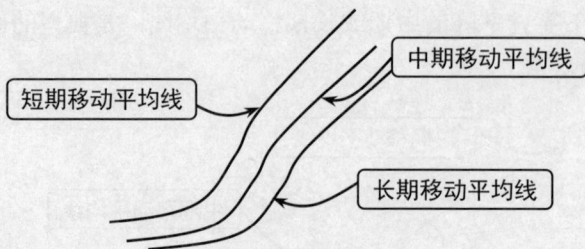

图 12-29　移动平均线多头排

使用多头排列的时候要注意，各条移动平均线需要在 K 线的下方才能形成多头排列，否则其预示上涨的信号不强。

应用示例——移动平均线多头排列的分析

在英镑兑换加元的 2017 年 3～5 月的价格 K 线图中，在 3 月中上旬，各条移动平均线呈现一种交错排列的混乱势态，3 月下旬，汇率开始微幅上涨，移动平均线逐渐摆脱混乱开始呈现规律上涨的趋势，其中 5 日、10 日、20 日、40 日和 60 日移动平均线从上到下形成多头排列。在这样的情况下，后市价格上涨较为剧烈，如图 12-30 所示。

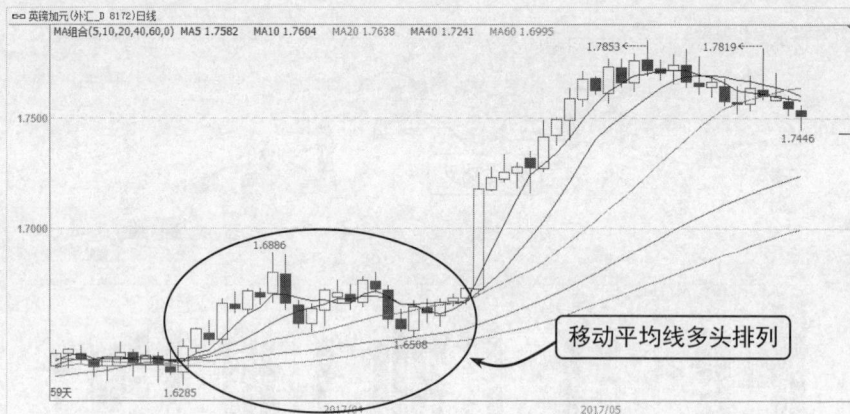

图 12-30　移动平均线多头排列的分析

第172项　移动平均线的空头排列

和多头排列相反的移动平均线组合是空头排列，它是指在价格下跌的趋势中，由 3 根移动平均线组成的 K 线排列，并且从上到下分别为长期、中期、短期移动平均线的组合。具体形态如图 12-31 所示。

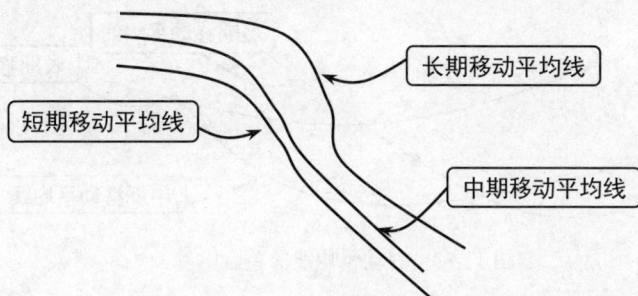

图 12-31　移动平均线多头排

应用示例——移动平均线空头排列的分析

在澳元兑换欧元的 2017 年 4～6 月的价格 K 线图中，4 月上旬价格处于交叉混乱的趋势，从 4 月中旬开始，汇率开始下跌，各条移动平均线从上到下呈现出空头排列的形态，因此后市价格继续下跌，如图 12-32 所示。

图 12-32　移动平均线空头排列的分析

第173项　移动平均线的黄金山谷

除了交叉与规律排列，移动平均线还会形成一些固定的组合。

黄金山谷是一种出现在外汇价格上涨初期，由 3 根移动平均线交叉形成一个尖头向上的不规则三角形的形态。这个过程是短期均线由下往上穿过中期均线和长期均线，中期均线由下往上穿过长期均线。具体形态如图 12-33 所示。

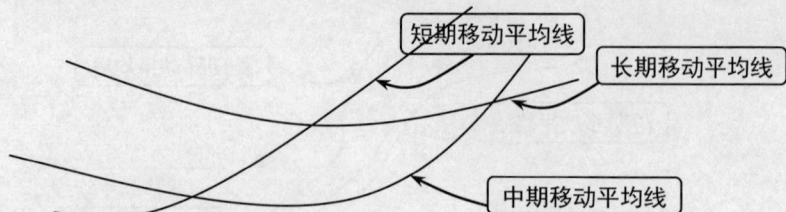

图 12-33　移动平均线的黄金山谷

📈 应用示例——移动平均线黄金山谷的分析

在瑞郎兑换美元的 2017 年 4～6 月的价格 K 线图中，4 月之前价格处于下跌趋势，进入 5 月后，价格开始反转上涨。5 月 19 日，5 日均线上穿 10 日均线，而后分别上穿 20 日均线、20 日均线。形成黄金山谷后，汇率持续上涨，如图 12-34 所示。

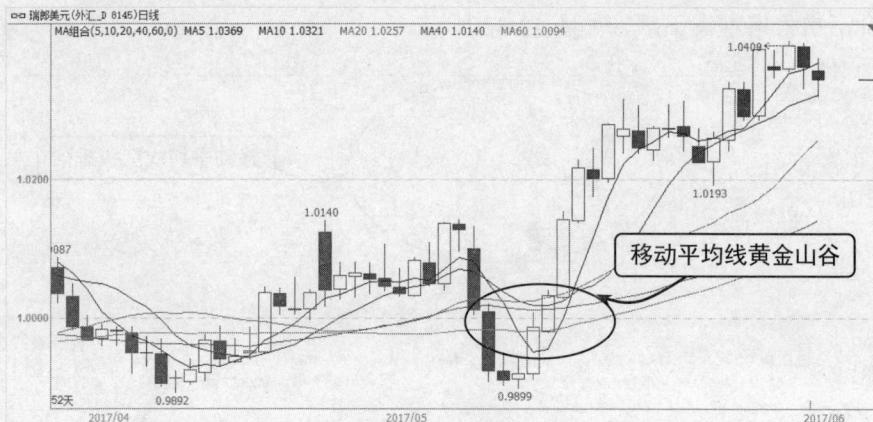

图 12-34　移动平均线黄金山谷的分析

🔍 注意上穿的角度

在短期移动平均线上穿中长期的移动平均线时，要注意上穿的角度。如果上穿的角度较大，甚至达 90° 直角时，说明后市的上涨趋势与力度是非常大的。

第174项　移动平均线的死亡山谷

死亡山谷是与黄金山谷相反的移动平均线形态，一般发生在下跌的初期，由 3 根移动平均线形成一个尖头向下的不规则三角形。死亡山谷需要满足短期移动平均线向下穿越中长期移动平均线，中期移动平均线向下穿越长期移动平均线。具体如图 12-35 所示。

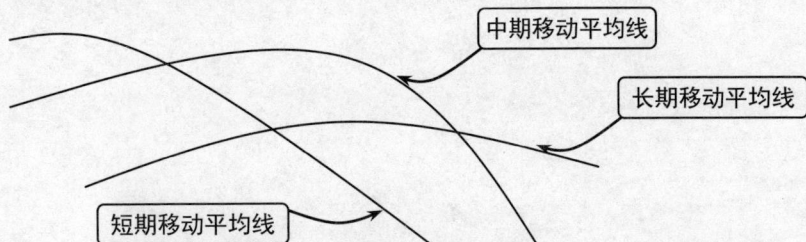

图 12-35　移动平均线的死亡山谷

应用示例——移动平均线死亡山谷的分析

　　在英镑兑换欧元的 2017 年 5～6 月的价格 K 线图中，4 月中旬，价格上涨到了高点之后开始下跌。5 月 16 日、17 日，5 日均线下穿 10 日均线与 20 日均线，18 日 10 日均线下穿 20 日均线，形成死亡山谷组合。在这样的情况下后市汇率出现了较大幅度的下跌趋势，如图 12-36 所示。

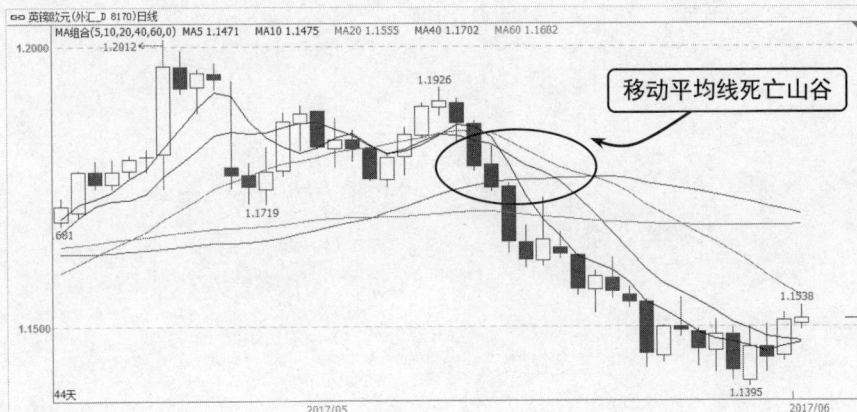

图 12-36　移动平均线死亡山谷的分析

第13章

其他趋势线与技术指标分析外汇

除了成交量指标与移动平均线之外，在 K 线分析中还有很多其他的技术指标与趋势线。在本章中，我们就详细来认识一些常用的技术指标与趋势线，全面系统地对汇市进行分析。

一、认识趋势线

外汇的价格变化复杂，我们可以利用趋势线将其走势表示出来，从而更好地判断多空操作。趋势线包含的内容有很多，除了最常见的上涨或下跌趋势外，移动平均线、通道线等都属于趋势线的范畴。这里所介绍的是直线趋势线。

第175项 直线趋势线的种类

直线趋势线是指在转势信号之前，汇率会沿着波动的方向一直运动。直线趋势线一般来说有3种形态，分别为上涨趋势、下跌趋势与震荡趋势。

(1) 上涨趋势线

上涨趋势线是指在外汇行情变动中，高点明显高于低点，且中间的每一个高点依次升高，每一个低点也依次升高。具体如图 13-1 所示。

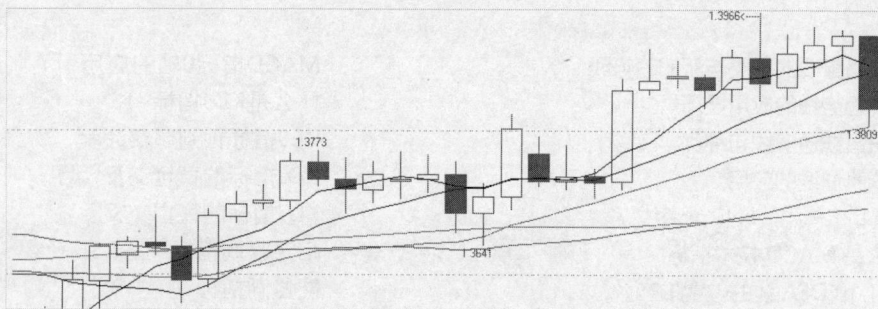

图 13-1　上涨趋势形态

趋势线的绘制

在前面第 5 章的内容中，我们已经介绍了如何利用投资软件绘制 K 线辅助线，趋势线的绘制可以采用同样的方法，并且有如下需要注意的地方。

一般来说，两次价格底部或者顶部就可以画出一条有效的趋势线，但是需要 3 个顶部或者底部才能确认趋势的形成，如果趋势线在第 3 个点就被突破，那么趋势是不成立的。

(2) 下跌趋势线

下跌趋势一般出现在一次价格下跌的行情中，其中下跌趋势线高点明显高于低点，且中间的每一个高点依次下跌，每一个低点也依次下跌，那么就形成了下跌趋势。具体如图 13-2 所示。

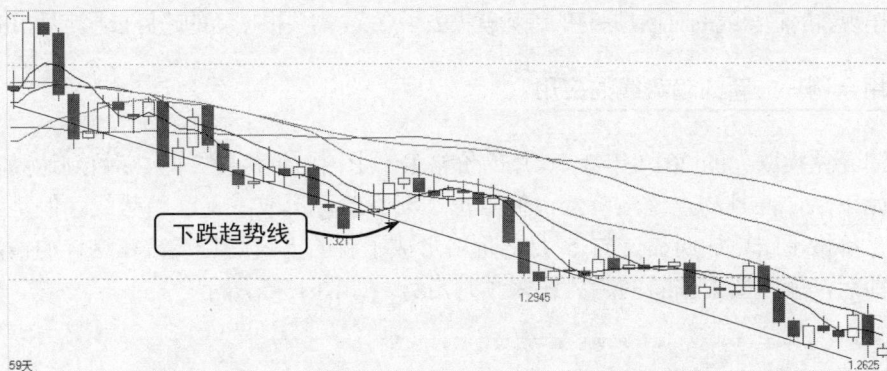

图 13-2　下跌趋势线

（3）震荡趋势线

震荡趋势线也被称为横盘趋势线，它表示在一次价格运动当中，顶和顶部持平，而底部与底部持平，如图 13-3 所示。

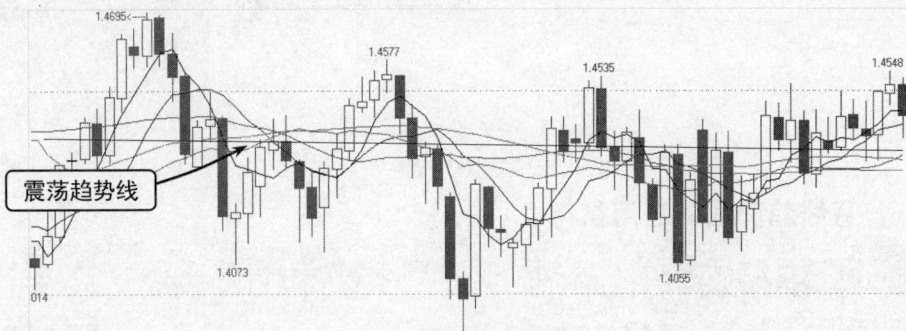

图 13-3　震荡趋势线

第176项　新的趋势线

在外汇实战分析中，使用一根趋势线进行分析可能会造成预判的不准确，这时需要绘制新的趋势线。具体如图 13-4 所示。

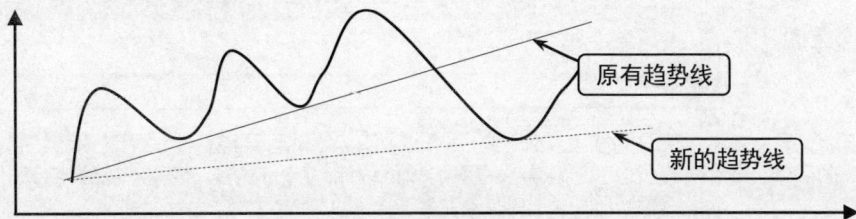

图 13-4　新的趋势线

当出现新的趋势线的时候,原有的趋势就失去了意义,需要根据新的趋势来判定后市的运行。

应用示例——新的趋势线的应用

在澳元兑换欧元的 2017 年 3～6 月的价格 K 线图中,价格在 2 月 22 日到达高点之后逐渐开始下跌,并且高点逐渐降低,低点也逐渐降低,形成了下跌趋势线。但是到了 4 月之后,价格下跌更加明显,与 5 月的价格形成了新的下跌趋势线。在这样的情况下,在 5 月前后,就需要根据新的趋势线来预判走势,如图 13-5 所示。

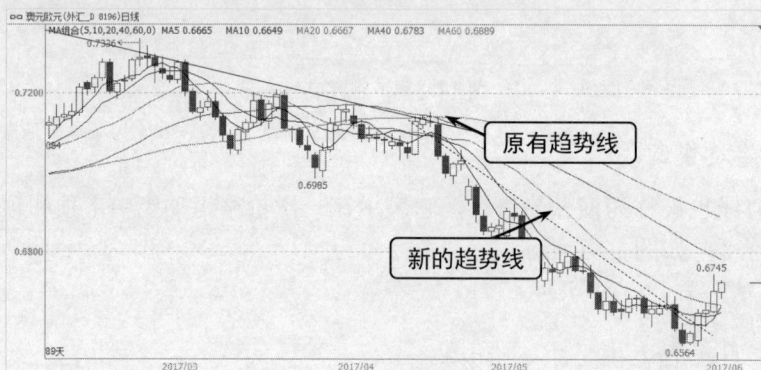

图 13-5　新的趋势线的应用

第177项　直线趋势线的应用技巧

在利用直线趋势线分析外汇市场的时候,如果掌握了图 13-6 所示的技巧,会让其发挥更大的作用。

1　突破　和整理反转形态一样,价格对趋势线的突破才能起实际作用。突破往往预示着价格会比原趋势更加剧烈。需要指出的是,只有连续两个交易日的收盘价突破 3%,突破才具有可信度。

2　反转　反转也是趋势线应用的重要技巧之一,在直线趋势线中,在线形的末期出现反转形态说明一段趋势的结束,这时无论后续如何发展,都应该重新绘制趋势线。

3　时间性　在时间性上,外汇的价格随着趋势线的移动越久,说明该趋势线越有效,也就意味着投资者可以信任该趋势的发展。如果趋势线持续时间很短,则可能出现新的趋势线。

图 13-6　趋势线的应用技巧

4	角度反转	在直线趋势线中，上升或下降的角度越大，说明价格走势越明朗，这样的趋势线更具有指导意义。如果一条趋势线并没有太强的倾斜角度，则可能形成震荡趋势线或趋势不成立。
5	不成立	在一段外汇价格走势中，如果总体趋势既有上涨又有下跌，甚至还包括横盘整理，但没有明显的高点与低点形成横盘趋势。那么此时绘制趋势线的意义不大。

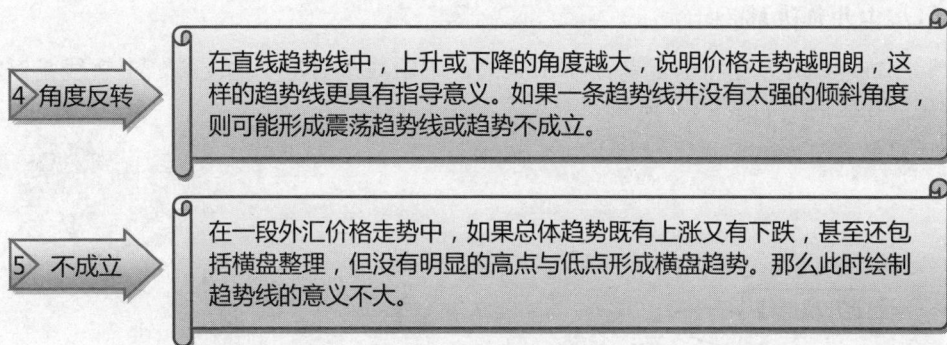

图 13-6　趋势线的应用技巧（续）

二、认识通道线

除了趋势线之外，通道线也是非常重要的趋势线形。因为外汇价格不可能一直沿着直线运动，因此人们利用通道将高点与低点固定在一定区域内。

第178项　认识直线通道线

通道线也可以被称为轨道线，一般需要由两条或两条以上的线形构成。通道线是在趋势线的基础上发展而来的，这二者之间既有区别又有联系，具体内容如图 13-7 所示。

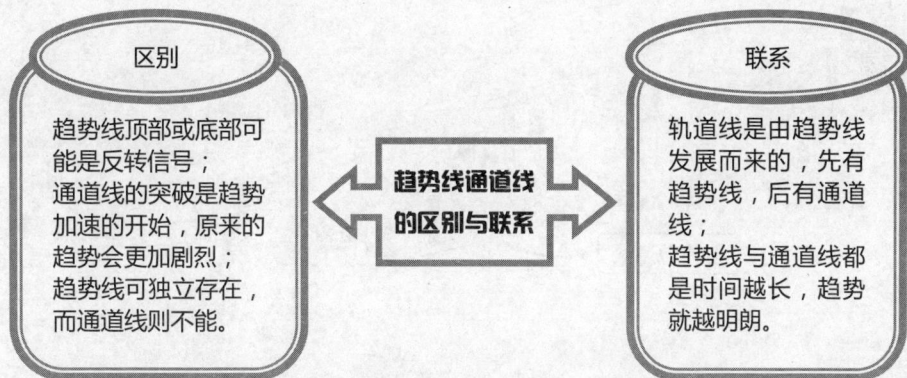

区别	趋势线通道线的区别与联系	联系
趋势线顶部或底部可能是反转信号；通道线的突破是趋势加速的开始，原来的趋势会更加剧烈；趋势线可独立存在，而通道线则不能。		轨道线是由趋势线发展而来的，先有趋势线，后有通道线；趋势线与通道线都是时间越长，趋势就越明朗。

图 13-7　趋势线、通道线的区别与联系

通道线中包括直线通道线、BOLL 布林线、ENE 轨道线等，下面就来详细认识它们。

第179项　直线通道线的种类

根据行情趋势的不同，直线通道线可以分为上升轨道线、下降通道线与多级通道线，具体内容如下。

(1) 上升轨道线

上升轨道线是基于上升趋势绘制出来的，下轨线是对汇率的支撑，上轨线是对汇率的拉升。具体形态如图 13-8 所示。

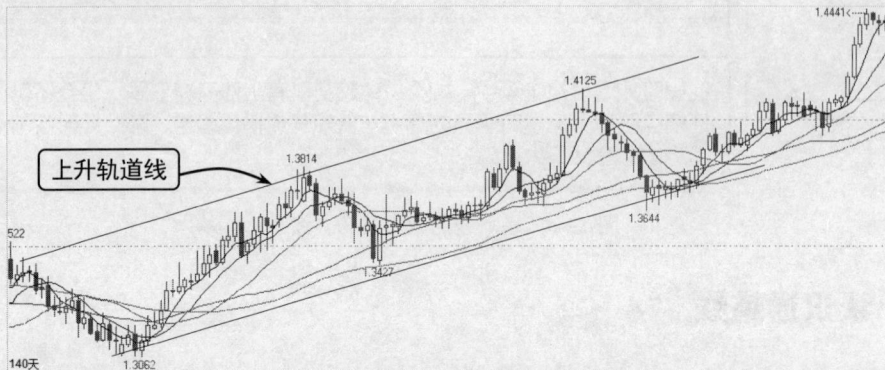

图 13-8　上升轨道

(2) 下降轨道线

下降轨道线和上升轨道线是相反的两种线形，是基于下跌趋势绘制出来的。其中上轨线对通道有一个强大的压力，而下轨线起到一种向下拉升的作用，使得外汇价格持续下跌。具体形态如图 13-9 所示。

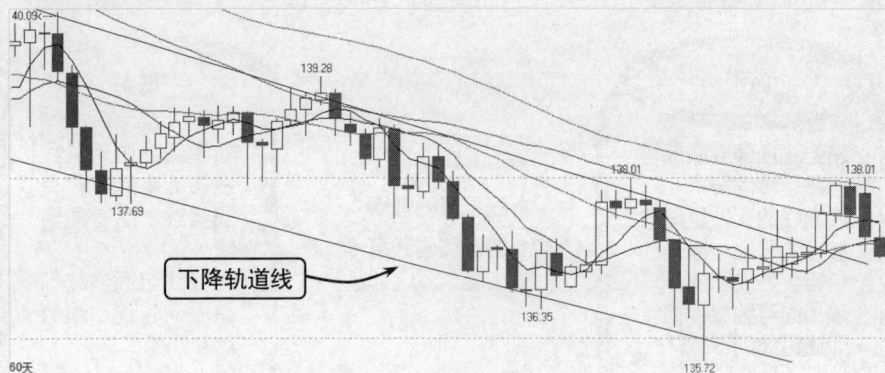

图 13-9　下降轨道

(3) 多级轨道线

和"新的趋势线"一样，多级轨道是在变化复杂的外汇价格变动中出现的线形，通常分为一级轨道、二级轨道与三级轨道。在一次变动趋势中，每次轨道的变动都会比之前更强烈，具体如图 13-10 所示。

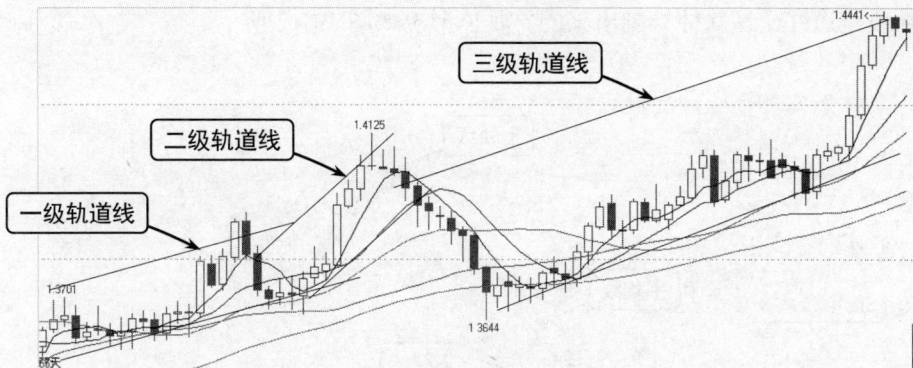

图 13-10 多级轨道

第180项 直线通道线的应用

直线通道线在应用过程中，可从图 13-11 所示的内容入手。

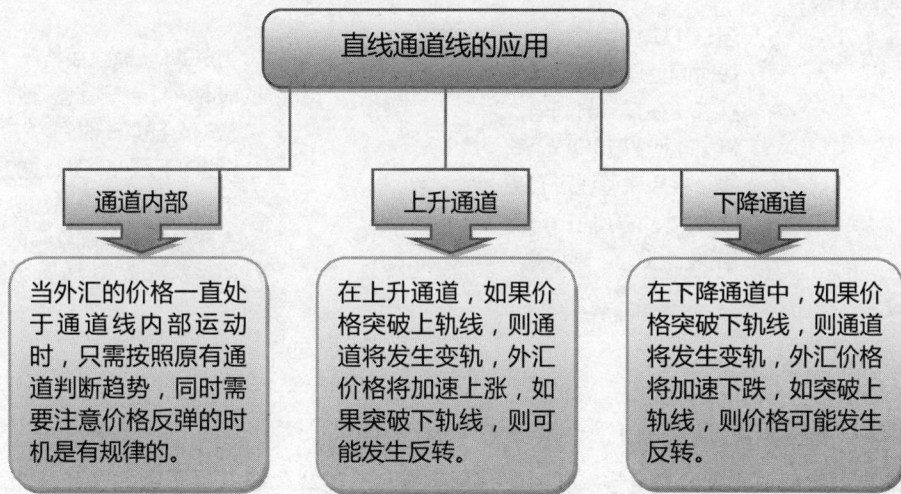

图 13-11 直线轨道线的应用

第181项 BOLL 布林线

直线轨道线都是可以人工绘制出来的，而在 K 线分析中，还有很多通过计算机计算出来的轨道线，布林线就是其中一种。

布林线也被称为 BOLL 轨道线，是通过计算价格的"标准差"，再求股价的"信赖区间"。该趋势线在图形上画出三条线，其中上下两条线可以分别看成价格的压力线和支撑线，在两条线之间还有一条平均线。

布林线是通过交易软件绘制出来的，具体形态如图 13-12 所示。

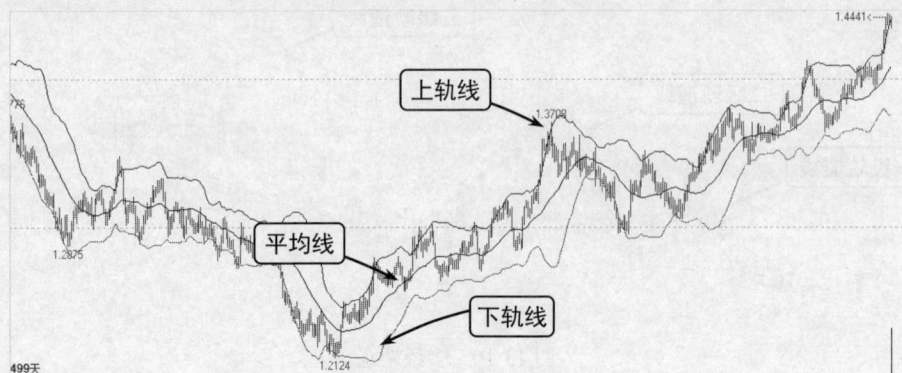

图 13-12　BOLL 布林线

布林线的应用是通过其轨道的宽度与K线交叉来实现的。具体内容如图 13-13 所示。

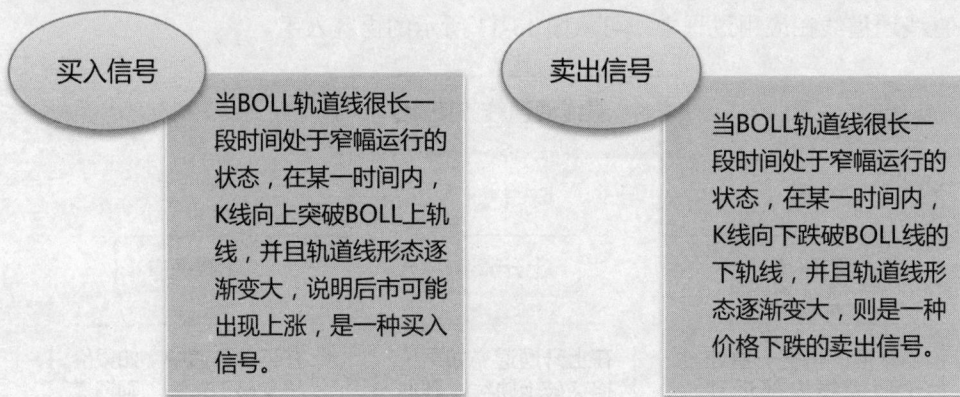

买入信号

当BOLL轨道线很长一段时间处于窄幅运行的状态，在某一时间内，K线向上突破BOLL上轨线，并且轨道线形态逐渐变大，说明后市可能出现上涨，是一种买入信号。

卖出信号

当BOLL轨道线很长一段时间处于窄幅运行的状态，在某一时间内，K线向下跌破BOLL线的下轨线，并且轨道线形态逐渐变大，则是一种价格下跌的卖出信号。

图 13-13　布林线的应用

在使用布林线的时候，除了买卖的应用，还有如下的技巧。

◆　可以使用成交量、持仓量、TRIX 指标和布林通道线配合而得出更准确的信号。

◆　布林线的百分比是非常重要的，它可以大致得出当前价格正处于什么位置。

◆　布林线的 3 条线都和平均线发生交叉，则上轨线为下跌信号，下轨线为上涨信号。

第182项　ENE 通道线

和 BOLL 通道线一样，ENE 通道线同样是一种由软件计算而来的线形。它由三条不同的轨道线组成，分别为上轨、下轨线及中轨线，其优势不仅具有趋势轨道的研判分析，也可以敏锐地觉察外汇价格运行过程中方向的改变。

ENE 轨道线的具体形态如图 13-14 所示。

图 13-14　ENE 轨道线

ENE 轨道线的具体应用是通过上下边线与价格 K 线的位置关系来体现的，具体如图 13-15 所示。

1　在一段上升趋势中，如果外汇价格跌至下轨线附近后又反弹呈上升趋势，此时是买入做多的好时机。

2　在一段下降趋势中，如果外汇价格向下跌破下轨线后马上反弹呈上涨趋势，那么此时也是买入做多的好机会。

3　在上升趋势中，如果外汇价格上涨至上轨线附近后又反弹呈下降趋势，那么此时是卖出做空的时机。

4　在下降趋势中，如果外汇价格向上突破上轨线后马上反弹呈下降趋势，此时同样意味着价格将大幅下跌，是卖出的时机。

图 13-15　ENE 轨道线的使用方法

三、MACD 技术指标

除了趋势线之外，技术指标也是重要的价格分析工具。技术指标的种类比趋势线要多，下面我们来简单认识一些。

第183项　什么是 MACD 技术指标

MACD 就是指平滑异同移动平均线，是一种由移动平均线发展而来的技术指标，它可以弥补移动平均线的不足，从而更好地预判外汇价格的走势。

在投资软件中，平滑异同移动平均线图一般由 5 部分组成，分别是 DIFF 线、DEA 线、红色能量柱（多头）、绿色能量柱（空头）、0 轴。具体如图 13-16 所示。

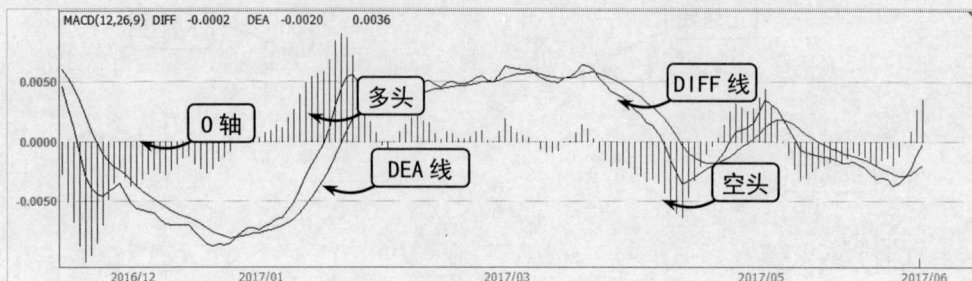

图 13-16　MACD 技术指标

在图 13-16 中，各部分的意义如下所示。

◆ **横坐标**：时间坐标，与 K 线图相同。

◆ **纵坐标**：MACD 值坐标，有正负区分。

◆ **DIFF 线**：它是快速移动平均线和慢速移动平均线的差。一般来说，差值为正，说明价格上涨；差值为负，说明价格下跌。

◆ **DEA 线**：它是由 DIFF 线计算而来，是 DIFF 线的算数平均值。

◆ **柱体**：MACD 柱体实际上反映的是该指标两条曲线的偏离程度，即 DIFF - MACD。

◆ **0 轴**：纵坐标为 0 的横线，对预判涨跌有重要的意义。

第184项　DIFF 和 DEA 线的位置形态

在 MACD 技术指标中最重要的是 DIFF 线和 DEA 线，在不同的位置，形态会传递出不同的意义。具体如下所示。

◆ 当 DIFF 线和 DEA 线都在 0 轴上方时并向上移动时，表示为行情处于多头行情中，可以买入开仓或多头持仓。

◆ 当 DIFF 线和 DEA 线都在 0 轴下方时并向下移动时，表示为行情处于空头行情中，可以卖出开仓或止步。

◆ 当 DIFF 线和 DEA 线都在 0 轴上方时但向下运动时，表示为行情处于下跌阶段，可以卖出开仓和观望。

◆ 当 DIFF 线和 DEA 线都在 0 轴下时但向上运动时，表示为行情即将上涨，可以买入开仓或多头持仓。

第185项 MACD 上穿 0 轴

前面说在 MACD 技术指标中 0 轴是非常有用的工具，这主要是指 MACD 对 0 轴的穿越，分为上穿与下穿。

MACD 上穿 0 轴是指 DIFF 和 DEA 线都向上穿越 0 轴，一般预示着后市将上涨。具体形态如图 13-17 所示。

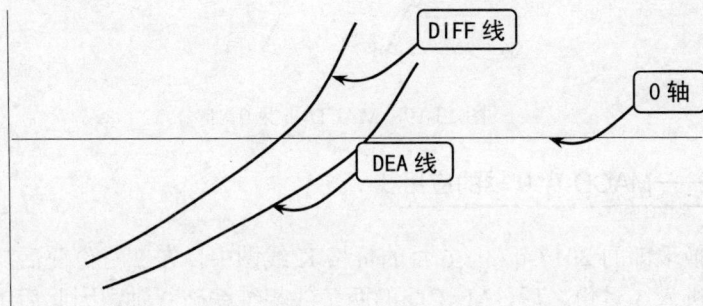

图 13-17　MACD 上穿 0 轴

应用示例——MACD 上穿 0 轴的应用

在澳元兑换加元的 2017 年 1～3 月的价格 K 线图中，在 1 月前期，价格一直处于微幅震荡上涨行情中，1 月中旬，MACD 的两条线都上穿 0 轴，因此后市外汇价格出现了明显的上涨趋势，如图 13-18 所示。

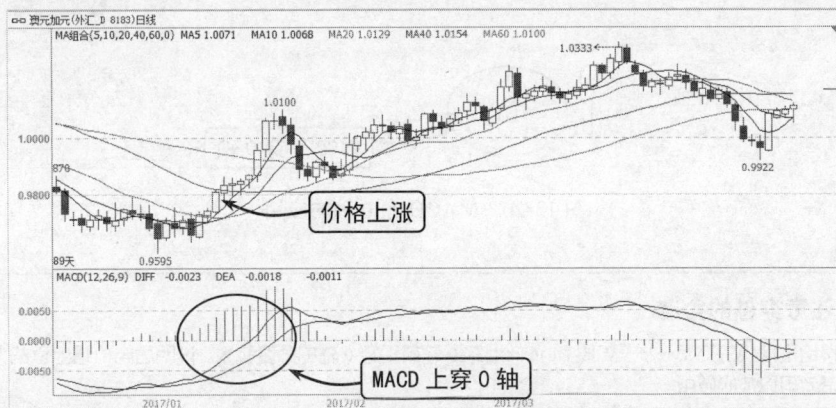

图 13-18　MACD 上穿 0 轴的应用

第186项 MACD 下穿 0 轴

MACD 下穿 0 轴和上穿 0 轴是完全相反的技术指标形态，一般预示着后市将出现下跌。具体形态如图 13-19 所示。

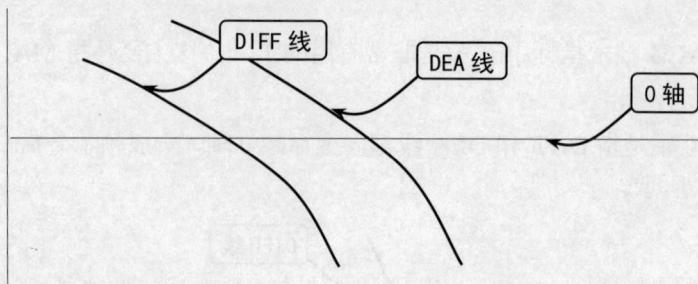

图 13-19　MACD 下穿 0 轴

应用示例——MACD 穿 0 轴的应用

在澳元兑换瑞郎的 2017 年 3～6 月的价格 K 线图中，在 2 月份前后，汇率一直处于震荡行情中，进入 3 月份之后，MACD 的两条线相继跌破 0 轴，因此后市的汇率价格出现了下跌，如图 13-20 所示。

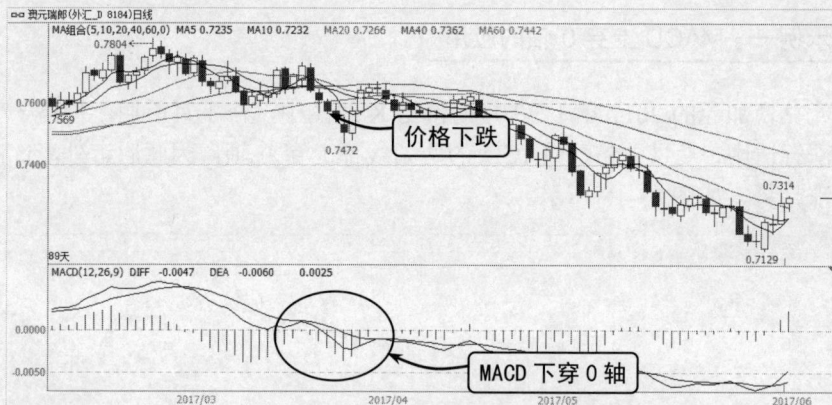

图 13-20　MACD 穿 0 轴的应用

注意穿越的角度

和移动平均线的交叉一样，如果 MACD 上穿 0 轴或下穿 0 轴的角度越大，说明后市价格上涨的力度越强，投资者可以放心做单。

第187项　MACD 指标 0 轴的应用

前面讲到在 MACD 指标中柱体是非常有效的工具之一。在 MACD 指标中，如果柱体在 0 轴的上方，一般显示为红色柱体，表示当前市场正处于多头，外汇价格处于上涨阶段，如图 13-21 所示。

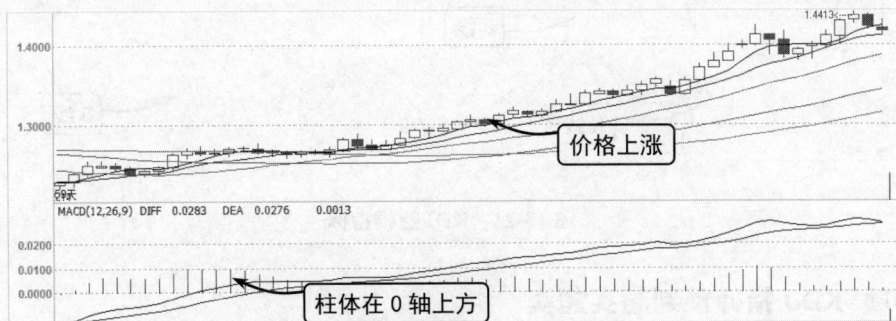

图 13-21　MACD 柱体在 0 轴上方

相对应的，如果 MACD 的柱体在 0 轴下方，一般的交易软件是用绿色表示。它表示的意思是当前市场正处于空调期，外汇价格将处于下跌阶段，如图 13-22 所示。

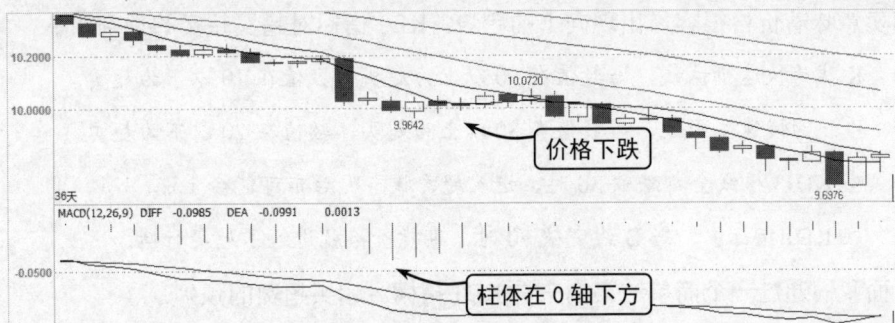

图 13-22　MACD 柱体在 0 轴下方

四、KDJ 技术指标

对于短期外汇投资者来说，KDJ 指标是帮助分析走势的好帮手。在实战交易中，KDJ指标对短期内的价格反转有明显的预判。

第188项　什么是 KDJ 指标

所谓 KDJ 指标，又被称为随机指标，是通过最高价、最低价及收盘价为基本数据而进行计算得出的指标。其中包括 K 线、D 线与 J 线。

在 KDJ 指标中，K、D、J 数据有不同的统计周期，一般在图中会显示如"KDJ（933）"的字样，这就表示最高价统计周期为 9 日、最低价与收盘价为 3 日。在看盘软件中，这 3个统计周期是可以修改的，但最好保证相同的比例。KDJ 指标具体的形态如图 13-23 所示。

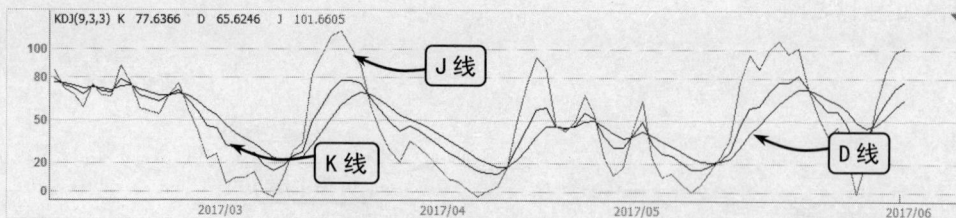

图 13-23　KDJ 随机指标

第189项　KDJ 指标预判超买超卖

所谓超买超卖，是价格走势的一种状态。超买是指市场超出买方的能力，价格在显著上涨后会出现下跌。

反之，超卖就是价格已跌到了不合理的水平，通常会发生在价格短期内急跌趋势之后。超卖意味着价格很容易出现向上的趋势。KDJ 指标对超买超卖的预判如下。

◆　K 线为快速确认线，当数值在 90 以上为超买，数值在 10 以下为超卖。

◆　D 线为慢速主干线，当数值在 80 以上为超买，数值在 20 以下为超卖。

◆　当 KDJ3 根线全都跌破 30 时，进入超卖状态，后市可能会上涨。

◆　在 KDJ 指标中，当 D 线突破 70 时，期货价格就进入了超买行情。

下面我们通过一个简单的案例来看 KDJ 指标对超买超卖的预判。

应用示例——KDJ 指标预判超卖

在瑞郎兑换加元的 2017 年 3 月的价格 K 线图中，在 2 月之前，价格处于微幅下跌之中，2 月中上旬，KDJ 指标全都处于 30 标准线之下，进入了超卖状态，价格在几天之后开始上涨，如图 13-24 所示。

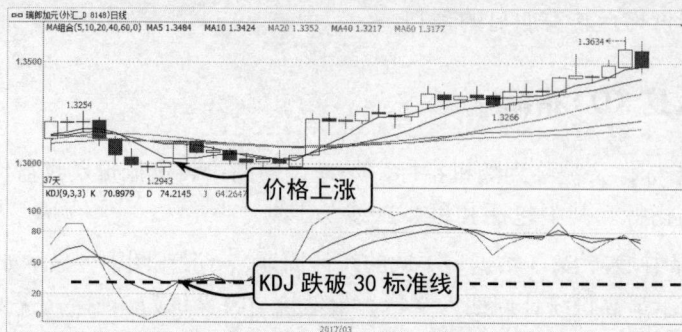

图 13-24　KDJ 指标预判超卖

第190项 KDJ 指标的黄金交叉

移动平均线有黄金交叉，而 KDJ 指标的三条线也可以形成黄金交叉，它一般预示着后市价格的反转上涨。具体的形态如图 13-25 所示。

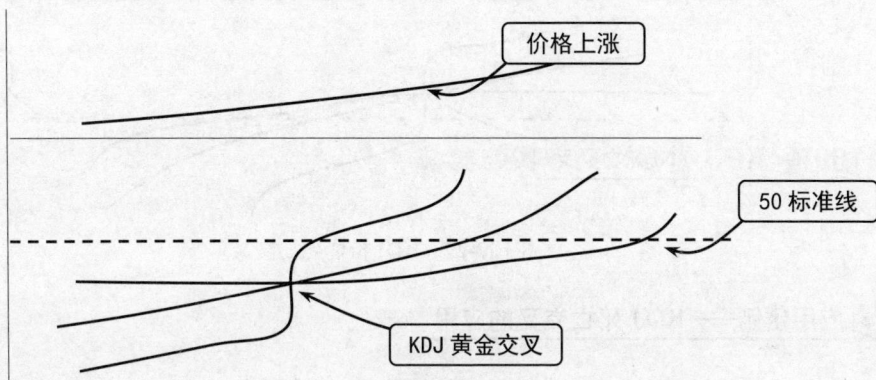

图 13-25 KDJ 指标黄金交叉

应用示例——KDJ 黄金交叉的应用

在瑞郎兑换美元的 2017 年 5～6 月的价格 K 线图中，在 5 月之前，汇率价格一直处于震荡行情，KDJ 三条指标线也在 50 标准线下方运动，5 月 11 日，价格在到达低位后 KDJ 指标形成了黄金交叉，因此后市价格反转上涨，如图 13-26 所示。

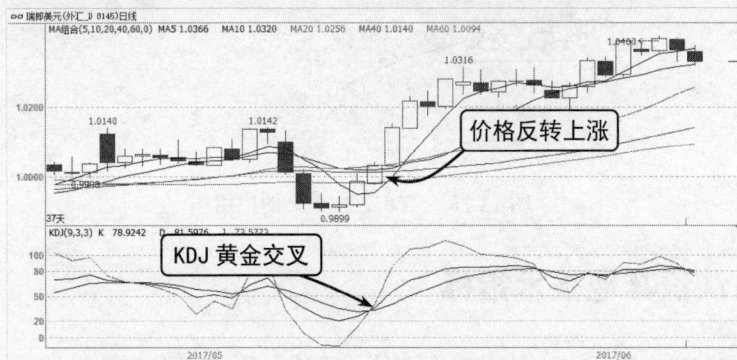

图 13-26 KDJ 黄金交叉的应用

第191项 KDJ 指标的死亡交叉

KDJ 指标的死亡交叉指当 K、D、J 三条线都处于 50 标准线上方到时候，J 线和 K 线此时同时向下穿越 D 线，并汇聚成一点。具体如图 13-27 所示。

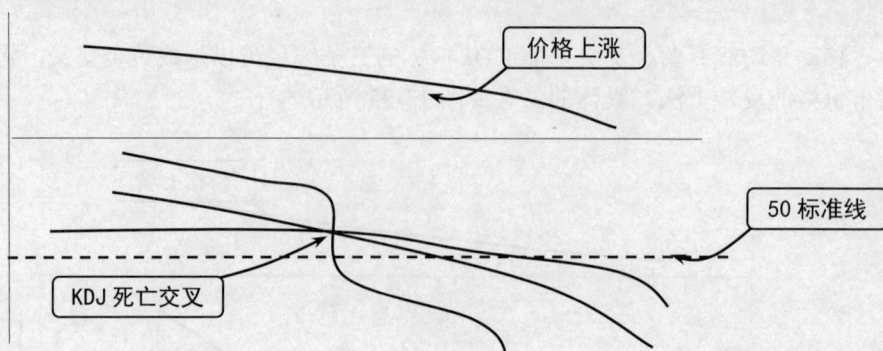

图 13-27　KDJ 指标死亡交叉

应用示例——KDJ 死亡交叉的应用

在加元兑换瑞郎的 2017 年 5～6 月的价格 K 线图中，5 月之前，汇率价格一直处于下跌阶段，5 月之后，KDJ 指标先后两次形成了死亡交叉，因此汇率在 5 月 13 日涨至高点之后开始下跌，如图 13-28 所示。

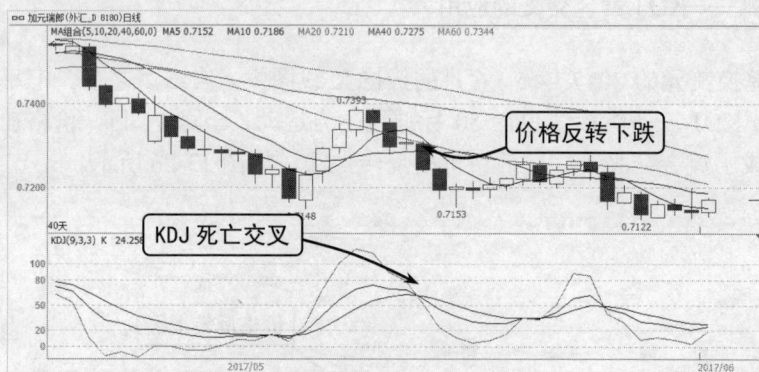

图 13-28　KDJ 死亡交叉的应用

五、简单认识其他技术指标

除了常见的 MACD、KDJ 技术指标之外，K 线分析还有很多技术指标。下面我们就简单来认识几种。

第192项　相对强弱指标——RSI

RSI 相对强弱指标是一种较为早期的技术指标，人们通过测量一段时间内外汇上涨的幅度占总上涨幅度的平均值，来判断多空双方的实力强弱。

相对强弱指标的具体形态如图 13-29 所示。

图 13-29　RSI 相对强弱指标

RSI 指标在使用过程中可注意如图 13-30 所示的要点。

1 如果一段较短的 RSI 指标在 20 标准线以下，并且从下到上穿越中长期线趋势线，此时是一种买入的信号。

2 如果一段短期趋势线在 80 标准线以上，并且由上向下穿越中、短期线，这是一种卖出的信号。

3 短期 RSI 线下穿 50 标准线时，表示市场开始表现疲软，汇率价格开始转向弱势，适合卖出；反之上穿 50 线就是买入信号。

4 RSI 同样可以预判超买与超卖，当 RSI 值高于 80 时，进入超买区，RSI 值低于 20 时，进入超卖区。

图 13-30　RSI 指标的使用技巧

第193项　能量潮指标——OBV

能量潮指标也被称为 OBV 指标，是从成交量指标中演变出来的一种技术指标。该指标的理论基础是市场价格的有效变动必须有成交量配合，量是价的先行指标。

利用 OBV 可以验证当前汇率价格走势的可靠性，并可以得到趋势可能反转的信号。比起单独使用成交量来分析，能量潮指标更清楚和直观。

能量潮指标在外汇价格合约中很有特点，它往往并不呈曲线形态，而是呈现直线上涨或下跌形态，具体 13-31 所示。

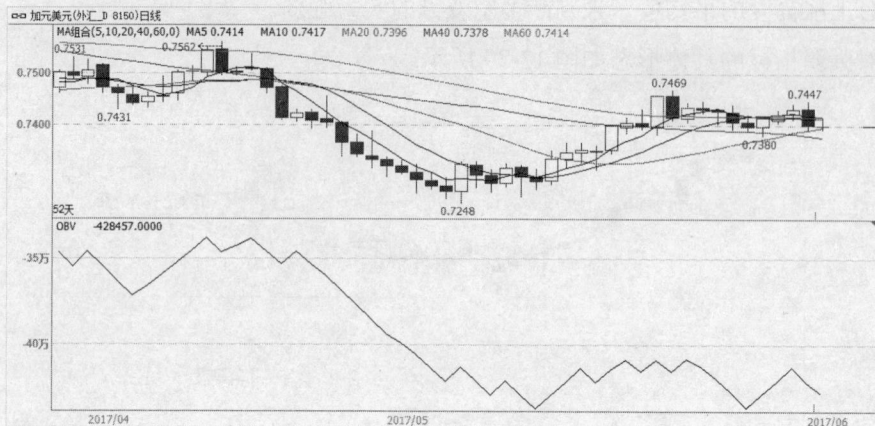

图 13-31　OBV 能量潮指标

能量潮指标的使用，有如下一些技巧。

◆ 当外汇价格上升或下降时，OBV 也存在相应的趋势，在某些时候会先于价格而发生变动。当出现背离现象时，信号可能不准，但它可以提前告知反转的可能。

◆ 在外汇进入横盘整理后，OBV 指标会率先显露出脱离盘整的信号，向上或向下突破，且成功率较大。

第194项　趋向指标——DMI

趋向指标又被称为动向指标，简称为 DMI，它的基本原理在于寻找价格涨跌过程中，通过创作的高点或低点来研判多空力量，进而寻求买卖双方的均衡点及股价在双方互动下波动的循环过程，如图 13-32 所示。

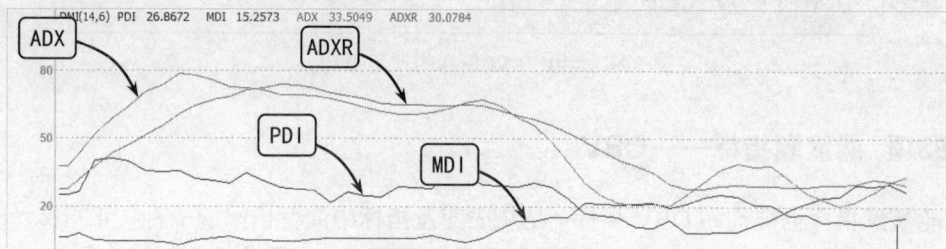

图 13-32　DMI 趋向指标

DMI 指标共有+DI、-DI、ADX、ADXR 四条线（在上图中为 PDI、MDI、ADX、ADXR），通过线形的交叉与排列，我们可以轻松判断价格走势。

第14章

与外汇有关的金融业务

本书前面 13 章的内容已经对外汇投资有了详细的介绍。在本章中我们就来了解一些和外汇有关的金额业务，如银行的外币存款、境外转账、外汇理财产品等。

- ❖ 银行外币存款
- ❖ 外汇结构性存款
- ❖ 外汇挂钩理财产品
- ❖ 如何购买外汇挂钩、外币理财产品
- ❖ 个人结售汇
- ❖ 在网上银行办理个人结售汇
- ❖ 个人结售汇技巧
- ❖ 如何向境外汇款

一、外汇理财业务

除了前面介绍的外汇投资产品之外，外汇存款、外汇挂钩理财产品都属于较为基础的理财方式。下面就一起来认识它们。

第195项　银行外币存款

所谓外币存款，就是指以可兑换外国货币表示的银行各种存款，主要有外币的活期存款、储蓄存款和定期存款等。外币存款是外汇价值的主要表现形式，存款人可获得相应的利息，而银行通过对外汇存款的运用可以带来丰厚的利润。

和本币存款一样，外币存款一定是在银行中进行的。以工商银行为例，具体细节如下。

(1) 账户类型

可以进行外币存款的资金，只要是从境外汇入、携入和境内居民持有的可自由兑换的外汇，均可存入外汇账户。不能立即付款的外汇票据，需经银行办理托收交易之后，方可存入。

另外，凡从境外携入或境内居民持有的可兑换的外币现钞，均可存入外钞账户。

(2) 存款币种

目前工商银行支持的外币存款主要有美元、日元、英镑和加拿大元等。

如果是其他自由兑换的外币，需要由存款人自由选择上述货币之一按存入日的外汇牌价套算之后入账。

(3) 存款方式

外币存款和本币存款类似，有活期与定期两种。定期存款为记名式存单，整存整取的存期分为三个月、半年、一年、二年四档。起存金额不低于人民币 50 元的等值外汇。

活期存款为存折户，可随时凭存折支取。起存金额不低于人民币 20 元的等值外汇。活期存款如遇利率调整，分段计算利息。

(4) 外币储蓄账户的使用

我国对居民持有外汇是有较为严格的管理机制的，对外币储蓄而言，有如下的制度。

◆ 外汇账户，本息可以汇往境外，可以支取外钞。

◆ 外钞账户，本息可以支取外钞。如汇出境外，需经过钞卖汇买，超过 1000 美元的大额款项的汇出须按国家外汇管理局的规定办理。

◆ 存款本息可以按支取日的外汇牌价兑换人民币，享受侨汇待遇。

◆ 存款人或其直系亲属获准出境，从存款账户中支取外币现钞，可按规定凭出境证件
由存款银行开给外币携带证携带出境。

第196项 外汇结构性存款

在外币存款中，有一种比较特殊的产品，它是银行根据客户所愿承担的风险程度及
对汇率、利率等金融产品的价格预期，设计出的一种有风险、收益程度不同的存款产品，
我们称之为结构性存款。

外汇结构性存款就是风险收益和外汇走势挂钩，具体的特点表现为如下的 3 方面。

◆ 有一定风险，但存款本金有保障。

◆ 对市场判断准确时可获得大大高于一般性存款的收益率。

◆ 期限、支取条款、付息方式等根据投资者要求灵活安排。

根据收益情况的不同，我们可以将外汇结构性存款分为图 14-1 所示的 3 种。

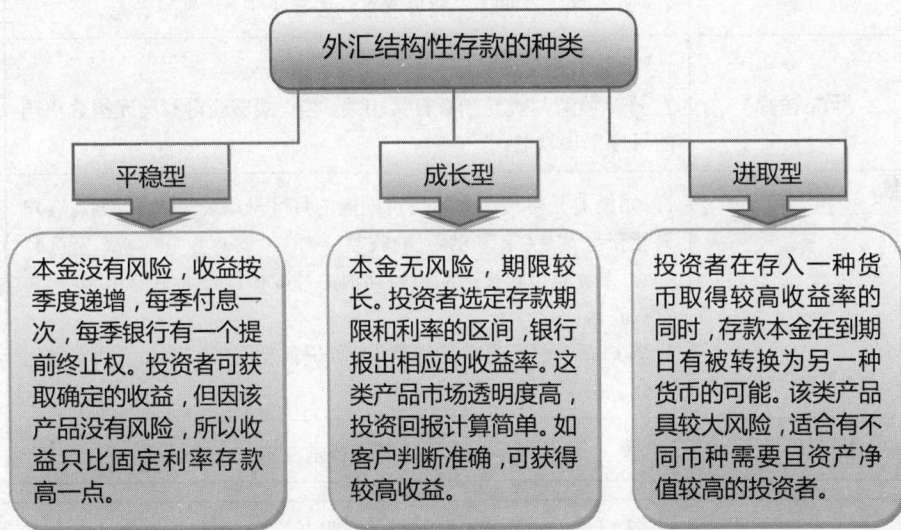

图 14-1 外汇结构性存款的种类

第197项 外汇挂钩理财产品

银行理财产品是人们投资理财比较热衷的一种，所谓外汇挂钩理财产品，就是所购
买的理财产品的收益会受到挂钩标的走势的影响，而挂钩的标的就是外汇汇率。下面我
们通过一款外汇挂钩理财产品的产品说明书来详细认识它，如图 14-2 所示。

中国工商银行"汇市通"个人外汇理财产品

产品类型	美元指数挂钩型
理财币种	美元
投资期限	6 个月
申购日期	2017 年 5 月 10 日～2017 年 5 月 18 日
计息期～到期日	2017 年 5 月 20 日～2017 年 11 月 20 日
挂钩指标	美元指数
收益方式	1. 如果产品到期时指数月度平均表现在 0～4%，按照指数月度平均表现的实际水平（年率为指数月度平均表现×2）计息； 2. 如果产品到期时指数月度平均表现大于 4%，则按照 4%（年率 8%）计息； 3. 如果产品到期时指数月度平均表现小于 0，则不计息。
产品特点	1. 本金 100%保障。 2. 产品收益与美元指数直接相关，客户能够获得与美元指数相同的月度平均收益。
风险揭示	1. 如果美元指数在产品投资期内的月度平均表现大于 4%，客户只能获得 4%（年率 8%）的收益； 2. 如果美元指数在产品投资期内的月度平均表现小于 0，客户将没有收益； 3. 客户须考虑持有产品到期，若要提前支取理财款项则须支付违约金。
提前终止	不能随意提前支取

图 14-2 外汇挂钩理财产品说明书

外币理财产品

在理财产品中，还有一种外币理财产品，它和外汇挂钩型理财产品有什么区别呢？

外币理财产品是指用外币投资的理财产品。它的收益可以是固定收益率，也可以是与其他投资渠道挂钩的，如股指、债券等；外汇挂钩理财产品可以用本币投资，也可以用外币投资，收益率和外汇挂钩。

第198项 如何购买外汇挂钩、外币理财产品

购买外汇挂钩或外币理财产品是在网上银行进行的，下面就来看下实际操作。

应用示例——如何通过网上银行购买外汇挂钩、外币理财产品

Step01 登录工商银行个人网上银行，在页面上方的菜单栏中单击"财富广场"超链接，然后单击"理财"超链接。

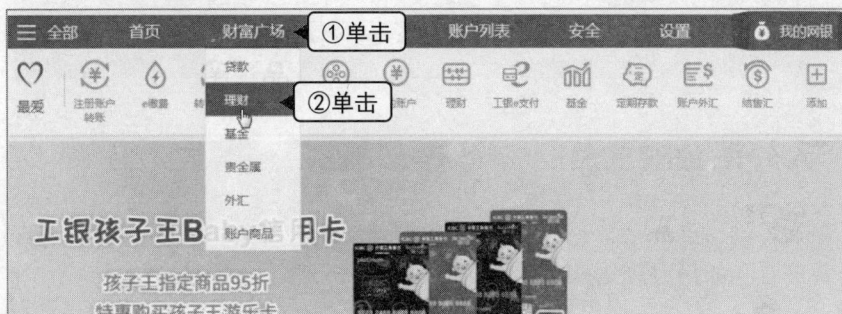

Step02 进入理财产品页面中，单击"下一页"按钮。

Step03 在显示的内容中单击"外币类"超链接，此时可查看到所有的外币理财产品。

Step04 在需要购买的外币理财产品后单击"购买"按钮，然后根据提示完成外币理财产品的购买即可。

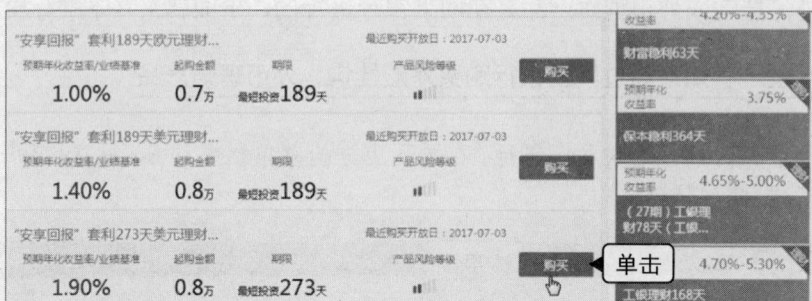

二、个人外汇金融业务

除了存款、理财产品之外，普通老百姓还会在外币兑换、境外汇款时和外汇产生关系。下面就来看看如何办理这些个人外汇金融业务。

第199项 个人结售汇

当您需要出国使用外币或是手中持有外币时，首先要做的就是在本币和外币之间进行兑换，银行中这种兑换业务就被称为个人结售汇。

个人结售汇分为结汇和售汇，具体如图 14-3 所示。

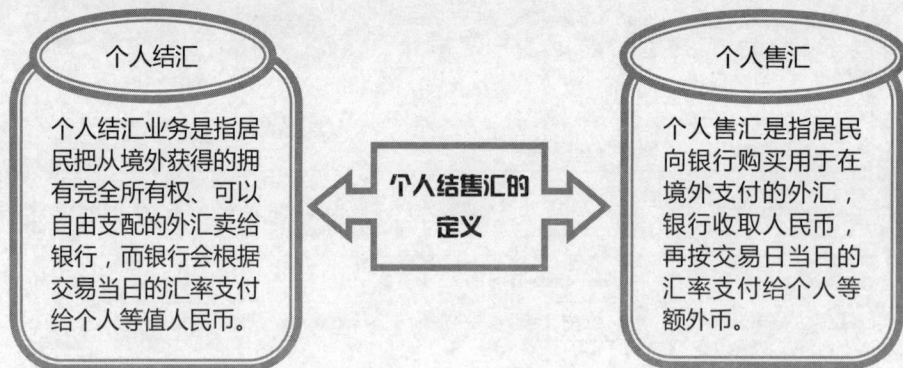

图 14-3 个人结售汇

个人结售汇在办理时需要审核的条件较多，在个人结汇时，银行需要知晓外汇的来源，如果金额较大，会报外汇管理局审核；在个人售汇时，要明确告知个人使用外汇的用途，如旅游、自费留学等。

下面我们来看看个人购汇的流程，如图 14-4 所示。

个人携带身份证，向银行提交相关材料（主要为外汇使用证明材料），申请购汇。

银行审核购汇材料，如不符合要求，将不予售汇。

如材料符合，银行将申购者的个人信息与购汇申请录入外汇管理系统。

外汇管理系统将审核购汇者是否有未核销记录。

如果符合购汇要求，登录银行业务系统录入相关购汇信息。

银行按照交易日的挂牌价格，将外汇付给购汇者。

银行将此次售汇信息通知外汇管理局，并告知购汇者。

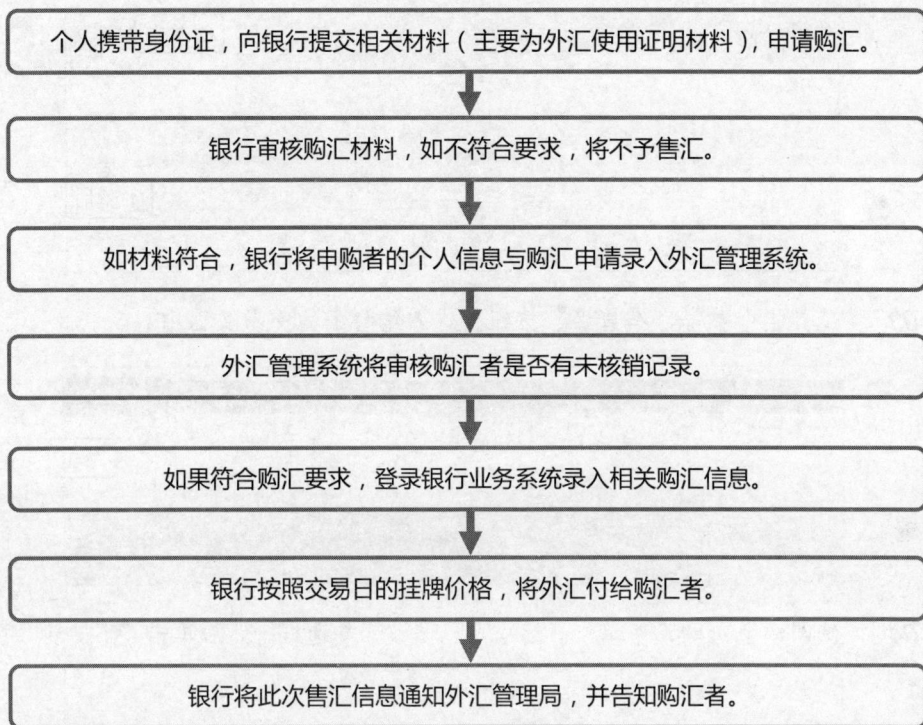

图 14-4 个人购汇流程

第200项 在网上银行办理个人结售汇

为了方便个人结售汇，如今在网上银行上也可以完成。具体操作如下。

应用示例——如何办理个人购汇

Step01 登录工商银行个人网上银行，在工具栏中单击"添加"按钮。

ICBC 工银融e行 ○ 成都 🛒 融e购 💬 融e联 站内信 欢迎您 退出 汇市通

全部 首页 财富广场 惠生活 账户列表 安全 设置

最爱 注册账户转账 e缴费 转账汇款 贵金属 本地特色 我的账户 理财 工银e支付 基金 定期存款 账户外汇 添加

单击

Step02 进入到管理我的最爱页面中，在"投资理财"栏中单击"结售汇"选项右上角的"添加"按钮，单击页面右上角的"完成"按钮。

Step03 在工具栏中单击"结售汇"按钮，进入结售汇的交易页面中。

Step04 详细阅读个人购汇申请书，选中"已阅读"复选框，然后单击"下一步"按钮。

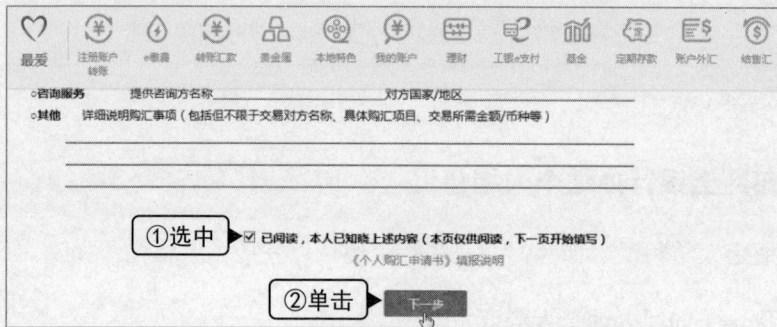

Step05 在"购汇"选项卡中，依次设置购汇金额、预计用汇时间、购汇用途、交易对方名称、对方国家/地区，并选择相关复选框，单击"立即购汇"按钮即可完成操作。

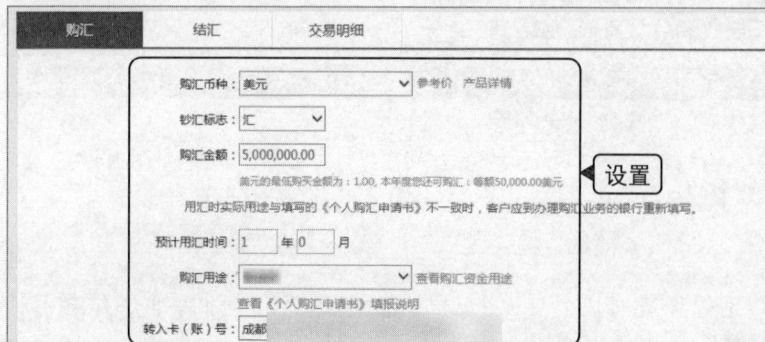

第201项 个人结售汇技巧

居民办理个人结售汇或在银行兑换外币的时候，会遇到很多无法办理的情况，为了省时省力以及更划算，可做图 14-5 所示的内容。

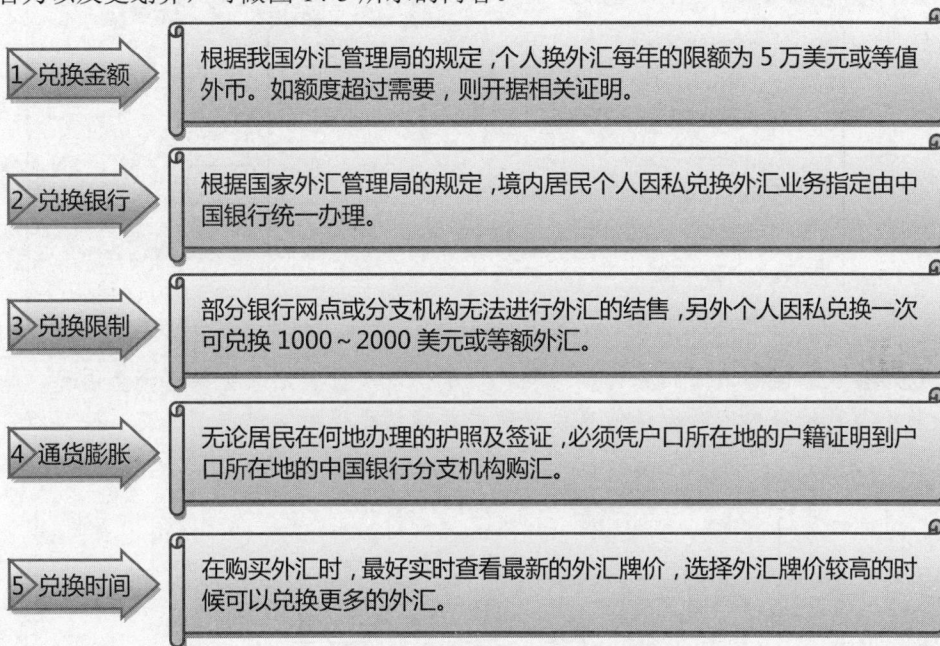

1 兑换金额	根据我国外汇管理局的规定,个人换外汇每年的限额为 5 万美元或等值外币。如额度超过需要,则开据相关证明。
2 兑换银行	根据国家外汇管理局的规定,境内居民个人因私兑换外汇业务指定由中国银行统一办理。
3 兑换限制	部分银行网点或分支机构无法进行外汇的结售,另外个人因私兑换一次可兑换 1000～2000 美元或等额外汇。
4 通货膨胀	无论居民在何地办理的护照及签证,必须凭户口所在地的户籍证明到户口所在地的中国银行分支机构购汇。
5 兑换时间	在购买外汇时,最好实时查看最新的外汇牌价,选择外汇牌价较高的时候可以兑换更多的外汇。

图 14-5　个人结售汇技巧

第202项 如何向境外汇款

随着我国居民出国人数越来越多,了解如何向境外银行汇款是非常必要的。下面我们就来看看如何通过网上银行向境外汇款。

应用示例——如何办理向境外汇款

Step01 登录工商银行个人网上银行，在页面上方单击"转账汇款"超链接。

Step02 在新打开的页面中会看到很多汇款方式，单击"跨境汇款"选项卡，然后保持默认的"向境外银行汇款"选项。在"1 请您填写相关的收款信息"栏中依次设置收款行是否为工行、收款人姓名、收款行所在国家（地区）、收款币种以及收款账号等内容。

Step03 在"2 请您填写相关付款信息"栏中，依次设置汇款金额、资金用途、手机号码以及汇款地址等内容。汇款信息设置完成并确认无误后，单击"提交"按钮即可完成操作。

向境外汇款的到账时间

向境外汇款的到账时间会比国内汇款慢一些，一般有如下的情况。

向境外本行汇款，到账时间一般为 1 个工作日。

向境外他行汇款，到账时间一般为 3~5 个工作日（部分国家需要 7 个工作日以上）。

使用西联汇款，10 分钟之内便可到账。

第15章

外汇风险控制与规避方法

通过前面章节的学习，我们已经对外汇的基础理论、投资操作与价格分析有了详细的了解，可以说已经正式踏入了外汇市场。然而，任何投资都是有风险的，本章就来介绍一下外汇投资中的风险及其规避方法。

一、外汇投资的风险控制

任何投资市场都有风险，要成为投资高手，就需要认清风险的存在并学会控制风险。下面我们就一起来学习如何规避并管控汇市风险。

第203项　外汇投资的风险

外汇是一个巨大的投资市场，风险无处不在，在实战投资过程中，我们一般将外汇的风险分为如下的一些。

（1）价格风险

外汇风险中最大的风险就是价格风险，它主要包括图 15-1 所示的一些内容。

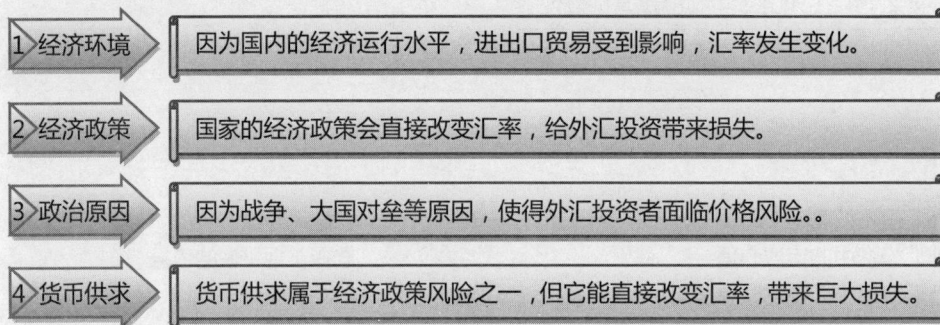

1 经济环境	因为国内的经济运行水平，进出口贸易受到影响，汇率发生变化。
2 经济政策	国家的经济政策会直接改变汇率，给外汇投资带来损失。
3 政治原因	因为战争、大国对垒等原因，使得外汇投资者面临价格风险。
4 货币供求	货币供求属于经济政策风险之一，但它能直接改变汇率，带来巨大损失。

图 15-1　外汇价格风险

（2）投资风险

外汇的投资风险主要指国内投资者在外汇买卖过程中所出现的风险，具体内容如图 15-2 所示。

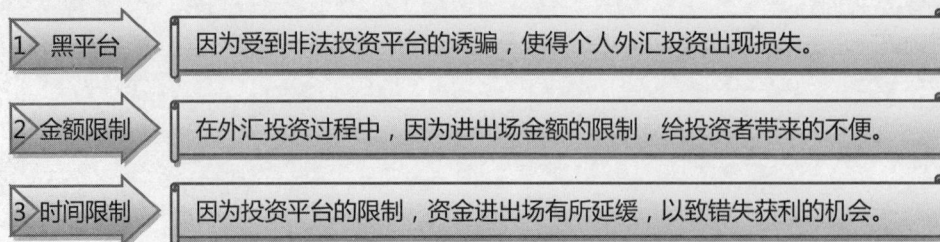

1 黑平台	因为受到非法投资平台的诱骗，使得个人外汇投资出现损失。
2 金额限制	在外汇投资过程中，因为进出场金额的限制，给投资者带来的不便。
3 时间限制	因为投资平台的限制，资金进出场有所延缓，以致错失获利的机会。

图 15-2　外汇投资风险

（3）技术风险

外汇的技术风险也是投资者要面临的。具体内容如图 15-3 所示。

1 网络原因	外汇大多是通过网络进行交易的，因此网络延迟等问题会给投资带来损失。
2 账户安全	如果因为投资账户或网上银行的账户出现问题，就会错失投资机会。
3 投资技巧	投资者盲目入市，缺乏投资技巧，最终投资失败将造成巨大损失。
4 投资心理	投资者存在企图一夜暴富或转嫁风险等错误心理时，往往会带来更大的风险。
5 下单失误	因为对交易软件的不熟悉，出现相反的交易，造成损失。

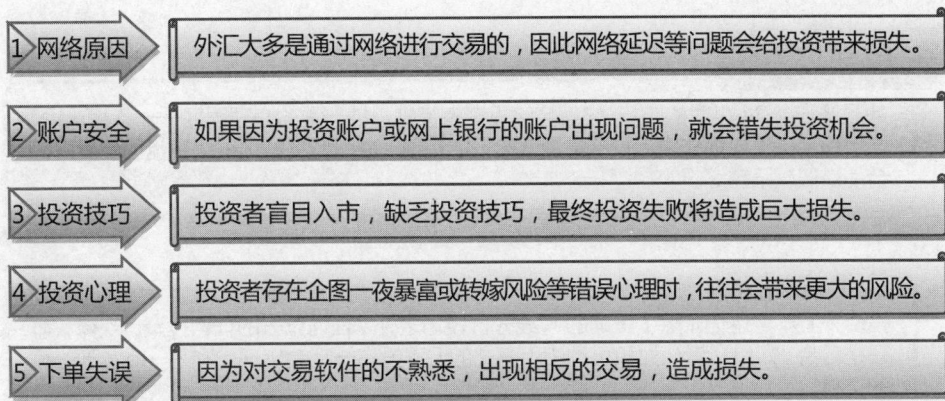

图 15-3 外汇技术风险

第204项 外汇投资中的错误心理

前面说投资心理会给外汇投资带来影响，那么在外汇实战中，具体存在哪些错误的投资心理呢？具体如图 15-4 所示。

企图一夜暴富

外汇交易没有涨跌停板，在理论上虽然可以达到一本万利的效果，但在实际投资中是很难实现的。投资者如果抱着这样的想法去投资，企图通过外汇交易一夜暴富，最终只会得不偿失。

赌博心态

投资不是赌博，炒外汇是一种博弈方式，和赌博有相似的地方，但两者有本质区别，持有赌博的心态进入外汇市场，可能会因为运气而短暂获利，但最终的损失也是不可避免的。

犹豫不决

一些投资者在制定投资计划的时候总是犹豫不决，不知道如何选择外汇，也容易受到他人的影响，在平仓的时候举棋不定，不能果断出场，这样的行为最终只会使最佳的交易机会流失。

贪婪不止

贪婪是投资的大忌，外汇投资也不例外，一些投资者希望在已经获利的情况下获得更多的利润，但最终只会造成损失；而一些投资者对于微小的点数也不放过，却失去了更大的获利机会。

图 15-4 外汇投资的错误心理

不肯认输

外汇是一个 24 小时的市场 这就会给投资者带来一种严重的心理误区——不肯认输，当出现了失误或损失之后，不肯承认自己的错误，期盼留在市场继续翻盘，但最终只会使错误越陷越深。

迷信下单

投资外汇不可迷信，除了正确的 K 线分析技巧之外，任何过去的任何投资"规律"都只是巧合，如投资者认为和某种货币有关的汇率投资一定会出现盈利等，都属于迷信的交易。

盲目自大

做投资理财切记不能盲目自大，在制作外汇投资计划的时候，不要错误估计了自己的风险承受能力，在风险来临的时候会没有足够的预留资金去应对。另外，在投资时忽视微小利润，也可能造成损失。

图 15-4　外汇投资的错误心理（续）

形成自己的投资风格

每个人都有自己的性格，这在投资中会形成独特的投资风格。

投资者都应该根据自己的性格和经验建立个人投资交易风格，如果交易风格与自己的性格相反，在交易过程中就会出现交易与内心不符的情况，可能出现"情绪单"，并最终造成损失。

第205项　外汇交易中必备的交易技巧

为了规避投资风险，一个出色投资者最好掌握图 15-5 所示的交易技巧。

制订投资计划书　制定投资计划书对成功投资起着至关重要的作用，投资者入市之前应严格根据自己的风险承受能力制订计划书。

切勿满仓交易　任何时候都需保留一定的投资资金，这不仅是为了避免巨大损失更是为了在后续研判中有加码的资本。

总结交易时机　投资过程中积极关注和外汇有关的基本面情况，总结出最佳的交易时间，为最终的获利打下稳定的基础。

图 15-5　外汇投资的交易技巧

账户管制　外汇投资，不仅要选择正确的交易平台，更要对自己的账户密码安全、资金流水等有明确的管理。

检查网络　如果当前有持仓头寸，即使当前进行任何交易，也需要保证计算机安全及网络畅通，以保证交易的顺利完成。

不断学习交易操作　外汇交易是一个全球性的市场，随时都在发生着变化，对于操作技巧也需要不断改变，投资者应不断学习。

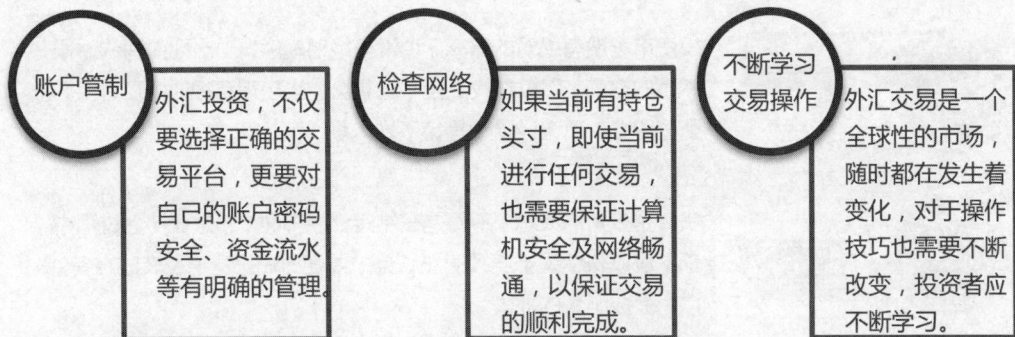

图 15-5　外汇投资的交易技巧（续）

第206项　外汇交易应掌握的正确心理

前面我们介绍了外汇投资中的错误心理，那么正确的投资心态是什么呢？具体如图 15-6 所示。

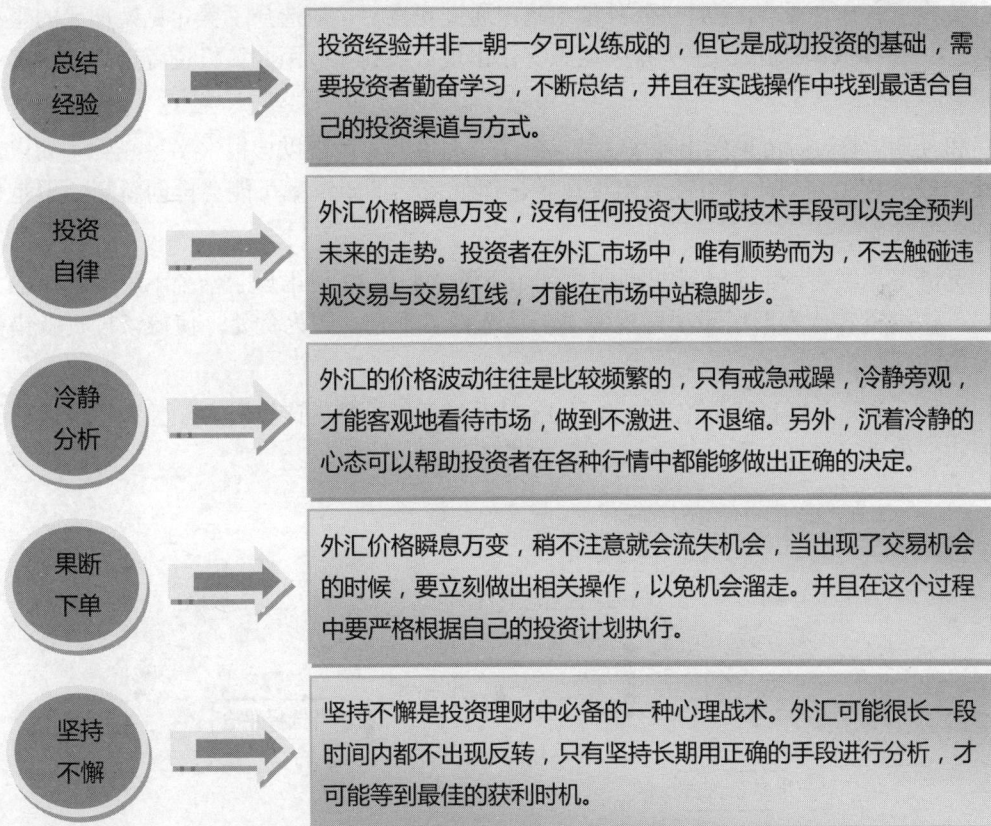

总结经验　投资经验并非一朝一夕可以练成的，但它是成功投资的基础，需要投资者勤奋学习，不断总结，并且在实践操作中找到最适合自己的投资渠道与方式。

投资自律　外汇价格瞬息万变，没有任何投资大师或技术手段可以完全预判未来的走势。投资者在外汇市场中，唯有顺势而为，不去触碰违规交易与交易红线，才能在市场中站稳脚步。

冷静分析　外汇的价格波动往往是比较频繁的，只有戒急戒躁，冷静旁观，才能客观地看待市场，做到不激进、不退缩。另外，沉着冷静的心态可以帮助投资者在各种行情中都能够做出正确的决定。

果断下单　外汇价格瞬息万变，稍不注意就会流失机会，当出现了交易机会的时候，要立刻做出相关操作，以免机会溜走。并且在这个过程中要严格根据自己的投资计划执行。

坚持不懈　坚持不懈是投资理财中必备的一种心理战术。外汇可能很长一段时间内都不出现反转，只有坚持长期用正确的手段进行分析，才可能等到最佳的获利时机。

图 15-6　外汇投资应该树立的正确心理

| 自我反省 | ➡ | 投资市场没有绝对的赢家，也没有绝对输家。当出现盈利的时候，不骄傲自满，积极寻找最佳平仓机会；当出现亏损时，及时出场、整理资金、总结经验，等待下次入场。 |
| 切勿贪懒 | ➡ | 贪婪是投资的大忌，不管是在制定计划书时，还是在持仓过程中，都不应该寄希望于连续的涨跌停，要随时做好行情反转的准备，以免造成更大的损失。 |

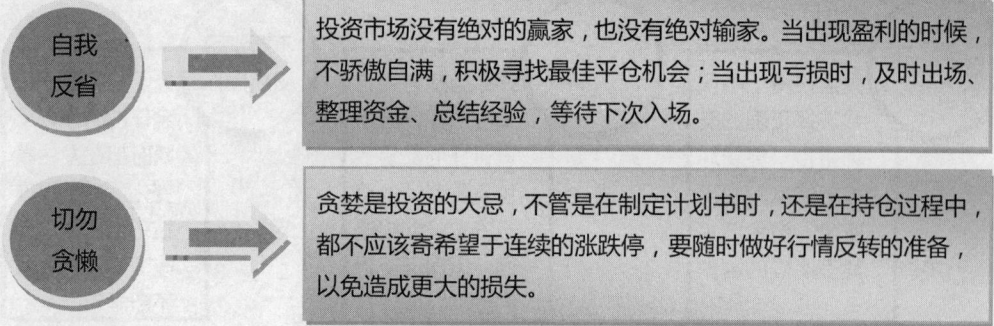

图 15-6　外汇投资应该树立的正确心理（续）

下面我们通过一个简单的例子来看看保持正确心理对外汇投资的重要性。

应用示例——正确心态对外汇投资的重要性

某投资者在 2017 年 1 月进入外汇市场，通过观察后，他选择了美元兑换加元的直盘交易。2 月，移动平均线的空头排列摆脱交错出现多头排列，因此该投资者选择建立多单入市。

和预期一样，后市果然出现了上涨，到了 3 月 9 日，价格以一根十字星涨到了高点，虽然该投资者预判到此时可能会出现反转，但他依然期望汇率可能会再创新高，于是他选择了持仓观望。

可惜事与愿违，汇率连续出现阴线开始下跌，4 月 12 日出现了一个下影线较长的大阴线，该投资者认为汇率无法再反弹，于是选择了平仓。因为贪婪，使得该投资者错估了最佳的获利机会。

另外，美元兑换日元的汇率在 4 月 13 日之后反转上涨，该投资者又因为错误地估计了形式，失去了继续获利的机会，如图 15-7 所示。

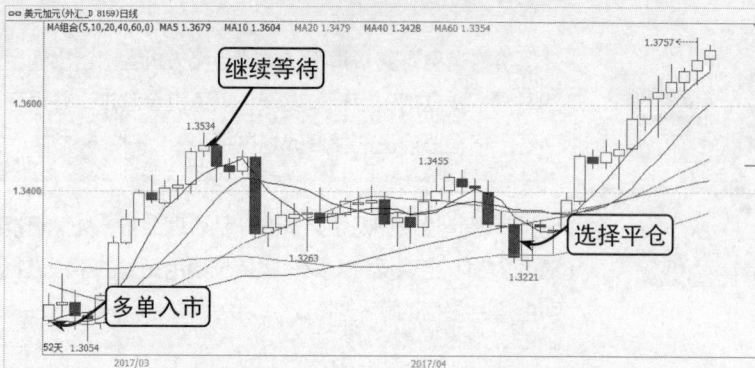

图 15-7　正确心态对外汇投资的重要性

二、外汇投资风险管控的四项原则

不管是做任何一项投资，都会存在风险的，积极有效地管理和控制风险是投资获得成功必备的环节。那么在外汇交易中怎样做才能够使自己面对风险，减少犯错呢？

第207项 分散投资是第一原则

任何一项风险影响的范围都无法完全确定，可能是全球的，也可能是局域的，风险持续的时间也会长短不一。此外，同一项事件对某些品种是利空，对另一些品种却构成利好。所以，投资者应选择不同品种构成组合来分散风险，其做法有 4 种：①通过投资不同品种，如股票、债券、货币等基金以分散风险；②通过同时做多和做空同一品种，③通过投资不同市场分散风险；④通过时间和仓位差距分散风险。

总的来说分散投资包括四个方面：对象分散法、时机分散法、地域分散法和期限分散法，具体如图 15-8 所示。

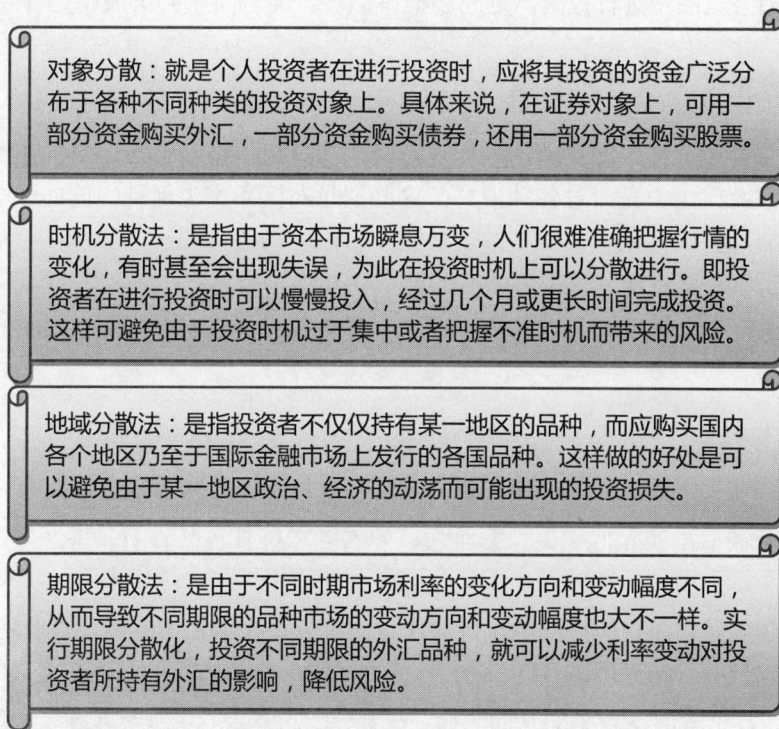

对象分散：就是个人投资者在进行投资时，应将其投资的资金广泛分布于各种不同种类的投资对象上。具体来说，在证券对象上，可用一部分资金购买外汇，一部分资金购买债券，还用一部分资金购买股票。

时机分散法：是指由于资本市场瞬息万变，人们很难准确把握行情的变化，有时甚至会出现失误，为此在投资时机上可以分散进行。即投资者在进行投资时可以慢慢投入，经过几个月或更长时间完成投资。这样可避免由于投资时机过于集中或者把握不准时机而带来的风险。

地域分散法：是指投资者不仅仅持有某一地区的品种，而应购买国内各个地区乃至于国际金融市场上发行的各国品种。这样做的好处是可以避免由于某一地区政治、经济的动荡而可能出现的投资损失。

期限分散法：是由于不同时期市场利率的变化方向和变动幅度不同，从而导致不同期限的品种市场的变动方向和变动幅度也大不一样。实行期限分散化，投资不同期限的外汇品种，就可以减少利率变动对投资者所持有外汇的影响，降低风险。

图 15-8 分撒投资的四个方面

第208项　只做确认的投资

投资者在进行外汇交易过程中，必须严格要求自己，只有出现能确认的市场趋势和环境时才进行投资。从市场的经验来看，当市场沿着某一趋势长期运行时，即便有某种突发性因素出现，往往也只能对运行趋势形成短暂影响，中长期仍将延续趋势。

当然，在外汇市场中甚至所有投资市场中，都没有办法确认市场趋势，这里指的确认并非是百分百的，而且在强调一个概率问题，投资就是选择大概率事件。

投资是我们生活的一部分，生活中也充满了概率问题，很多事件要么 Yes，要么 No，对应的概率是 100%和 0。但是在外汇市场中，概率永远处于 0～100%。

我们知道，投资本质上就是长期的概率问题。投资是分析选择高概率发生的、相对准确的、能够实现预期的确定性。在大概率事件上，只要方向准确，其潜在的空间就足够大。

所以我们在外汇投资中需要做的就是分清每一类品种他们运行某一种趋势的概率，选择大概率的外汇品种进行投资，远离小概率品种，盈利将水到渠成。

第209项　分批买入永远不会错

在外汇交易的过程中既充满诱惑又随时会遭遇危机。影响市场趋势的事件总会在下一秒被爆出，而市场中充斥着各种消息，这些消息对汇率产生何种程度的影响更是让投资者难以琢磨，多数时候，投资者的理解完全与汇率的走势相反。所以，永远不要一次性满仓进行投资，应遵循分批进场买入的原则，并永不满仓。

在遵循分批买入的原则时，通常会遇到两类情况，一是顺势买入；二是逆势买入。具体情况如下。

(1) 顺势加仓

这种方式在实际操作过程中使用频率很高，也是比较成熟的方法。

通常，赚钱后再加仓，属于顺势而为，如同顺水推舟，又省力效果又好。买入之后涨势凌厉再买或卖出之后跌风未止再卖，这样可使战果扩张，造成大胜。

需要注意的是，加仓的价位要与初次建仓的价位存在一定的距离。假设是在 3400 点时开仓多单，要等价格突破上 3430 点上方或者突破一个压力位的时候再进行加仓。

此外，当投资者准备顺势加仓的时候，资金分配很重要，切忌不可倒金字塔式加仓，第二次加仓的仓位应要比第一次建仓的仓位少或者相同，第三次加仓仓位又应比第二次加仓仓位少。相反，每次加仓都比原来的多，做多头平均价就会拉得越来越高；做空头平均价就会压得越来越低，行情稍微反复，就会把原先拥有的浮动利润吞没，随时由赚钱变为亏钱。这是极为不智的做法。

（2）逆势加仓

这种方式使用的频率不算很高，只有在趋势确认的时候才使用，一般都是认为短线有反向趋势，但力度比较弱，担心错过行情，在相对低点就顺着大趋势建仓，如果确实沿着小周期反向趋势运行，在上方压力位再考虑加仓。

需要说明的是，逆势加仓，加仓的时候是亏钱的，所以第一次开仓时仓位一定要足够低，给后来的加仓留出足够的空间。可在第一次开仓只开一层仓，到上方压力位再加二层仓位。

加仓价位要拉升一定距离。假设是在 3400 点开仓多单，要等价格跌至 3350 点附近或者调整到一个支撑位的时候再进行加码。

另外，逆势加仓应该重视止损的问题。由于是亏损加仓，因此止损位距离加仓点位不要超过 20 个点，这样才有控制风险。

第210项 正视错误才能进步

如果投资者的操作导致了账户的亏损，就说明过去的投资行为是错误的，很多投资者只会一味懊恼。殊不知选错品种、看错趋势都不可怕，真正可怕的是，账户的亏损就在眼前，投资者却消极回避，甚至继续错误操作，最终导致亏损越来越大。

在投资的世界里，一条路走到黑的办法是行不通的，如果不能正视自己的错误，学不会自我反省，就不会有进步，就无法在这个市场中长久的生存下去，更不用说盈利了。

在进行外汇交易之前，投资者就已经在心里盘算着赚了 1 万要怎么花，万一赚了 5 万又该怎么花的问题。这种行为叫做盲目乐观，投资者总会认为自己是市场中最聪明的那个人，是市场中能够赚钱的那 10%。

这种交易之前就盲目乐观的行为，在这个市场中无异于慢性自杀。乐观的心态要有，但绝不是在投资开始之前。投资之前，应该要做好如果交易行为出错后的防备措施，是严格止损，还是等待加仓机会。

外汇交易的操作频率偏高，激进的投资者在一天内可能会做出几十笔交易，因此，犯错的频率也会增加许多倍，如果在犯错后继续坚持，那么可能会被市场狠狠教训一顿，导致一直错下去。

所以对于外汇投资者而言，犯错→认错→反省→改进→进步，这才是最正确的道路。

一个成功的投资者总会回头看看自己走过的路，总是希望能从自己身上总结出一些经验，正视那些在投资历程中犯过的错，从而减少在未来的投资中减小再次出同样错误的概率。

三、规避外汇风险的四种方法

外汇交易过程中充斥着风险，那么是否这些风险都是每个投资者必须面对的呢？答案是否定的，通过一些有效的方式，可以帮助外汇投资者在投资之前以及投资过程中一定程度的规避这些风险，下面一起来看规避外汇风险的四种方法。

第211项　市场保值

远期市场保值是指如果预期汇率将发生变动，根据外币应收账款或应付账款的货币种类、数额和日期，通过远期合同买卖或进行借贷款活动，用同等金额的同一货币实现在同一时间点上的反向流动操作，达到消除风险的目的。

远期市场保值在一定程度上可以完全地抵消交易风险，因为，只要用反向的操作就可抵消未来的应收或应付款项。但是，用远期市场保值来覆盖换算风险，则不能达到完全抵消的效果。因为，履行远期合同所需的资金不是预期的应收应付款项，而只能用来在未来的即期市场上买卖。

远期市场保值的实施仍要通盘考虑预期的成本。例如，当地货币的远期贴水是 4%，如果当地货币贬值的可能性为30%；贬值 5%的可能性为40%；贬值 6%的可能性为30%。那么，预期汇率的下跌幅度就为5%（4%×30%＋5%×40%＋6%×30%），由于预期的汇率下跌大于远期贴水，所以，卖出当地货币远期是值得的。

应用示例——人民币贬值趋势下如何保值

人民币汇率在 2017 年前后下跌严重，人民币对美元汇率跌幅一天都能超过 3%，从多个角度分析得出结论，对人民币汇率普遍看跌，那么在人民币贬值的趋势下，作为普通投资者应该如何保值呢？

对于短期内需要使用外汇的投资者，比如去国外留学或出境旅游，可以选择到香港开立银行户头，把所需要的美金外汇存到香港账户上。

目前很多有外汇使用需求的投资者，会直接在国内银行进行兑换，在国内购买美金进行取用不是特别的方便，这种情况下留在银行账户上的美金就是一堆数字，在国内使用还要转换成人民币，这样一来又会损失一笔汇率差。

而香港银行的账户则不同，一户拥有多种功能，可以做储蓄、信用卡、外汇买卖、黄金买卖、基金购买、保险缴费投保和股票交易，使用起来会非常方便。投资者在国外需要消费的时候，直接刷香港银行卡就可以了，节省很多费用还避免了汇率差。

还有不少投资者比较担心自己的资产会因为人民币贬值而缩水，同时还希望自己的资产能够拥有稳定中长期回报。可以建议考虑在港购买香港的海外定投 101 基金。

101 是 100%基金＋额外 1%的保险成份,俗称 101。这个产品收益率还是挺不错的,一般定投 3 年,8 年左右能回本,而香港基金是用美元或港币结算的,可以用作外汇储备。

第212项 调整资产负债

如果投资者通过分析与预测,认为某一国货币将贬值,则可尽量减少这种货币的资产,同时扩大这种货币的负债,这是由于币值下降有利于净借方而不利于净贷方;反之,如果认为某一国货币将升值,则可尽量扩大这种货币资产,同时减少这种货币的负债,因为币值提高有利于净贷方而不利于净借方。

比如在认为美国经济将走向复苏,美元将表现强势的情况下,除了做多与美元相应的外汇品种之外,还可以分散买入美国的股票资产或基金。如果认为日本的经济将走向衰败,则要远离日本的股票和相关资产。

应用示例——人民币贬值趋势下通过调整资产负债进行保值

作为一个资深的外汇投资者张先生,在 2017 年初经过收集国内外资料,总结出以下 3 点原因,以此判断未来人民币将有强烈的贬值预期。

第一,美国经济基本的超预期好转,以及 2017 年 12 月加息的高概率。当前美国经济情况明显好于预期,美国第三季度实际 GDP 年化季率初值为 2.9%,大幅好于前值 1.4%和预期 2.5%,刷新 2014 年第三季度来最高。

第二,英国脱欧影响持续发酵,未来欧元区政治风险提升,极大地打击了英镑和欧元。后续影响不仅是英镑的大跌,对欧洲政治经济格局以及欧元都影响深远。

第三,中国房地产价格泡沫的膨胀,增加人民币贬值压力。从国际比较来看,当前一线城市北京、上海、深圳市中心房价已经接近或高于伦敦、纽约,新加坡和东京等国际金融中心;二线城市中,南京、厦门、苏州,房价也已经大大超过了收入可负担的基本面。出于对资产多元化配置的角度,越来越多高净值家庭有在全球配置资产的需要,而国内房地产泡沫的出现,增加了持有海外资产的需求,对未来人民币流出造成压力。

因此,人民币对美元贬值,不仅存在美联储加息的因素,更与美国政治不确定、欧洲货币大幅贬值、以及中国国内房地产价格一路高涨风险加大、国内家庭寻求多元化资产配置等新变化有关。

张先生在 2017 年初做出人民币将持续贬值的判断后,汇率是如何走的呢?如图 15-9所示。

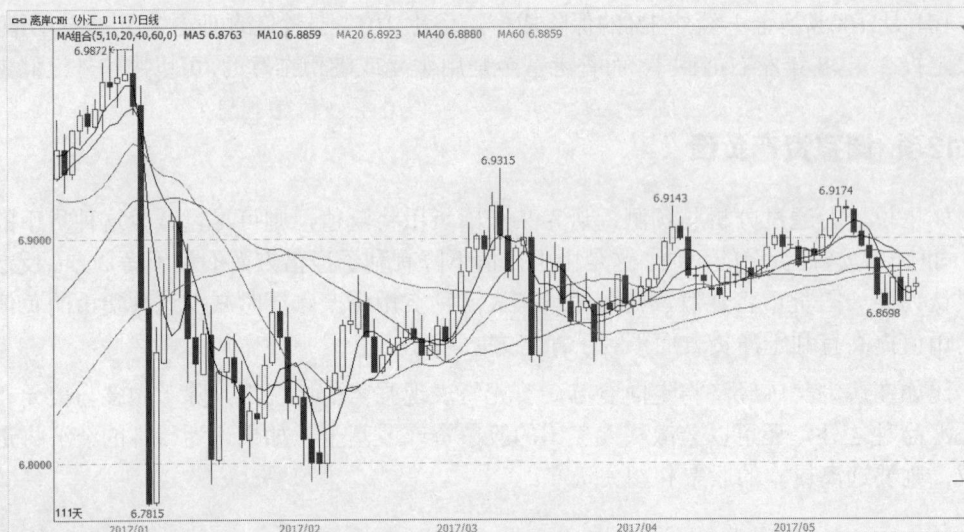

图 15-9　离岸人民币走势

从离岸人民币的走势来看，在 2017 年 1 月至 5 月这段时间内，人民币离岸价格从 6.7 最多上涨至 6.93 附近，意味着人民币的确在不断贬值。

那么张先生在做出人民币将贬值的判断后是怎么做的呢？除了在外汇市场上买入做多美元之外，还在国内加大了人民币资产的负债，例如使用信用卡。

因此，在人民币这次的贬值过程中，张先生不仅没有资产缩水，反而因为做多美元赚到了不少。

第213项　提前或延迟收付法

普通投资者在进行外汇投资的过程中，产生的债权债务会直接暴露在汇率变动风险下，实施提前或延迟收付法可直接改变投资者的风险地位。提前收回或延迟付出贬值货币账款，延迟收回或提前付出升值货币账款。对于提前收回的贬值货币，应迅速兑换为升值货币。

个人投资者能够使用到的场景较少，但是针对有国际业务的企业而言，却是非常实用的一招。

📈 应用示例——提前收付规避外汇风险

某年 6 月 1 日，英国出口商向美国进口商出口了一批价值 100 万美元的货物，合同约定 3 个月后收款。英国出口商可以提前借入 3 个月到期的 100 万美元（可以视作提前收到货款），9 月 1 日到期后用收到的货款偿还银行借款。如果该批货物采取英镑计价，英国出口商不再担心汇率的波动，美国进口商倒是要考虑避险的问题了。为此，进口商可以在 6 月 1 日借钱或者用自有资金兑换成合同约定数额的英镑（可以视作提前完成付款）投放在货币市场，9 月 1 日到期时用投资所得外汇（包括利息）进行支付。

第214项 分散风险法

最常见的是"一篮子"货币保值法。具体做法是资金量较大的投资者，把资金平均分配到几种重要的货币中，如果部分货币升值，部分货币贬值，则升值货币所带来的收益可以抵消贬值货币所带来的损失，从而在一定程度上达到了消除外汇风险的目的。

四、十大外汇交易正规平台

炒外汇在选择交易平台的时候非常的重要，外汇交易平台太多，普通投资者往往不知如何选择正规的交易平台，一旦选择不正规的外汇交易平台，将给投资者带来极大的投资风险。

第215项 选择正规平台的依据

不知如何选择正规的交易平台怎么办，在选择的时候，你可以依据以下几点来选择，具体如图 15-10 所示。

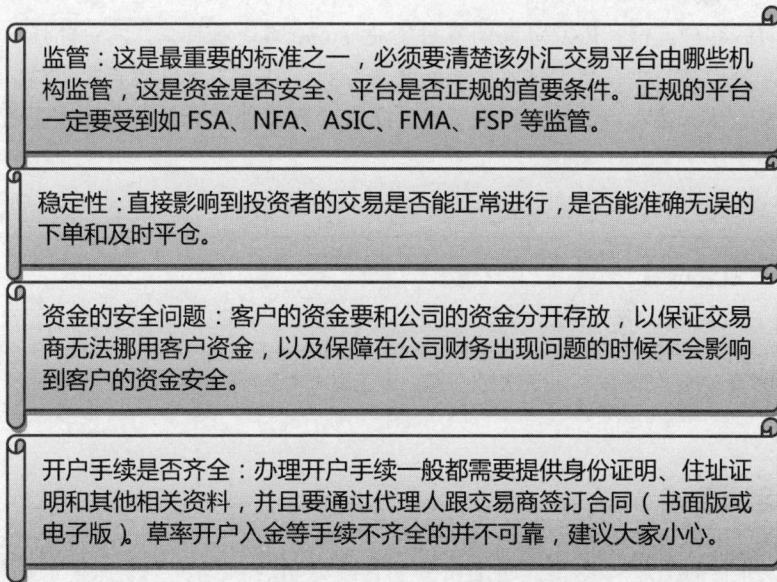

监管：这是最重要的标准之一，必须要清楚该外汇交易平台由哪些机构监管，这是资金是否安全、平台是否正规的首要条件。正规的平台一定要受到如 FSA、NFA、ASIC、FMA、FSP 等监管。

稳定性：直接影响到投资者的交易是否能正常进行，是否能准确无误的下单和及时平仓。

资金的安全问题：客户的资金要和公司的资金分开存放，以保证交易商无法挪用客户资金，以及保障在公司财务出现问题的时候不会影响到客户的资金安全。

开户手续是否齐全：办理开户手续一般都需要提供身份证明、住址证明和其他相关资料，并且要通过代理人跟交易商签订合同（书面版或电子版）。草率开户入金等手续不齐全的并不可靠，建议大家小心。

图 15-10 选择正规平台的依据

第216项 FXCM

FXCM（福汇）是全球客户量最多的外汇交易平台，是外汇行业领航者，监管机构为FSA，已经是上市公司，FXCM 在 FSA 的注册号为：217689。

FXCM 主要有以下 5 点优势。

◆ **交易量巨大：**每月通过福汇交易平台进行的名义外汇交易平均总额超越 2500 亿美元，如此庞大的交易量让营运达到规模经济，增加了在银行间市场交易的优势，更得以和世界上最大的 14 家银行建立了良好的信贷关系，因此而获得高达 8 亿美元的信用额。无论交易额多少，在任何市场情况下，FXCM 都可以为客户提供最方便、最快捷、最流动的网上外汇交易服务。

◆ **超凡的交易：**福汇集团的全天候报价，即时反映市场的任何变动，确保客户在市场消息发布时拥有公平交易的机会。

◆ **财务稳健性：**FXCM 集团在全世界已服务过 174000 个零售账户，并在多个国际金融中心设有地区办事处。在面对任何市场波动、经济调整或变化万千的商业环境下随时为客户服务。

◆ **规模的重要性：**FXCM 是零售外汇市场的比较大的交易商之一，作为提倡外汇交易规管及加强对投资人保障的领导者，FXCM 分别在美国、香港、英国、澳洲和杜拜，巴黎都已注册成为受监管的外汇交易商，因此是最安全的交易伙伴。。

◆ **及时的客户支援：**FXCM 集团雇用了超过 650 名受薪员工，其中包括专责的外汇专家，他们对外汇图表、技术分析和基本分析都拥有高水准的专业知识。会协助和带领客户从五花八门的外汇图表及成千上万的网上外汇资源中，挑选最适合客户的工具和资源。

FSA 监管说明

如果是 FSA 监管允许做外汇的，FXCM 平台的 FSA 监管查询都可以查询到，监管上会显示这句话：Notices：Able to hold and control client money（允许持有和控制客户资金），FXCM 平台的 FSA 监管查询都可以查询到这句话英文，没有这句话的都不是正规 FSA 监管平台。

第217项 美国嘉盛

FOREX 嘉盛集团是一家纽交所上市公司，该集团及其成员企业在全球范围内受下列机构监管：

- ◆ 美国商品期货交易委员会（CFTC）。
- ◆ 美国国家期货委员会（NFA）。
- ◆ 证券交易委员会（SEC）。
- ◆ 英国金融服务监管局（FSA）。
- ◆ 日本金融服务管理局（FSA）。
- ◆ 澳大利亚证券投资委员会（ASIC）。
- ◆ 香港证券及期货事务监察委员会（SFC）。

美国嘉盛集团是卓越的独立外汇交易服务提供商，服务范围包括直接入市交易和资产管理。嘉盛集团于 1999 年由一批华尔街的资深专业人士创建，现已成为行业内最大及最受推崇的公司之一，服务于全球超过 140 个国家的包括基金经理、商品交易咨询师（CATs）和个人交易者在内的各类客户。

嘉盛集团自己研发的嘉盛操盘手平台（FOREXTrader），拥有下载版、网络版、Android 版及 iPhone 版。其安全稳定，功能强大，适合追求卓越体验的个人投资者。

另外，嘉盛集团也提供 MT4 平台（MetaTrader 4），方便习惯 MT4 平台的用户使用。除了常规 MT4 平台功能以外，用户还能在嘉盛 MT4 平台上享受嘉盛独有的低点差、稳定执行及丰富的交易品种等优势。

第218项 MTrading

MTrading（纵海金融）全球最大的外汇交易商成员之一，受澳大利亚证券和投资委员会 ASIC 监管，ASIC 完善的金融监管体系和严格的执行力度，受到了各国投资者和监管同行的一致认可，一直以来都被公认为是世界上最严格、最健全、最能保护投资者权益的金融监管体系之一。

纵海金融成立至今已在 45 个国家拥有办事处，目前有活跃客户 20000 多人，每月交易总量达到 590 亿美元。

纵海金融主要有以下 4 点优势。

- ◆ 取得全球数间大型银行的报价进行交易，是真正的无交易员平台，客户可以采用由全球数间最大银行提供的报价进行交易。这些银行通过竞价提供低至 1 点的买卖点差。无交易员平台让客户取得多间大型银行的报价之余，更集合了纵海金融交易平台快捷方便的优点，让外汇交易更加畅通无阻。

- ◆ 随心所欲交易，不受限制，即使有令市场大幅波动的新闻或经济数据公布，客户都可如常进行交易。此外，客户的建仓平仓时间等均不受限制。

◆ 提供全日 24 小时的客户支援服务，即使用户选用无交易员平台，也可以在任何市场开放时间透过电话下单。

◆ 纵海金融中国区提供包括入金赠金、交易保险、好友送好礼、生日礼金等丰富多彩的返利活动。

第219项 IBFX

IBFX 也称"银特贝克"，成立于 2001 年，总部位于美国犹他州盐湖城，是一家在线外汇交易服务提供商，提供个体经纪人、基金经理、机构客户专有技术以及用于在线交易即期外汇的工具。

IBFX 服务超过 150 个国家的客户，每天交易量高达 18 亿美元，由美国商品期货交易委员会（CFTC）管理，同时也是美国国家期货协会（NFA）成员。通过开拓性的努力，IBFX 创造了一个独特的外汇交易环境。其提供的服务主要有：

◆ 一套免费的复杂的图表系统。

◆ 免费的实时新闻。

◆ 免费的电话、网上和电子邮件支持，甚至包括那些模拟账户的客户。

◆ 广泛的教育资源，不收取任何附加费用。

第220项 FXDD

FXDD 于 1973 年在瑞士股票交易市场挂牌上市，并于 1999 年在德国法兰克富股票交易市场交易。拥有 16 家分公司遍布全球。

公司经营的产品众多，包括债券、股票、固定利息产品、外汇、期指、期权、期货及众多的金融衍生产品。同时还交易如金属、能源等期货产品。

FXDD 的注册在美国，其母公司 Tradition（North America）在 CFTC 拥有 NFA 注册，注册号码：0271750，其所有业务都是在 CFTC 监管之下。FXDD 做为传统集团，零售外汇是一个独立部门，FXDD 直接联系了 FXSOL 环球金汇公司执行其母公司传统集团最严格的行业标准。其监管机构是英国 FSA。

第221项 其他正规平台

除了上文提到的规模较大的 5 家平台以外，另外还有几家规模相对更小，但同样受到严格监管且正规的外汇交易平台，投资者可以根据喜好进行选择，具体信息如下。

◆ ODL：是英国知名证券公司之一，也是伦敦证券交易所（LSE），欧洲证券交易所

（EURONEXT），以及伦敦国际期货与期权交易所（LIFFE）成员之一。ODL Securities 是正规持牌外汇交易商，受英国金融管理局 FSA 监管。其在 FSA 的注册号为：171487。

◆ **GKFX**：捷凯金融集团是一家年轻，具有活力和有远见的公司。于 2008 年广邀具有丰富金融市场经验的人士加入，并于 2009 年正式于英国伦敦成立，受英国金融管理局 FSA 监管。在专业的管理团队中的领导层具有超过 20 年的金融市场经验并对行业发展具有独到的战略眼光。GKFX 捷凯金融集团正在努力向成为全球最大的金融衍生交易商迈进坚实的步伐。作为国际化的金融公司，GKFX 金融集团在业内具有独特的地位。凭借着多方面的经验，成为高科技的金融交易服务提供者。

◆ **HY**：兴业投资（英国）有限公司（hyinvestment）乃兴业金融集团旗下公司，总部设在英国伦敦，在全球有 55 个办事处，目前分别受到英国金融监管局、香港证券及期货事务监察委员会和迪拜金融服务局的监管，是隶属于香港恒兴业集团有限公司（henyep group）的主要全资子公司。恒兴业集团有限公司是香港历史最悠久的金融服务公司之一，业务范围包括金融服务、资产投资、股票、房地产、慈善活动、教育等。

◆ **Easy-forex**：易信创新性的交易平台是首家允许客户将外汇作为消费产品交易的网络外汇交易平台。它也是唯一一个允许用户进行即时交易的平台。与其他网络交易平台不同的是，Easy-Forex 无须下载专有软件，无须填写冗长的表格，持有国际信用卡的用户无需在银行开户或预先存款。Easy-Forex 的技术不仅突破了管理上的障碍，也允许用户能以最少资金进行投资。并且，Easy-Forex 的全方位外汇工具能让进出口商和其他外汇投资者轻松实现资金的套利保值。

五、如何制订外汇投资计划

为了避免出现上诉案例中投资者的情况，也为了更好地规避风险指导外汇投资，我们可以制订适合自己的外汇投资计划。

第222项 个人风险承受能力测试

个人风险承受能力测试就是指个人对投资风险的承受等级情况，以问卷调查的形式测试出个人风险偏好。

如今在银行网上银行、投资门户网站中都有完整的风险承受能力测试，有的还有更加全面的个人财务分析服务，切实帮助我们完成外汇投资计划的制订。

下面我们通过网上完成一份个人财务分析来实际感受一下。

应用示例——在搜狐理财上完成个人风险承受能力测试

Step01 进入搜狐理财频道（http://money.sohu.com/），会看到如下图所示的页面，投资者可在其中学习理财及外汇投资策略。

Step02 在首页下方的"理财案例"栏中单击"更多"超链接，在新打开页面的"订制规划"栏中单击"更多"超链接。

Step03 进入个人财务诊断第一步页面，在其中设置个人、家庭成员的基本信息及工作情况，单击"下一步"按钮。

Step04 进入第二步页面，如果没有完成个人风险测试，则单击"进行风险测试"按钮（已经做过测试的投资者可直接设置风险偏好类型）。

Step05 在新打开的窗口中通过选中单选按钮的形式完成7道风险测试题目，单击"确定"按钮。在系统计算之后将回到第二步页面中，并且已经自动设置好了个人风险承受类型，单击"下一步"按钮。

Step06 进入第三步页面，输入家庭的各项收入、支出数额，单击"下一步"按钮。

Step07 进入第四步页面，在该页面的表格中输入家庭资产数额及家庭负债数额，之后单击"下一步"按钮。

第四步：家庭的资产负债情况

请在以下的表格中，输入目前您家庭的资产负债情况。

家庭资产（元）		家庭负债（元）	
现金、活期储蓄：	50000	房屋贷款：	0
定期存款：	100000	汽车贷款：	0
债券：	0	其他贷款：	
基金：	0	信用卡透支金额：	50000
股票：	50000	其他债务：	0
自用房产：	800000		
房地产（投资）：	0		
黄金及收藏品：	0		
汽车：	100000		
其他资产：	0		
合计：	1100000	合计：	50000

（债务部分应以目前剩余本金为准）

①输入

②单击 下一步

价格资产、负债包括哪些内容

在上一步设置家庭资产及负债时，要注意哪些内容呢？

个人资产需要涵盖所有的资产情况，包括活期定期存款、各类理财产品、股票、债券房产、汽车和其他资产。

个人负债情况包括房产贷款、汽车贷款、信用卡、借债等内容。

Step08 进入第五步页面，系统已经完成了财务诊断，选中想要进行分析项目的复选框，单击"下一步"按钮。

第五步：选择推荐产品

根据本财务目标特点，以下产品中已打钩的为推荐产品，其他产品可根据实际情况选择，选择后的金融产品介绍将出现在规划报告附录中。

☑理财规划　　　①选中　　　□直通车
□自动帐款　　　　　　　　　　□一手个人在房贷款
□刷卡消费　　　　　　　　　　□二手个人住房贷款

②单击 下一步

Step09 在新打开的页面中就会给出诊断结果，包括对家庭收支情况、资产负债情况等内容的统计。

目前家庭的收入构成情况

■ 本人工资收入 53.65%
■ 配偶工资收入 28.61%
■ 家庭年终奖金 5.96%
■ 投资利息收入 1.04%
■ 其他收入 10.73%

目前家庭的资产构成情况

■ 现金、活期储蓄 4.55%
■ 定期存款 9.09%
■ 债券 0%
■ 基金 0%
■ 股票 4.55%
■ 房地产（自用）72.73%
■ 房地产（投资）0%
■ 黄金及收藏品 0%
■ 汽车 9.09%
■ 其他资产 0%

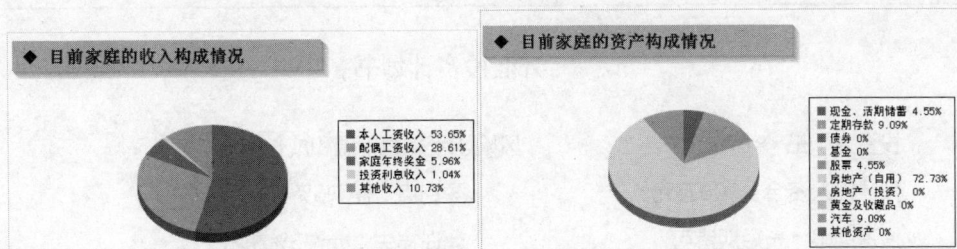

Step10 对制订外汇投资计划来说最重要的，就是在该页面下方的适合投资产品的建议，系统根据个人风险承受能力及家庭收支情况给出了投资比例建议。

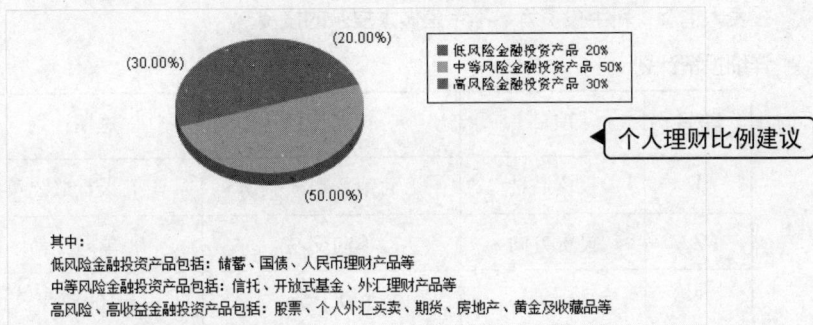

(20.00%)
(30.00%)

■ 低风险金融投资产品 20%
■ 中等风险金融投资产品 50%
■ 高风险金融投资产品 30%

(50.00%)

◀ 个人理财比例建议

其中：
低风险金融投资产品包括：储蓄、国债、人民币理财产品等
中等风险金融投资产品包括：信托、开放式基金、外汇理财产品等
高风险、高收益金融投资产品包括：股票、个人外汇买卖、期货、房地产、黄金及收藏品等

第223项 外汇投资计划书

个人财务诊断完成之后，就可以着手完成外汇投资计划书了。下面就来看看如何完成外汇投资计划书。

要完成外汇投资计划书，一般需要有图 15-11 所示的几个步骤。

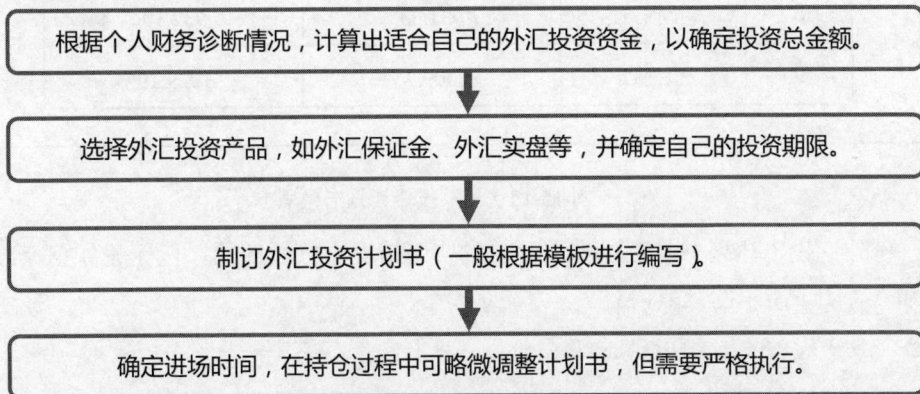

根据个人财务诊断情况，计算出适合自己的外汇投资资金，以确定投资总金额。

↓

选择外汇投资产品，如外汇保证金、外汇实盘等，并确定自己的投资期限。

↓

制订外汇投资计划书（一般根据模板进行编写）。

↓

确定进场时间，在持仓过程中可略微调整计划书，但需要严格执行。

图 15-11 外汇投资计划书的制定流程

上面讲到外汇投资计划书的编写一般是根据模板修改的。图 15-12 就列举了一份较为完成的外汇投资计划书。

外汇投资计划书

投资人：王××　　　　　　　风险承受能力：温和成长型

预计投入资金：100万元　　　盈利点：盈利5%～10%

投资期限：长短期皆可　　　　允许损失：允许5%左右

投资目标：希望通过外汇市场的投资，使100万资产获得保值，收益情况略微高过银行存款，可以承担一定的损失。

投资人情况：新手投资者，不希望做太复杂的投资。

详细投资计划：

编号	项目	长期计划	短期计划
1	投资品种	工商银行账户英镑	工商银行账户英镑
2	投资方向	单向交易	单向交易
3	资金量	100 万元	100 万元
4	首次投资量	50 万元	50 万元
5	单次追加量	10 万元	10 万元
6	当前价格	970.94	970.94
7	预期收益率	8%	5%
8	止损点	931.33	932.10
9	止盈点	1009.77	1029.19

图 15-12　外汇投资计划书模版

一份外汇投资计划书是可以根据自身的实际情况进行修改的，但无论如何修改，它都必须具有如下所示的几点内容。

◆ 投资基本信息，包括风险承受能力、投资金额、期限等。

◆ 收益信息，包括投资者的预期收益、可承受损失情况等。

◆ 投资计划，包括品种、价格等详细的投资损益信息。

第16章

外汇投资技巧和策略

如果想要进一步成为投资高手，还需要掌握许多投资技巧。同样，作为普通投资者的我们，也会在日出投资活动中遇到许多骗局，要学会去识别和回避，掌握正确的投资策略，才能保证投资顺利。

◇ 不同人群适合的外汇投资
◇ 巧用建仓、平仓技巧
◇ 组合投资
◇ 外汇专家
◇ 代客操盘

◇ 模拟账户
◇ 其他骗局
◇ 外汇交易中的坏习惯
◇ 外汇交易中的好习惯

一、外汇投资快速获利技巧

除了价格分析与风险规避外，在外汇投资中还有一些非常实用且操作简单的获利技巧，以帮助我们更好地游走在外汇市场。

第224项 不同人群适合的外汇投资

前面我们介绍了很多外汇投资产品及其衍生品，这些产品各有投资特色，也有不同的风险大小，那么不同的人群应该如何选择这些产品呢？具体如图 16-1 所示。

初级收入人群

对于刚参加工作的年轻人，收入不高，如果要投资外汇，比较适合投资账户外汇等较为简单且风险不大的外汇产品。

有稳定收入人群

当有了稳定的收入时，可以选择货币期货、低杠杆外汇保证金等产品，在投资平台做外汇实盘交易也是不错的选择。

高资产净值人群

所谓高资产净值的投资者，就是指可投资资金较多的人。这类投资者可以选择杠杆较大的外汇保证金，并可以实现外汇套利与套期保值。

持有外币者

如果是持有一定外币的人，可直接参与国外投资。如果想要将外币兑换成本币，则需要通过分析价格找到最佳的兑换时间。

图 16-1　不同的人群适合的外汇投资

第225项 巧用建仓、平仓技巧

好的建仓是成功的一半，在外汇建仓过程中，可以采用图 16-2 所示的建仓方法。

金字塔式

将投资资金分为数额不等的几份，然后从小到大进行建仓。例如，先投入 1/2 的资金，根据后市的情况，选择继续投入剩余资金的 1/2，即总投资资金的 1/4，或选择将其平仓。

图 16-2　不同的建仓方法

成本
平均 → 所谓成本平均建仓法是指投资者从入市开始，在每个月的固定时间以固定的资金对某一种外汇产品进行投资。这类似于银行存款中的零存整取。

定额
定点 → 定额定点建仓法是指当价格到达一定的点位时即进行建仓，并且在不同的点位需要设置不同的建仓金额。使用这种建仓方法，一定要控制好仓位，最好设置高点金额、中部金额与低点金额。

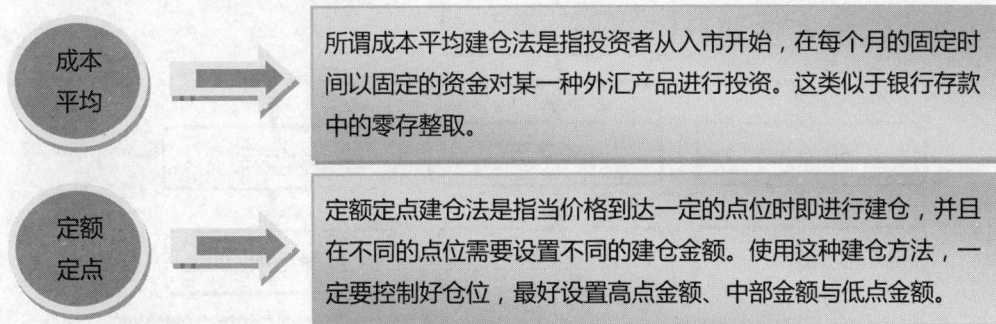

图 16-2 不同的建仓方法（续）

建仓并持仓之后，如果要进行获利就需要平仓，一般平仓有如下的技巧。

◆ **高抛平仓**：所谓高抛平仓，就是指设置止盈点，当价格达到了事先设置好的点位时，无论后市如何变化，都立刻进行平仓。运用这种平仓方式需要对基本面有详细的分析，再事先设置好适合自己的点位。

◆ **次顶平仓**：次顶平仓法是指投资者长期持有头寸之后，需等到价格显示第二次有见顶迹象时再进行平仓。用这种方法需要投资者对双重顶、头肩顶等反转形态有熟练的应用。

第226项 组合投资

组合投资是任何一项投资理财中都非常受用的获利技巧。在外汇投资汇种，应用组合投资有如下方法。

（1）资金组合

所谓资金组合，就是指将全部的外汇投资资金分为多份，投资到一种产品中。每份资金的数量和入市时间可以不同。

如某投资者现在用 10 万元参与账户外汇投资，他将资金分为了 5 万元、3 万元与 2 万元，并分别投入到了同一种账户外汇产品中，这样当后市出现不同的波动或是自己需要使用资金时，可以做到在不影响正常生活的同时又有最大的收益。

（2）产品组合

所谓产品组合，是在资金组合的基础上衍生出来的投资组合，首先将投资资金分为相同金额的几份，然后投资到不同的产品中，具体如图 16-3 所示。

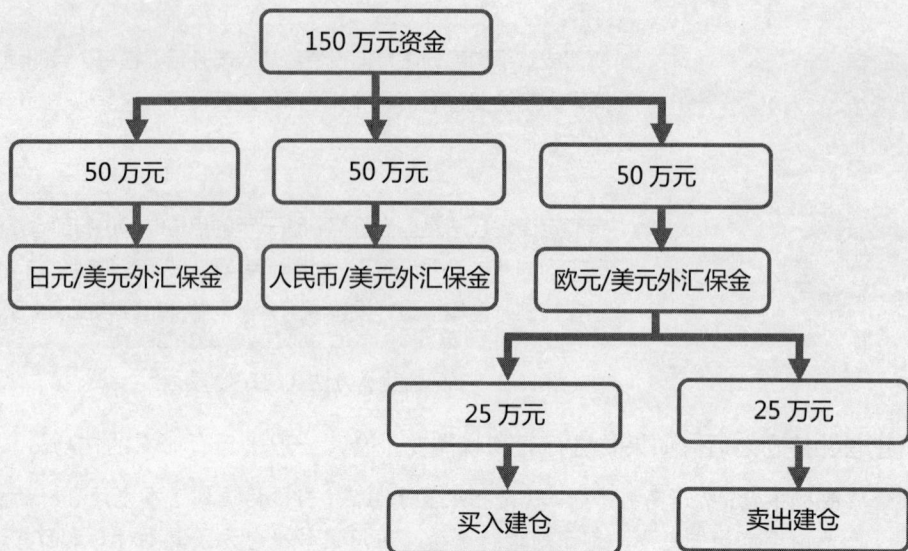

图 16-3 产品组合投资

二、外汇投资常见骗局

在外汇投资的过程中，许多普通投资者都会遇到这样或那样的骗局，本节主要例举当前市面上常见的几种骗局，希望读者能够在读后引以为戒。

第227项 外汇专家

在外汇市场中，存在这很多所谓的"外汇专家"，这些专家大都是没有多少实战经验的，但是通过各种手段（比如吹嘘自己过往的成绩）将自己包装成比机构操盘手还要牛的人士，打着"授人以渔之心免费指导投资者进行外汇交易"的幌子行骗。

曾经某外汇专家到处宣传吹嘘：香港某银行曾给出 20 万美元/月的薪水邀请他去做首席外汇分析师，他本人却不屑于这样低的薪水。但是，这位专家却在博客上宣传提供外汇交易策略，不赚钱全额退款，并免费讲课，指导外汇投资，每个月仅需人民币 2000 元。

有很多投资者就相信了这样的骗局，许多人在付过钱后便经常不见"专家"的人影，偶尔"专家"会神出鬼没的给投资者发一些不知从哪里弄来的汇评，煞有介事的让投资者按照他的汇评操作。当投资者亏钱后要求外汇专家退款时，这些"专家"会明确的告诉投资者钱是不会退的，再付 2 个月学费专家可以继续讲课，投资者可以继续领略"专家"更高深的外汇投资理念。

以上的两种情况都是普遍存在的，希望投资者在日常的投资交易活动中，特别是在查看网上的资料时一定要注意分辨，时刻谨记"外汇交易中没有神"，一切保证赚钱的行为都是不合常理，甚至违法的。

第228项 代客操盘

外汇投资者在网络 QQ 群上经常遇到所谓的专业的外汇交易员，他们四处发布一些夸大的广告语，如"外汇每周获利翻番，十万变亿万神话成现实"等。很多投资者、尤其是新手投资者都禁不住美妙的诱惑，最终在这些专业的外汇交易员的指导下爆仓，之后便被踢出QQ群。因此，投资者在面对夸张的宣传语时，要保持冷静。

除去夸大的广告语之外，为了增加逼真的效果，这些外汇交易员还会提供交割单截图，从而当让投资者更加信以为真。当投资者被骗子盈利截图的数字诱惑之后，这些外汇交易员声称为了方便做单，随时登录账户查看账户的浮动盈亏情况，此时就会询问投资者的交易账户和密码了。

通常，在外汇交易员获取到投资者的交易账户和密码后，刚开始会以非常小的手数做单，等投资者过一段时间完全放松警惕之后他们会以大手笔大仓位做单，频繁操作，导致账户出现大部分亏损。

在这里要提醒投资者的是，虽然我们交给交易员的是交易账户，不是资金账户，他们不能直接把资金转移出来，但是对方所谓的代客操盘只不过是使用交易账号进行频繁的交易，而频繁的交易会产生巨额的手续费，当然，这些外汇交易员也会对投资者说交易没有手续费，他们只收盈利分成。而事实上，无论在哪个交易商或者哪个交易平台上操作，只要发生交易，就都会产生手续费，最后的结果是，投资者的资金大部分都付了手续费。

投资是一项非常个人的活动，假借他人之手，不仅存在极大的风险，也很难长久，投资之路，靠自己的修行，自己的真本事才最踏实，最长久。

应用示例——代客操盘骗局在身边

香港恒丰环球集团是一家打着被摩根士丹利收购的旗号、从事黄金外汇代理操盘保本业务的平台，2016 年 4 月 7 日，在投资者 QQ 群中宣称因一次黄金重仓交易市场异常波动，导致所有账户爆仓变为负值，虽然该集团信誓旦旦称会赔偿本金，却突然在 4 月 8 日连夜宣告破产并将所有投资者踢出群组，人间蒸发。至此投资者才意识到，这并非一次简单的投资失败，可能是一场长达 1 年、精心策划的骗局。

爆仓当天，香港恒丰环球集团在投资者 QQ 群发布的公告显示，此次受损账户多达 2 万个，按每个账户至少 5000 美元的投资门槛，总金额高达 1 亿美元（约合 6.5 亿元人民币），虽然目前账户数量的真实性无从考证，但仅从记者取得联系的几十位投资者来看，人均投资额已超过 20 万元人民币。

据某受害投资者王先生介绍，他是 2015 年 4 月经人介绍得知有一个香港公司在做黄金外汇保本理财投资，并被拉入了"恒丰环球精准分析策略"QQ 群。入群后，每天就有集团"首席分析师"进行"喊单"，如"做空欧美，目前 1.0570 左右，止损 1.0577，止盈 1.0530"等，其他投资者据此进行实盘跟单。

"首席分析师"在群里不断强调："只要严格按照群指令设置止损止盈，并严格执行每个指令，保证每周利润不会低于 5%，月利润稳定在 20%~30%。"

按照群里指示操作几日后，王先生发现"首席分析师"十分专业，对于市场判断颇为准确，而且整体投资风格较为谨慎，禁止投资者擅自"加仓重仓"，这一点令王先生更加放心。

高大上的集团背景、专业的操作团队，让王先生逐渐放下戒心，他用自己原有的外汇交易账户与香港恒丰环球集团签署了代理操盘保本合同，初始投入约 20 万元人民币。

合同规定，王先生的账户交易将由恒丰集团全权代理，盈利双方按 6:4 分成；王先生可以每天登录账户 1 次，在空仓状态时观看；可接受的最大风险为本金的 20%，亏损达到 20%时，王先生有权要求该集团停止操盘并赔偿本金损失。

自合同签署直至 2015 年 7 月期间，在香港恒丰环球集团的代理操盘下，王先生连续获得盈利，最高时每月收益高达 90%，于是他介绍两位朋友加入。

但 2015 年 8 月 1 日至 10 日，香港恒丰环球集团的代理操盘出现连续亏损并达到了 20%的亏损上限。

以王先生为代表的众多投资者原本以为香港恒丰环球集团仅仅是因为操盘失败无力偿还而跑路，但随着调查的深入，一场处心积虑、专业的金融诈骗终于浮出水面。

香港恒丰环球集团原名"华讯通信科技有限公司"，2012 年于香港成立，2015 年 3 月 12 日，更名为"香港恒丰环球集团"。事实上，所谓的香港恒丰环球集团只是通过中介公司注册的空壳公司，该集团官网上介绍其位于香港中环的环球总部以及北京中关村的客服中心经证实均为虚假地址，客服接线人员均外包给了中介公司。

更令投资者大为吃惊的是，他们从香港恒丰环球集团提供的 SWIS 平台官网上下载的、被国际市场广泛使用的 MetaTrader4（MT4）交易软件为盗版，有投资者发现 MT4 软件在安装时为联网安装，并且连接到河北某市的一个 IP 地址，安装后运行该交易软件，发现其连接香港 Simcentric 网络公司服务器，而非交易中心服务器，这意味着投资者每日看到的行情与交易并未与真正的市场连接。

其实投资者的钱根本没有拿去做投资，只是放在这家公司手上原封不动，他们每天虚构数据，假装有盈有亏，月底从投资者的本金当中拿出一部分当作盈利来分成，最后一次爆仓可能是公司为了卷款跑路编造的莫须有的理由。

第229项 模拟账户

前面我们了解到，很多操盘手在 QQ 群中为了证实自己的实力，都会发布一些看起来盈利颇丰的交割单，其实这些交割单也是可以作假的。即骗子通常是开两个模拟账户做对冲，截取其中盈利的账户的交割单画面。

此外，模拟交易和真实交易也是完全不同的两码事，在模拟账户环境下取得的成功并不等于在实际交易中就能操作好，获得收益。如果投资者有真实交易的经验，就会知道交易最大的挑战并非来自价格波动或如何识别好的机会，而是如何处理因资金投入而产生的情绪反应。以下就是一些模拟账户无法给投资者带来的体验：

◆ 等待数天以捕捉符合原则的交易机会。

◆ 进入交易后的不确定和心理压力。

◆ 让你在亏损中继续逗留，或者太早退出盈利交易的情绪。

◆ 过早入场，因为想要盈利更多。

◆ 不想亏损，害怕错过好的交易机会。

◆ 在该出场时不想退出，贪婪使你不想错过更多盈利。

很多交易者可能告诉你，要认真对待模拟交易，就好像你投入了资金一样。但这是不可能的。你永远无法骗自己，你知道这仅仅是模拟交易而已。作为初入汇市的投资者而言，接触模拟交易仅仅是为了熟悉软件的操作。

那么对于普通投资者而言，应该怎样从模拟交易过渡到真实交易呢？

(1) 从小额投入开始

投资者很难做到在一开始不亏损。所以刚开始涉足实盘操作时，一定要小额操作，并且将亏损控制在能承受的范围。同时，投资者要确保自己损失的资金是值得的，即投资者知道是什么造成了此次亏损、以后该怎样避免这些亏损。没有学习到任何经验教训，那投资者永远都跳不出亏损圈。

(2) 管理好自己的情绪

在连续亏损后，投资者很容易失去动力或者兴趣，从而变得越来越消极和困惑。为了避免这些不好的情绪影响自己的投资，投资者首先要了解自己交易的动力是什么，不要有不切实际的期待，也不要对自己太苛责，享受过程并从中吸取操作经验和总结教训才是最重要。

（3）不要太注重资金亏损

既然刚涉足实盘操作都避免不了亏损。那么投资者的首要任务应该是积累经验、建立原则、形成自己的交易习惯、保持对交易的热情。再加上稳定的资金管理方法，投资者一定会为长期的交易事业奠定良好的基础，而这些都是成功的重要前提。

第230项 其他骗局

除了上文中提到的典型骗局之外，随着网络的发展，市场中还衍生出很多各式各样的骗局。

◆ 暗箱对冲：即多名操盘手联手做对冲，无论结果如何，最终肯定会有一个操盘手是赚钱的，所得的利润操盘手均分，最终承担损失的还是普通的投资者。

◆ 账户反佣：如果投资者使用的保证金平台，无论赢亏，只要投资者下单，就会按一定金额付给投资者佣金，这听起来确实很吸引人，而且现在国内很多平台的 IB 都在打着这样旗号来竞争。然而，羊毛都是出在羊身上，如果投资者选择这样操作以后，投资者的平台会非常不幸的在后台被软件盯着，轻者滑点，重者不给好的成交价格。

三、外汇交易中的坏习惯与好习惯

在接触到很多外汇投资者，了解他们日常的交易习惯后就会发现，在外汇投资中，无论是亏损的投资者，还是赚钱的投资者，他们身上分别都存在一些共同点，习惯对于外汇投资来说，尤为重要。下面就分别来了解一下二者在外汇投资中存在哪些坏习惯。

第231项 外汇交易中的坏习惯

在市场中曾流传这样一句话：赚钱的方法只有一个，但亏钱的方法总是千奇百怪。那么在外汇投资中亏损的投资者，他们有着什么样的坏习惯呢？具体如下。

◆ 下单后到处去看汇评：市场永远都是两种声音的，如果只有一种声音，就不会有人赚钱有人亏钱了。如果投资者看到跟自己下单一样的汇评，感觉神清气爽，以后肯定大赚，看到方向不一样的汇评就紧张无比，想着快点离场。让自己精神很紧张，被干扰下很容易做出错误的决定。

◆ 亏损后锁仓：止损是需要很大勇气的，人都有不认输的心理，尤其关系到认输就会损失很多钱的时候。此外，现在有些平台也在误导客户，比如锁单后返还保证金，提供对冲功能等。从投资经验来看，锁仓后什么时候解锁，什么时候再锁的选择真的非常痛苦，如果变成单边市的话，就不只痛苦了，而是心痛和极大的损失。

第232项　外汇交易中的好习惯

在了解外汇交易中的坏习惯后，更重要的还是了解并逐渐养成好习惯，只有良好的习惯才能帮助投资者在外汇交易中如鱼得水。

◆　每次进入或退出平台时检查一下，是否有未生效的挂单，是否已经都设置了止损。

◆　既然有了成功率高的交易信号，就应该坚定的相信并坚持跟住每一个单。不要受自己的主观判断影响，事实证明自己的判断在更多时候只会产生困扰。

◆　操作过程中要严格止损，因为止损永远不会是错误的做法。

◆　不要追求理想化，永远不要希望在最好的价位入市及平仓。

◆　永远不要坐在电脑前太多时间，根据信号设置好止赢止损就出去做些别的事，把自己解放出来做其他事。

◆　控制怕输的心理，越怕越输。

◆　控制贪婪的心理，贪婪会让投资者做出错误的决定。

◆　严格控制仓位比例，警惕外汇投资风险。

读 者 意 见 反 馈 表

亲爱的读者：

感谢您对中国铁道出版社的支持，您的建议是我们不断改进工作的信息来源，您的需求是我们不断开拓创新的基础。为了更好地服务读者，出版更多的精品图书，希望您能在百忙之中抽出时间填写这份意见反馈表发给我们。随书纸制表格请在填好后剪下寄到：北京市西城区右安门西街8号中国铁道出版社综合编辑部 张亚慧 收（邮编：100054）。或者采用传真（010-63549458）方式发送。此外，读者也可以直接通过电子邮件把意见反馈给我们，E-mail地址是：lampard@vip.163.com。我们将选出意见中肯的热心读者，赠送本社的其他图书作为奖励。同时，我们将充分考虑您的意见和建议，并尽可能地给您满意的答复。谢谢！

- -

所购书名：_____

个人资料：

姓名：_____ 性别：_____ 年龄：_____ 文化程度：_____

职业：_____ 电话：_____ E-mail：_____

通信地址：_____ 邮编：_____

- -

您是如何得知本书的：

□书店宣传 □网络宣传 □展会促销 □出版社图书目录 □老师指定 □杂志、报纸等的介绍 □别人推荐
□其他（请指明）_____

您从何处得到本书的：

□书店 □邮购 □商场、超市等卖场 □图书销售的网站 □培训学校 □其他

影响您购买本书的因素（可多选）：

□内容实用 □价格合理 □装帧设计精美 □优惠促销 □书评广告 □出版社知名度
□作者名气 □工作、生活和学习的需要 □其他

您对本书封面设计的满意程度：

□很满意 □比较满意 □一般 □不满意 □改进建议

您对本书的总体满意程度：

从文字的角度 □很满意 □比较满意 □一般 □不满意
从技术的角度 □很满意 □比较满意 □一般 □不满意

您希望书中图的比例是多少：

□少量的图片辅以大量的文字 □图文比例相当 □大量的图片辅以少量的文字

您希望本书的定价是多少：

本书最令您满意的是：

1.
2.

您在使用本书时遇到哪些困难：

1.
2.

您希望本书在哪些方面进行改进：

1.
2.

您需要购买哪些方面的图书？对我社现有图书有什么好的建议？

您更喜欢阅读哪些类型和层次的经管类书籍（可多选）？

□入门类 □精通类 □综合类 □问答类 □图解类 □查询手册类

您在学习计算机的过程中有什么困难？

您的其他要求：